Reading and Writing Subjects
in Medieval and Golden Age Spain

Juan de la Cuesta Hispanic Monographs

Series: *Homenajes*, 46

Reading and Writing Subjects in Medieval and Golden Age Spain: Essays in Honor of Ronald E. Surtz

Edited by

José Luis Gastañaga Ponce de León
University of Tennessee at Chattanooga

and

Christina H. Lee
Princeton University

Juan de la Cuesta
Newark, Delaware

List of Figures

Juan de la Cuesta Hispanic Monographs
An imprint of LinguaText, LLC.
103 Walker Way
Newark, Delaware 19711-6119 USA
(302) 453-8695
Fax: (302) 453-8601

www.JuandelaCuesta.com

MANUFACTURED IN THE UNITED STATES OF AMERICA
ISBN: 978-1-58871-281-3

Ronald E. Surtz

(photograph courtesy of Nikki Woolward)

Table of Contents

Acknowledgments

WE ARE DEEPLY INDEBTED to our distinguished collaborators, whose excellence in scholarship and enthusiasm for the literatures and cultures of the medieval and Spanish Golden Age is palpable on the pages of this collection of essays. We have benefited greatly from reading their work and are thankful for their professionalism, patience, and promptness at every step in bringing this volume to light. We are also grateful to the Department of Spanish and Portuguese at Princeton University for hosting the *Symposium in Honor of Ronald E. Surtz* on 12 October 2013. Most of the essays included in this collection are versions of the presentations delivered at the symposium. We would like to especially thank the editor of Juan de la Cuesta Hispanic Monographs, Michael J. McGrath, for supporting the publication of this book.

Ronald Edward Surtz's groundbreaking investigations of medieval and early modern Spanish theater, poetry, and women's writings have benefited not only Hispanists, but also scholars in the fields of religious and gender studies. We are thankful for the good fortune of having met him and to have had the chance to be his students and friends. Former students might remember the collaborative atmosphere of his seminars, which generally remained long after the class was over, as many lingered in pairs or in groups at a nearby café or at the library in order to continue brainstorming ideas for subsequent research projects. We, the contributors to this volume, have certainly approached our essays with a nostalgic and thankful retrospective eye on those seminars and stimulating discussions in East Pyne building.

Introduction

JOSÉ LUIS GASTAÑAGA
The University of Tennessee at Chattanooga

CHRISTINA LEE
Princeton University

ISITORS TO DOWNTOWN PRINCETON with a proclivity for people watching might end up in the Starbucks across the main gate of the University. If it happened to be an early afternoon on a weekday, they might be lucky enough to see a very polite mustached customer order a *doppio*. If it were summer, they might notice that the customer is wearing khaki shorts, a short-sleeved button-down off-white shirt with colored plaids, ankle-length socks, spotless white sneakers, and a much-worn leather backpack. They would see that the customer drinks the coffee quickly while standing, and exits the establishment discreetly. If these visitors were Hispanists of the medieval or Golden Age period, they would surely recognize that the espresso aficionado is Professor Ronald E. Surtz and greet him. As it often happens when Hispanists come across Professor Surtz, they might try to convey their appreciation for his latest article, a particular presentation at a conference they attended, or more broadly, for his exceptional contribution to scholarship. And as it also often happens in this type of situation, Professor Surtz would attempt to deflect attention from himself and focus, rather, on the interests of the hypothetical Hispanists. He would inquire about their current work, their mutual friends and colleagues and, if appropriate, offer suggestions on how to make the most of their sojourn in Princeton. These Hispanists might be further assured that Professor Surtz's reputation within Princeton and beyond could not be more accurate; he is as unassuming and kind as he is serious and committed to expanding our knowledge of Hispanic literatures and cultures.

Professor Surtz has been a professor at Princeton since 1973. He received the Ph.D. from Harvard University in Romance Languages and Literatures and the B.A. in Spanish from Yale University. The summa cum laude distinction he earned when graduating from Yale and his induction into Phi Beta Kappa might be interpreted as evidence that Professor Surtz was, even as a young man, the epitome of the humanist, excelling in all of the liberal arts. Professor Surtz's love for the humanities is most apparent in his fluency in multiple Romance languages. Many scholars of European studies may be able to understand and communicate in second and third languages, but few can joke (and joke successfully) and liberally impart aphorisms in Spanish, Italian, and French. It is certainly Professor Surtz's humor that has helped graduate students at Princeton successfully pass nerve-wracking exams and colleagues survive countless faculty meetings.

Professor Surtz's disarming kindness, modesty and sense of humor might be seen as rare characteristics of a scholar of such impressive magnitude. Professor Surtz had no small part in advancing the way in which we perceive religious texts and, in particular, religious writings by women in the pre-modern period. Professor Surtz's prolific publication record on these subjects speaks for itself.[1] His first book, *The Birth of a Theater: Dramatic Convention in the Spanish Theater from Juan del Encina to Lope de Vega* (Princeton University Press/Castalia, 1979) studies the influence that medieval liturgy and courtly festivities had in the development of Spanish drama. It convincingly establishes that Lope de Vega should be credited for codifying the *comedia* and not necessarily for inventing it. *The Birth of a Theater* was followed by an edition of the one-act play *Aucto nuevo del Santo Nacimiento de Christo Nuestro Señor* by Juan Pastor (Albatros, 1981) and *Teatro medieval castellano* (Taurus, 1983), an anthology containing six edited plays: the anonymous *Auto de los Reyes Magos, Representación del Nasçimiento*

---

1   See a comprehensive list of Ronald Surtz's publications appended to this introduction.

de Nuestro Señor and *Lamentaciones fechas para la Semana Santa* by
Gómez Manrique, *Auto de la Pasión* by Alonso del Campo, *Auto de
la huida de Egipto*, and *el Diálogo del viejo, el Amor y la hermosa* by
Rodrigo de Cota. As a highly successful book, it has been reprinted
several times, and has become a required text for students of medieval
literature here in the United States, in Spain, and in Spanish-speaking
Latin American countries.

Professor Surtz developed a lasting fascination with the works and
the lives of women writers who were marginal in their own communi-
ties because of their gender, yet found the means to assert their subjectivity through writing. In his second monograph, Professor Surtz uncovered the little known world of women writers in early modernity.
In his acclaimed *The Guitar of God: Gender, Power, and Authority in
the Visionary World of Mother Juana de la Cruz (1481-1534)* (University of Pennsylvania Press, 1990), he explores the fascinating mind of
a Franciscan nun, who wrote a series of visionary sermons (written for
the liturgical year of 1508-1509 and compiled in a manuscript under
the title *El libro del conorte*). Professor's Surtz's study of Mother Juana's
sermons broke new ground in how scholars understand early modern
gender and spirituality. In her sermons, Mother Juana presents herself
as a visionary who transcends the authorial limitations of both gen-
ders. As she fashions her own voice as androgynous, or as what would
be considered to be traditionally masculine, she casts key Catholic figures, such as Saint Francis or Christ, as exhibiting female characteristics. Mother Juana maintains, however, that like a musical instrument
delivering divine music, her revelations are ultimately coming from
God.

A follow up to the previous effort, Professor Surtz's *Writing Wom-
en in Late Medieval and Early Modern Spain: The Mothers of Saint Teresa of Avila* (University of Pennsylvania Press, 1995) studies the texts
of five religious women from the 15th and 16th centuries, namely, Teresa de Cartagena's *Arboleda de los enfermos* and *Admiración operum Dey*
(both mid-15th century), Princess Constanza de Castilla's *Horas de los
clavos* (15th century), María de Ajofrín's visions preserved by her biog-
rapher Juan de Corrales (late 15th century), María de Santo Domingo's
Libro de la oración (published in 1518), and Juana de la Cruz's *El libro*

del conorte. In *Writing Women,* Professor Surtz shows that the women writers he examines countered male devaluation of female agency by making sure that they could not be charged with the two major qualities that were believed to make women inferior to men, intellectual incapacity and carnal weakness. Thus, these women became educated and vowed celibacy. They also conveyed a feminist discourse that was rooted in their readings and interpretations of strong female characters—the Mothers—of the Bible. Figuratively speaking, these writing women served, in turn, as the Mothers who inspired Teresa of Avila. Accordingly, *Writing Women* concludes with an analysis of one of Teresa de Avila's lesser-known works, the *Meditaciones sobre el Cantar de los Cantares* (1566).

On 12 October of 2013, the Department of Spanish and Portuguese at Princeton University held a symposium in recognition of Professor Surtz's 40th anniversary at the institution. The event was small and intimate at the request of the honoree. In the aftermath of the event, the participants in the symposium wanted to more publicly acknowledge Professor Surtz's impact in their professional careers and decided to collectively dedicate the present volume to him. Each one of the essays that comprise this volume is representative of Professor Surtz's academic interests and professional trajectory.

Professor Surtz's interest in hagiographical texts has reverberated in former students, like Sonia Velázquez. In her essay "Imagining Saint Mary of Egypt: Idolatrous and Confessional Visions in *Vida de Madona Santa María la* Egipciaqua," Velázquez argues that the thirteenth century text reflects the debates on idolatry and the proper understanding of images representing sacred subjects. According to Velázquez, Mary of Egypt is presented by the anonymous poem as a problematic idol through the assimilation of *luxuria* and idolatry. Velázquez warns us, moreover, that the opposing alternative in the poem is not iconoclasm or the destruction of images, but a nuanced argument for converting the audience's response to religious images.

Professor Surtz, in Ariadna García-Bryce's words, "has played a key role in laying to rest the assumption that influential female voices were lacking in *antiguo régimen* Spain" (51). It is, then, not surpris-

ing that the majority of the essays in this collection further examine
the strategies writers implement to oppose discourses that construct
female agency as threatening the natural social order. In "From Loom
to Sword: Rethinking Female Agency in Zorrilla's *Progne y Filomena*,"
García-Bryce analyzes how Francisco de Rojas Zorrilla's understudied
play transforms Ovid's eponymous characters from vengeful impulse-
driven tragic heroines into rational agents of justice who seek to undo
the savage imprints of patriarchal tyranny. While Ovid has Filomena
and Progne avenge King Tereus' rape of Filomena by murdering Tereus
and Progne's son and then feeding the flesh of the dead son to Tereus,
Zorrilla has the sisters retaliating by murdering the rapist and, thus,
not only mending their honor but also excising the cruel ruler from
the body politic. Rather than weaving the story of her rape on a tapestry—as in Ovid—Zorrilla's Filomena chooses to seize a sword with
which she first gives testimony of her ravage and, subsequently, as the
tool she will utilize to kill Tereus. As García-Bryce insightfully argues,
Zorrilla's Filomena breaks the genealogy of tragic female archetypical figures by assertively taking matters in her own hands. Instead of
staying contained in the realm of domesticity, "Zorrilla takes a bold
position by making Progne and Filomena agents of the political mainstream" (66).

Following Professor Surtz's vein, Maryrica Lottman seeks to assert
the fact that strong female voices are indeed present in the literature of
pre-modern times and, more specifically, in the Spanish *comedia*. In her
essay, "Celia Is the Subplot of *El condenado por desconfiado*," she argues
that regardless of the fact that Tirso de Molina is often praised for his
creation of strong female characters, critics have yet to recognize the
power and complexity of the heroine of *El condenado*. As beautifully
demonstrated by Lottman, the depth and psychological realism of Celia's character can be best appreciated when she is examined within
the socio-cultural context of Spanish Naples. Celia has the ability to
move vertically along the social categories of the lowlife prostitute, the
higher ranked courtesan, and a respectable married woman. She has
a transformative potential that could be interpreted as provoking Enrico's *desengaño* and his eventual repentance and salvation. Lottman's
essay compels us to further consider the disquieting Celia as among

the most resourceful, yet paradoxically positive, female characters of the Spanish Golden Age.

Barbara Weissberger's chapter also focuses on the female influence in Tirso de Molina's plays. Her interest, however, is centered more emphatically on the female agency that lies within her physical and potentially birthing body. In "Irregular Births in Tirso de Molina's *Antona García* and *Todo es dar en una cosa*," Weissberger discusses Tirso's treatment of "irregular" births in connection to controversies of illegitimacy that impelled the rise of Isabel I to the throne of Castile. Both plays masculinize the female protagonists, Antona and Pulida—respectively—as they feminize the male characters. Weissberger contends that Tirso establishes clear parallels between Isabel and Antona—the quintessential *mujer varonil*—and between Isabel and Pulida—another *mujer varonil* though in lesser degree. Weissberger demonstrates that as Tirso utilizes humor to deflect the male anxieties provoked by maternal power, he conveys the unsettling fact that the benefits of birth legitimacy rest on the unknowability of definitive paternity.

Like Tirso de Molina, Lope de Vega evokes the anxieties that fertile women with access to powerful men could generate on the socially dominant because of the possibility that they might overturn their political influence and status. Nuria Sanjuán Pastor analyzes the case of a woman who is doubly dangerous to the social fabric due to her gender, but more significantly, due to her Jewishness in "Naturaleza desviada: selvas domésticas y reyes corruptos en *Las paces de los reyes y judía de Toledo* de Lope de Vega." Sanjuán Pastor's essay responds to critics who view Lope's drama as propaganda for totalitarian regimes. She argues that Lope's openness in portraying a king in *La judía de Toledo*, who is less than perfect and a possible object of criticism, questions the notion that the playwright was a spokesperson for absolute monarchy. Lope's king is weakened by his vulnerability to human passion, and his love for the Jewish Raquel. Only the murder of the passionate Raquel by a group of noblemen can allow the restoration of the proper social and political order in the play. According to Sanjuán Pastor, the introduction of the figure of an angel in the aftermath of Raquel's death conveys the idea that divine intervention sanctions her killing. It is also through her death that the king finally understands that he must not be ruled by his lower passions.

The idea that good Christians must be able to subdue their lower passions is a *motif* that appears in the anonymous *Viaje de Turquía*, as Victoria Rivera-Cordero explains in her essay, "El saber pragmático y las estrategias de la identidad en *Viaje de Turquía*." While Lope paradoxically conveys the notion that Raquel—the embodiment of the religious enemy—must be cast out in order to prevent the degradation of the body politic, the author of *Viaje de Turquía*—in Rivera's estimation—suggests that it is only by interacting with the purported enemy that Spain can develop into a superior Christian empire. Rivera interprets Pedro de Urdemalas—the protagonist of *Viaje de Turquía*—as an exemplary character in the humanistic tradition because he transcends given prejudices about Muslims and absorbs the positive qualities of Ottoman society, which is presented as strengthening his Christian identity. Rivera suggests that, unlike fellow Spaniards in Muslim lands, Pedro has been radically changed through acculturation. Pedro is able to transcend the dominant belief that a person's character was solely determined by his lineage. Rivera thus states about the novel, "no se trata de un mundo fijo regido únicamente por las leyes de la sangre y del origen étnico" (170).

In sharp contrast to *Viaje de Turquía*, Juan de Grajales' play, *El bastardo de Ceuta* conveys the more conventional view that moral character was most significantly determined by a person's genealogy. As Gwyn Campbell recalls in her essay, "Juan de Grajales's *El bastardo de Ceuta*: A Wife-Murder *Comedia* Gone Wrong?," the heroine of the play, Elena, deceives her husband by hiding the fact that her son, Rodrigo, is not his, but the result of a rape by his friend Gómez de Melo. Campbell points out that when her husband—Captain Meléndez—learns of the truth at the end of the third act, he does not follow the conventions of the wife-murder play and spares her life. Captain Meléndez's reasoning for not avenging his dishonor with Elena's murder is that he is sure that Gómez de Melo raped her. Campbell suggests that Captain Meléndez's certainty of Elena's innocence is figured throughout the play in scenes that depict Gómez de Melo's violence and recklessness and which are echoed in the behavior of his bastard son. Ironically, Grajales' upholding of the primacy of lineage through-out this otherwise wife-murder play is also what determines to a large extent its singular ending.

The belief that moral features and—by extension—religious faith were inherited through parentage was epitomized in the extra-literary realm in the edicts of expulsion of Moriscos (1609-1614). There was a minority of intellectuals, such as Pedro de Valencia, who attempted to convince the Crown that Moriscos were as Spanish as Old Christians, and that it was unchristian to expel them from their own land due to their ancestry. Valencia states that, "Dios no es aceptador de perso-nas, ni diferencia a los hombres para su gracia, o desgracia, por desta, o aquella nación deste o de aquel linaje, o familia, sino que en todas las gentes y naciones los que le temen, reverencian y obedezen" (Valen-cia 140). Valencia recognized that the unwillingness of Moriscos to be more like Old Christians in their cultural practices posed a problem, but he believed that Morisco acculturation could be achieved through more effective social policies. Philip III was not convinced by religious leaders like Valencia and proceeded to expel more than 250,000 Moris-cos by arguing that they were innately foreign and their "difference" too disruptive for the health of the Spanish kingdoms (Caro Baroja 84). Christina Lee challenges both Valencia and the Crown's view that the problem with Moriscos was a lack of complete acculturation. In her essay, "Moriscos y cristianos viejos después de la expulsión," Lee examines post-expulsion judicial cases that show that Moriscos and Old Christians co-existed rather peacefully side-by-side, despite the fact that the latter were aware that their neighbors remained in Spain "illegally." Lee argues, however, that Old Christians presented in these cases were only tolerant of their Morisco neighbors as long as they bore undeniable, distinguishing traits, and while they did not threaten the established economic and social order.

While debates on the capability of Moriscos to be "true" Chris-tians were halted with Philip III's resolution to expel the Moorish population from Spain, discussions continued on the aptitude of the New World Indians to convert to Christianity throughout the six-teenth and seventeenth centuries. In "De la agricultura a la observa-ción de las estrellas. Los retratos de los reyes Incas en los *Comentarios reales* del Inca Garcilaso de la Vega," José Luis Gastañaga examines how Garcilaso argues for the Incas' predestined christianity by analyzing the writer's application of Neoplatonic and Providentialist paradigms. Gastañaga focuses on the Inca Garcilaso's attempt to portray the Inca kings in the mold of classical figures whose function was to prepare their subjects for their eventual conversion to Christianity. Thus, the last king of the Incas, Huayna Cápac, "[n]o sólo reúne en sí las cualidades [...] [de] sus predecesores sino que las lleva a su desenlace natural, que no es otro que preparar a su pueblo para la llegada de los conquistadores españoles" (236).

The numerous graduate seminars Professor Surtz has taught for more than forty years at Princeton have had wider repercussions beyond the scholarship of the pre-modern period. Enric Mallorquí-Ruscalleda shows, more precisely, how Professor Surtz's discussions of the satirical *Carajicomedia* in one of his seminars deeply influenced his reading of one of Gabriel García Márquez's late novels. In his essay "'Se canta lo que se pierde.' Subjetividad, escritura y memoria en dos narrativas especulares: la *Carajicomedia* (s. XVI) y *Memoria de mis putas tristes* de Gabriel García Márquez (2004)," Mallorquí-Ruscalleda convincingly demonstrates that both seemingly disparate works share at their core the authors' fixation on the theme of memory (and its loss) and on its relationship to the act of writing itself.

Our Festschriften concludes with Marina S. Brownlee's "Torquemada's Errant Geographies," which shares Professor Surtz's interest in recognizing first rate, but lesser read, literary works. Antonio de Torquemada's chivalric novel *Don Olivante de Laura* is generally recognized by careful readers of *Don Quijote* because it is one of the texts singled out and severely criticized by the curate in the episode of the burning of the knight errant's library. But, as Brownlee reminds us, readers should be careful not to identify the curate's censure of the novel with Cervantes' stance, especially because Cervantes has the tendency to have his characters criticize books he finds valuable. Brownlee suggests that Cervantes saw in Torquemada's work, a rival to his *Don Quijote*, and that he might have attempted to undermine the literary value of the former by having it censured in the priest's inquisition. Indeed, *Olivante* might have been one of Cervantes' unrecognized precursors, especially if we consider the former's literary self-consciousness. One key meta-literary moment in *Olivante* noted by Brownlee occurs in the prologue. The moment takes place when Torquemada's inscribed narrator is mysteriously taken to the enchantress Ipermea's cave where she hands him the *Olivante* for publication. The book and its narrator are then unexpectedly swallowed by a serpent, and later inexplicably released. As Brownlee observes, *Olivante's* meta-literary nature, as well as its humanist components and refined style "make it easy to understand why Cervantes reacted so strongly to it" (274).

Considered together, these essays are a testimony to the variety and vitality of Professor Surtz's seminars and investigations on the literature of the Middle Ages and on the transatlantic Spanish Golden Age. At their very core, they address the theme that has run through many of Professor Surtz's seminars: the efforts of pre-modern writers to highlight the agency of marginalized individuals, and the crucial functions that the acts of reading and writing had in representing the latter's imagined or lived experiences and subjectivity.

Works Cited

Caro Baroja, Julio. *Ciclos y temas de la historia de España: los moriscos del reino de Granada*. Madrid: Istmo, 1976.

Surtz, Ronald E. *The Birth of a Theater: Dramatic Convention in the Spanish Theater from Juan del Encina to Lope de Vega*. Princeton: Princeton UP, 1979.

———. *Teatro medieval castellano*. Madrid: Taurus, 1983.

———. *The Guitar of God: Gender, Power, and Authority in the Visionary World of Mother Juana de la Cruz (1481-1534)*. Philadelphia: U of Pennsylvania P, 1990.

———. *Writing Women in Late Medieval and Early Modern Spain: The Mothers of Saint Teresa of Avila*. Philadelphia: U of Pennsylvania P, 1995.

Valencia, Pedro de. *Tratado acerca de los moriscos de España*. Ed. Joaquín Gil Sanjuán. Málaga: Algazara, 1997.

Publications by Ronald E. Surtz

BOOKS

1. Juan Pastor, *"Aucto nuevo del Santo Nacimiento de Christo Nuestro Señor": Estudio y edición*. Chapel Hill: Hispanófila, 1981.

2. *The Birth of a Theater: Dramatic Convention in the Spanish Theater from Juan del Encina to Lope de Vega*. Princeton: Princeton UP, 1979.

3. *Teatro medieval castellano*. Madrid: Taurus, 1983.

4. *Creation and Re-Creation: Experiments in Literary Form in Early Modern Spain*. Ronald E. Surtz and Nora Weinerth. Newark: Juan de la Cuesta, 1983.

5. *Américo Castro: The Impact of His Thought. Essays to Mark the Centenary of His Birth*. Ed. Ronald E. Surtz, Jaime Ferrán, and Daniel P. Testa. Madison: Hispanic Seminary of Medieval Studies, 1988.

6. *The Guitar of God: Gender, Power, and Authority in the Visionary World of Mother Juana de la Cruz (1481-1534)*. Philadelphia: U of Pennsylvania P, 1990).

7. *Writing Women in Late Medieval and Early Modern Spain: The Mothers of Saint Teresa of Avila*. Philadelphia: U of Pennsylvania P, 1995.

8. *La guitarra de Dios: género, poder y autoridad en el mundo visionario de la madre Juana de la Cruz (1481-1534)*. Trans. Belén Atienza. Madrid: Anaya & Mario Muchnik, 1997.

ARTICLES

1. "Entorno a la *Censura de la locura humana y excelencias della* de Jerónimo de Mondragón." *Nueva Revista de Filología Hispánica* 25 (1976): 352-63.

2. "Trois *villancicos* de Fray Hernando de Talavera?" *Bulletin Hispanique* 80 (1978): 277-85.

3. "Cervantes' *Pedro de Urdemalas*: The Trickster as Dramatist." *Romanische Forschungen* 92 (1980): 118-25.

4. "The Spanish *Libro de Apolonio* and Medieval Hagiography." *Medioevo Romanzo* 7 (1980): 328-41.

5. "Sobre hidalguía y limpieza de sangre de la Virgen María, en el siglo XVII." *Cuadernos Hispanoamericanos* 372 (1981): 605-11.

6. "Díez de Games' Deforming Mirror of Chivalry: The Prologue to the *Victorial*." *Neophilologus* 65 (1981): 214-8.

7. "Daughter of Night, Daughter of Light: The Imagery of Finea's Transformation in *La dama boba*." *Bulletin of the Comediantes* 33 (1981): 161-7.

8. "Fragmento de un *Catón glosado* en cuaderna vía." *Journal of Hispanic Philology* 6 (1982): 103-12.

9. "'Sancta Lozana, ora pro nobis': Hagiography and Parody in Delicado's *Lozana andaluza*." *Romanistiches Jahrbuch* 33 (1982): 286-92.

10. "Church Ritual as Role-Playing in Hernando de Talavera's Treatise on the Mass." *Revista de Estudios Hispánicos* (Universidad de Puerto Rico) 9 (1982): 227-32.

11. "The *Llibre d'amoretes* and Some Old French *Refrains*." *Bulletin of Hispanic Studies* 59 (1982): 143-5.

12. "Apolonio, Libro de." *Dictionary of the Middle Ages*. Ed. Joseph R. Strayer. New York: Scribner's, 1982. I: 348-9.

13. "Poetry and History in Gil Vicente's *Auto da Lusitânia*." *Creation and Re-Creation: Experiments in Literary Form in Early Modern Spain*. Ed. Ronald E. Surtz and Nora Weinerth. Newark: Juan de la Cuesta, 1983. 41-8.

14. "Un sermón castellano del siglo XV con motivo de la fiesta del Corpus Christi." *Biblioteca Humanitas de Textos Inéditos*. Vol 1. Barcelona: Humanitas, 1983. 73-101.

15. "Plays as Play in Early Sixteenth-Century Spain." *Kentucky Romance Quarterly* 30 (1983): 271-6.

16. "Cardinal Juan Martínez Silíceo in an Allegorical *Entremés* of 1556." *Essays on Hispanic Literature in Honor of Edmund L. King*. Ed. Silvia Molloy and Luis Fernández Cifuentes. London: Tamesis, 1983. 225-32.

17. "The 'Franciscan Connection' in the Early Castilian Theater." *Bulletin of the Comediantes* 35 (1983): 141-52.

18. "El teatro en la Edad Media." *Historia del teatro en España*. Ed. J. M. Díez Borque. Vol. 1. Madrid: Taurus, 1983. 61-154.

19. "La Madre Juana de la Cruz (1481-1534) y la cuestión de la autoridad religiosa femenina." *Nueva Revista de Filología Hispánica* 33 (1984): 483-91.

20. "El héroe intelectual en el mester de clerecía." *La Torre* 1 (1987): 265-74.

21. "Image Patterns in Teresa de Cartagena's *Arboleda de los enfermos*." *La Chispa '87. Selected Proceedings*. New Orleans: Tulane University, 1987. 297-304.

22. "'Algún diabro de fiesta': la *Comedia Trophea* de Bartolomé de Torres Naharro." *La Torre* 1 (1987): 575-83. [With Nora Weinerth]

23. "Manrique, Gómez (1412?-1491?)." *A Companion to the Medieval Theatre*. Ed. Ronald W. Vince. New York-Westport: Greenwood Press, 1989. 235-7.

24. "Pastores judíos y Reyes Magos gentiles: teatro franciscano y milenarismo en Nueva España." *Nueva Revista de Filología Hispánica* 36 (1988): 333-44.

25. "Spain: Catalan and Castilian Drama." *The Theatre of Medieval Europe: New Research in Early Drama*. Ed. Eckehard Simon. Cambridge: Cambridge University Press, 1991. 189-206.

26. "The 'Sweet Melody' of Christ's Blood: Musical Images in the *Libro de la oración* of Sister María de Santo Domingo." *Mystics Quarterly* 17 (1991): 94-101.

27. "Los misterios asuncionistas en el este peninsular y la mediación mariana." *Teatro y espectáculo en la Edad Media*. Ed. Luis Quirante Santacruz. Alicante: Instituto de Cultura "Juan Gil Albert," 1992. 81-97.

28. "Teresa de Cartagena." *Spanish Women Writers: A Bio-Bibliographical Source Book*. Ed. Linda Gould Levine et al. Westport: Greenwood Press, 1993. 98-103.

29. "Las cuentas de Santa Juana: un ejemplo de adaptación cultural en el Japón del siglo XVII." *Actas del Tercer Congreso de Hispanistas de Asia*. Tokyo: Asociación Asiática de Hispanistas, 1993. 819-27.

30. "El llamado feminismo de Teresa de Cartagena." *Studia Hispanica Medievalia III*. Ed. Rosa E. Penna and María A. Rosarossa. Buenos Aires: Universidad Católica Argentina, 1995. 199-207.

31. "Características principales de la literatura escrita por judeoconversos: algunos problemas de definición." *Judíos. Sefarditas. Conversos. La expulsión de 1492 y sus consecuencias*. Ed. Angel Alcalá. Valladolid: Ambito, 1995. 547-56.

32. "Las *Oras de los clavos* de Constanza de Castilla." *Caballeros, monjas y maestros en la Edad Media*. Ed. Lillian von de Walde, Concepción Company, and Aurelio González. México: Universidad Nacional Autónoma de México and El Colegio de México, 1996. 157-67.

33. "Masks in the Medieval Peninsular Theatre." *Festive Drama*. Ed. Meg Twycross. Cambridge: D. S. Brewer, 1996. 80-7.

34. "A Spanish Play (1519) on the Imperial Election of Charles V." *Formes teatrals de la tradició medieval*. Ed. Francesc Massip. Barcelona: Institut del Teatre de la Diputació de Barcelona, 1996. 225-30.

35. "La imagen del moro en el teatro peninsular del siglo XVI." *Images des Morisques dans la littérature et les arts*. Ed. Abdeljelil

Temimi. Zaghouan: Fondation Temimi pour la Recherche Scientifique et l'Information, 1999. 251-60.

36. "Fray Juan López en travestí: sus *Historias que comprenden toda la vida de Nuestra Señora.*" *Studia Hispanica Medievalia IV.* Ed. Azucena Adelina Fraboschi et al. Buenos Aires: Pontificia Universidad Católica Argentina, 1999. 248-55.

37. "Mujer-campo y escritor-sembrador en la tardía Edad Media castellana." *Actas del XIII Congreso de la Asociación Internacional de Hispanistas.* Vol. 1. Madrid: Editorial Castalia, 2000. 232-7.

38. "'My Life Hangs on the Testimony of Drunkards'": Inés López and the Spanish Inquisition." *Semana Sepharad: The Lectures. Studies on Sephardic Culture.* Ed. M. Mitchell Serels. New York: Yeshiva University, 2001. 127-54.

39. "Maurofilia y maurofobia en los procesos inquisitoriales de Cristóbal Duarte Ballester." *Mélanges Luce López-Baralt.* Ed. Abdeljelil Temimi. Zagouan, Tunisia: Fondation Temimi pour la Recherche Scientifique et l'Information, 2001. 711-21.

40. "Morisco Women, Written Texts, and the Valencia Inquisition." *Sixteenth Century Journal* 32 (2001): 421-33.

41. "Writing and Sodomy in the Inquisitorial Trial (1495-1496) of Tecla Servent." *Marriage and Sexuality in Medieval and Early Modern Iberia.* Ed. Eukene Lacarra Lanz. New York and London: Routledge, 2002. 197-213.

42. "Female Patronage of Vernacular Religious Works in Fifteenth-Century Castile: Aristocratic Women and Their Confessors." *The Vernacular Spirit: Essays on Medieval Religious Literature.* Ed. Renate Blumenfeld-Kosinski, Duncan Robertson, and Nancy Warren. New York: Palgrave, 2002. 262-82.

43. "El talismán fatal: Juan Borbay ante la Inquisición valenciana." *Morada de la palabra: homenaje a Luce y Mercedes López-Baralt.* Ed. William Mejías López, Vol. 2. San Juan: Editorial de la Universidad de Puerto Rico, 2002. 1610-6.

44. "La entrada de Ana de Austria en Burgos (1570): lecciones iconográficas para una reina." *Cuadernos de Filología* 50 (2002): 385-95.

45. "The Entry of Ferdinand the Catholic into Valladolid in 1509." *European Medieval Drama* 6 (2002): 99-108.

46. "The Valencian *Misteri del Rey Herodes*: Misogyny, Politics, and Caste Conflict." *Medieval English Theatre* 24 (2002): 32-43.

47. "In Search of Juana de Mendoza." *Power and Gender in Renaissance Spain: Eight Women of the Mendoza Family, 1450-1650*. Ed. Helen Nader. Chicago: University of Illinois Press, 2004. 48-70.

48. "Constance of Castile." *Women in the Middle Ages: An Encyclopedia*. Ed. Katharina M. Wilson and Nadia Margolis. Vol. 1. Westport: Greenwood Press, 2004. 212-4.

49. "María de Ajofrín." *Women in the Middle Ages: An Encyclopedia*. Ed. Katharina M. Wilson and Nadia Margolis. Vol. 2. Westport: Greenwood Press, 2004. 590-1.

50. "Teresa de Cartagena." *Women in the Middle Ages: An Encyclopedia*. Ed. Katharina M. Wilson and Nadia Margolis. Vol. 2. Westport: Greenwood Press, 2004. 887-90.

51. "Tecla Servent and Her Two Husbands." *The Medieval Marriage Scene: Prudence, Passion, Policy*. Ed. Sherry Roush and Cristelle L. Baskins. Tempe: Arizona Center for Medieval and Renaissance Studies, 2005. 187-200.

52. "Tecla Servent and the Borgias." *Medieval Encounters* 12:1 (2006): 74-86.

53. "A Spanish Midwife's Uses of the Word: The Inquisitorial Trial (1485/86) of Joana Torrellas." *Mediaevistik* 19 (2006): 153-68.

54. "Crimes of the Tongue: The Inquisitorial Trials of Cristóbal Duarte Ballester." *Medieval Encounters* 12:3 (2006): 519-32.

55. "The Reciprocal Construction of Isabelline Book Patronage." *Queen Isabel I of Castile: Power, Patronage, Persona*. Ed. Barbara F. Weissberger. Woodbridge: Tamesis, 2008. 55-70.

56. "The Privileging of the Feminine in the Trinity Sermon of Mother Juana de la Cruz." *Women's Voices and the Politics of the Spanish Empire*. Ed. Jennifer L. Eich, Jeanne Gillespie, and Lucia G. Harrison. New Orleans: University Press of the South, 2008. 87-107.

57. "Iberian Holy Women: A Survey." *Medieval Holy Women in the Christian Tradition, c. 1100-c.1500*. Ed. Alastair Minnis and Rosalynn Voaden. Turnhout: Brepols, 2010. 499-525.

58. "Dialogue's End: The *Biblia Parva* and the Expulsion of the Jewish Body." *"De ninguna cosa es alegre posesión sin compañía." Estudios celestinescos y medievales en honor del profesor Joseph Thomas Snow*. Ed. Devid Paolini. New York: Hispanic Seminary of Medieval Studies, 2010. 308-23.

59. "El *Auto de la huida a Egipto* como peregrinación virtual." *Boletín de la Real Academia de la Historia* 90 (2010): 121-30.

60. "Gender and Prophecy in Late Medieval Valencia." *La Corónica* 41.1 (2012): 299-315.

61. "Jaume Escrivà and the Perils of Female Writing in Late Medieval Valencia." *Catalan Review* 26 (2012): 201-14.

PROFESSOR SURTZ'S MEMORABLE SAYINGS OR "RONISMS"

1. "Gracias por pensar enmigo."

2. "Algo es algo."

3. "What's wrong with this picture?"

4. "There's something wrong with his didactic picture."

5. "A parish priest of Santa María de las Nalgas."

6. "This was pre-Sesame Street."

7. "Me Amadís, you Oriana."

8. "People whose limpieza was dudosa."

9. "Pastoralizing as opposed to pasturizing."

10. "A mixture of prose and poetry... a two-for-one sale."

11. "Su vida lujuriosa... I mean lujosa."

12. "...escrito en griego para mayor claridad."

13. "It's hard to do transitions...with my santo flying off."

14. "Se me fue el santo al cielo."

15. "Susexful...I mean successful."

16. "Second- or third-string writers, not hacks."

17. "Our Lady of the Mall."

18. "It's really slippery; I wave my fins."

19. "Escolares make the best lovers."

20. "Courtly lovers who still end up in the sack."

21. "*Libro de buen amor* is both a how-to-sex manual and a don't-let-this-happen-to-you warning.

22. "It was OK to treat them like shit."

23. "Tantas no serán las perlas."

24. "Sí, se puede hacer la cochinada. El caballero mata a los gigantes y luego la dama se levanta la falda."

25. "Laureola, la muy cojonuda."

26. "Lo que hacen los asnos en el prado."

27. "Basically, what he wants is to get into her pants."

28. "It's the 'shit happens' approach to reality."

29. "You can't have a whole novel with her sitting there bitching."

30. "It's the Bermuda triangle concept."

31. "Let me spiel first and then we'll come back to the travelogue."

32. "Anacoluto...you know, that exotic dancer—she had those fans."

33. "Basically, it's that way... trust me."

34. "It's all glitz; it's the packaging que cuenta."

35. "No puedo insistir demasiado en el packaging."

36. "We all have to do something while we're waiting to die."

37. "Doctores tiene la Iglesia..."

Imagining Saint Mary of Egypt:
Idolatrous and Confessional Visions in
Vida de Madona Santa María la Egipciaqua

Sonia Velázquez
Indiana University, Bloomington

For the idea of making idols was the beginning of fornication and the invention of them was the corruption of life. — Book of Wisdom 14.12

THE PERIOD BETWEEN THE thirteenth and fifteenth centuries in Europe witnessed a remarkable proliferation of images. From the new, imposing cathedrals that sprung up in cities and housed myriad figures represented in stone, cloth, or glass visible to all the faithful, to the privately commissioned devotional statues in wood or alabaster and lavishly illuminated books, images were everywhere ushering in the words of the art historian Michael Camille "new ways for the community and the individual to display themselves to themselves and to God" (215). Multiplication, however, did not mean authorization, and the shadow of idolatry—the adoration of an object that asks to be meaningful in and of it itself instead of pointing to the divinity it represents—loomed large. In *The Gothic Idol*, Camille exposes and analyzes the confluence of political, social, economic, technological and theological factors that contributed to this "image explosion" and gave meaning to the period's characteristic "naturalism."[1] Central

---

1   On this late medieval "image explosion" as the foundation of the late modern "society of the spectacle," see Michael Camille, especially Part II, "Gothic Idols"

to this endeavor is the examination of the polemical uses of idolatry. Camille's work analyzes the anxieties that stand behind the appellation of an object as an idol and the condemnation of practices as idolatrous. This way, idols are not simply "false images" as Isidore of Seville defined the term linking it to *dolus* (fraud), but are instead touchstones for investigating questions of licit or illicit reproduction (thus the association of idolatry with adultery and other sexual deviancies), of anthropology (the debates surrounding the rightful place of human work within the scheme of divine Creation), or heresy (the Christian tendency to charge aniconic Jews and Muslims with idolatry).

In this article, I want to read the anonymous thirteenth-century verse life of Saint Mary of Egypt, *Vida de Madona Santa María la Egipciaqua* (*VSME*), as participating in these debates on idolatry and the proper and improper reception of images, that is to say, forms of vision. I will argue first that the poem assimilates *luxuria* (excessive and disorderly desire) and idolatry, thus presenting Mary of Egypt as a problematic idol. Secondly, I will show that to deal with the problem of idolatry, the poem surprisingly does not resort to iconoclasm—the destruction of images—but instead it aims to re-educate the audience's vision.

The legend of Mary of Egypt—a sinfully promiscuous young woman who converted upon seeing an image of the Virgin Mary, a vision that convinced her to give up her licentious life and live out the rest of her life doing penance in the desert—is often grouped alongside Mary Magdalene, Pelagia and Thais as one of the so-called holy harlots.[2] Al-

---

(197-337) where he responds to Johan Huizinga's account of the increased importance of materialism in the representation of religious experience in *The Waning of the Middle Ages*; on the debates surrounding the proliferation of images in medieval England, see Sarah Stanbury. Felipe Pereda's *Imágenes de la discodia* offers a rich account of the ideological roles played by public and private religious images in Spain. Although it focuses on the period post-Reconquista, its first chapter addresses the diversity of ecclesiastical positions on the place of images in religion.

2   Most critics agree that the story of Mary of Egypt's conversion was first recorded in the seventh century by Sophronius in Greek. In that account, which forms the basis for what Peter Dembowski has identified as the Eastern branch of the legend, Mary's *vita* is framed by the monk Zozimas's quest for spiritual perfection. The story was translated into Latin by Paul, deacon of Naples, in the eighth century, and it becomes the source for many European language translations both in prose and verse. The text that will be my focus here is based on an earlier French version, both belong-

though the poem has been read for what it has to say about gender and sexuality (Beresford, Scarborough), political and economic changes (Weiss, Grieve, Francomano), it has been rarely studied for what it has to say about sacred and profane forms of vision.[3] This is surprising, first and foremost, because as most critics note, the poem is formally organized by the chiasmic contrast of two portraits of the protagonist, the courtly description of her body before conversion (vv. 205-30) followed by the abject image of her penitent body (vv. 720-67).[4] These two rhetorical portraits are often described as constituting two panels of a diptych displaying contrasting before-and-after images (Delgado "Eucaristía y Penitencia" 37-38, Weiss 87). I want to complicate that picture by adding a third panel to this picture that considers the importance of Mary's conversion through the intercession of an image of the Virgin Mary in the narthex of the Church of the Holy Cross. These divine images make possible a turning away from idolatry towards what I am calling a "confessional vision." Whereas the idolatrous vision is associated with solipsism, appearances, false agency, and the illusion of timelessness, confessional vision is affective and multiperspectival, a vision that simultaneously looks to the past and the present and encourages imagining the self simultaneously as both object and subject in relationship to others.

Scholars have focused on the dynamics of confession and the representation of the self in time primarily in relationship to writing and

---

ing to the so-called Western branch of the legend where, as Duncan Robertson puts it, Mary becomes the protagonist of her own story. On the relationship of the Spanish poem to French predecessors, see Michèle Schiavone de Cruz-Sáenz. On the grouping of certain female saints under the rubric of "holy harlots," see the Introduction of Andrew Beresford's monograph on the Iberian tradition, and Patricia Cox Miller's "Is There a Harlot in This Text?" for a consideration of the Late Antiquity material.

3   A recent exception is Connie Scarborough's "Seeing and Believing" although her focus is on the concept of the gaze in relationship to gender and not to the function of images and forms of vision. Similarly, Andrew P. Scheill's article discusses "scopophilia" in the Old English *Life of Saint Mary of Egypt* insofar as it intersects with transgressive bodies.

4   See for example, Alan Deyermond's description of the poem in the medieval volume of *Literary History of Spain*: "the poem is built on a double contrast: María's outward youth and beauty is a mask for inner corruption, whereas later her aged, roughened and hideous body houses the purified soul of a saint" (70-71).

autobiography where the assumption is that of a self in the past being overcome by the writing self of the present moment. John Freccero's influential account of autobiographical confessions in Dante and Augustine expresses this dynamic thus, "[a]s in all spiritual autobiographies, so in the *Confessions* and in the *Divine Comedy* there is a radical division between the protagonist and the author who tells his story. The question of the relative 'sincerity' of such autobiographies is the question of how real we take that division to be. Augustine and Dante took it to be almost ontologically real" (25). In contrast, by focusing on vision, I put forth an image of the confessional self that does not imagine its past as other and alien but as integral and, in a sense, still present to the converted self of the now.

IDOLATROUS VISION AND SAINT MARY OF EGYPT

The first textual portrait of Egyptian Mary appears in the poem after she has left her home for Alexandria, "pora más fer su voluntat" (v. 133), unwilling to submit to society's expectations in general, and to her parents' will in particular. The poem emphasizes Mary's desire to follow her own will, "con todos faze su voluntat" (v. 128), an act that we can read as a perversion of Jesus calling the apostles to leave behind their loved ones to live according to the will of God. In this case Mary's will consists of thoroughly enjoying the here-and-now without giving a thought to her constitutive past (the force of genealogy to which her mother appeals in her attempt to restrain her daughter's lust in vv. 109-18) nor to the practicalities of the future (how will she survive?) and eschatology (will she be saved?). Her entire life is structured around the pursuit of immediate pleasures. In an attempt to represent to the audience the psychology of Mary the sinner, the poet remarks significantly that, "Tanto quiere jugar e reir, / que nol miembra que ha de morir" (vv. 169-70).

The illusion of Mary's forceful and prideful agency, coupled with her beauty and the response that the people of Alexandria have towards her contribute to the presentation of her in the text as a sort of idol: an object that is all surface seduction and asks to be worshipped on its own merits rather than venerated as a symbol of a transcendent Other it represents. Mary's beauty, which had been described in the first few lines of the poem as a gift from God, is here reified and emp-

tied of its capacity to point back to its divine source.⁵ We see this in the
positive reception she receives from the prostitutes of Alexandria who
welcome her with "a gran honor [...] / por la beltat que en ella vieron"
(vv. 153-54), and then again when the young men of the city who can't
get enough of her (v. 178). Indeed, her beauty had such a bewitching
effect on them that they could hardly keep away from her, to the extent
that in order to be near her some even committed murder:

> [...] los juegos tornan a sanyas;
> ante las puertas, en las entradas,
> dábanse [los mancebos] grandes espadadas:
> la sangre que d'ellos sallía
> por medio de la cal corría. (vv. 176-80)

Significantly, these effects are not unlike those described by the Do-
minican preacher Robert Holcot (d.1349). His *Commentary on the
Book of Wisdom* warns the reader:

> 'Turn away thy face from a woman dressed up, and gaze not upon
> another's beauty' [Ecc. 9]. These women are creatures of whom the
> letter says [they are turned into an abomination] 'and [are] a temp-

---

5   The poem's introductory lines present its topic (Mary of Egypt) and theme
(God's forgiveness), but the focus is squarely on Mary's beauty:

> De huna duenya que auedes oida,
> quier' vos comptar todas ssu vida:
> de santa María Egipçiana,
> que fue huna duenya muy loçana
> <et de su cuerpo muy loçana>
> quando era mançeba e ninya.
> Beltad le dio Nuestro Sennyor
> porque fue fermosa pecador.
> Mas la merçet del Criador
> después le fizo grant amor. (vv. 17-26)

It is important to note that her beauty, however murderously seductive it may
become in Alexandria, is from the beginning not presented as diabolical: it is instead
bestowed by God, a gift that she misuses just as her free will is misdirected.

tation to the souls of men, and a snare to the feet of the unwise.' For
in this mousetrap David was caught, and this idol also seduced the
wisdom of Solomon to the worship of idols as we read in 3 Kings
12. These idols are to be fled, and not sought out through curiosity,
for as the letter says [Wisdom 14.12], 'the beginning of fornication is the devising of idols.' For it is impossible for a curious and
lascivious man associating with these idols not to be corrupted by
them; indeed, a man, diligently seeking out and considering in his
thought the beauty of women so that he makes idols for himself,
necessarily prepares for his own fall.

Michael Camille quotes this passage in *the Gothic Idol* in order to show
the powerful iconographical and ideological connection between the
sins of *luxuria* and idolatry: both imply the construction of an image
that subsequently becomes the viewer's object of desire and worship
(298-302). It is not unreasonable to think that our poet too presents
the young men of Alexandria as guilty not just of lust but more gravely
of idolatry. They are thus not all that different from King Solomon,
whose lust for foreign women led him to make sacrifices to pagan
idols, an act to which the blood flowing through the streets shed for
the sake of Mary makes a gruesome echo. *VSME* completes its representation of Mary as an idol by describing her uncharitable response
to the mayhem her presence has brought upon the city. Similar to the
indifference of a hollow stature, "[a] la cativa cuando lo vedié, / nulla
piedat no le prendié" (vv. 181-82). Her lack of reaction thus links her to
the mute statues that in their actual impassivity to the sacrifices offered
to them confirm their very falseness.[6]

The detailed rhetorical portrait of Mary comes on the heels of the
vivid description of the chaos that her beauty produced in the city. This
ambiguous position in the text begs the question: What is the purpose

---

6   Richard Texler's study of Florentine late-medieval religious practices led
him to put forward the following functional definition: "an idol was no more nor
less than a representation that was not working" (qtd. in Camille 208). There was no
inherent material or contextual difference between idol and icon. If it responded to
the prayers of the faithful, it proved itself an image worthy of legitimate veneration;
if it remained mute or unresponsive, it was an idol to be abjured.

of presenting to the audience a picture of her dangerous beauty? Does this ekphrastic description not risk to entice the reader to actively imagine her, thereby creating an idol in the mind, as it were? And wouldn't this creation thus put the listener in the position of her unhappy male suitors who are mistaken in their adoration of the idol? This question is all the more pressing because the text identifies the description as a digression; that is to say, a moment in the text where the poet is doing something that diverges from the poem's main (didactic) purpose:

> De la beltat de su figura,
> como dize la escriptura,
> *ante que siga adelante,*
> direvos de su semblante.
>
> (vv. 205-08; emphasis added)

Most critics justify the presence of this ekphrastic digression by reading Mary's body allegorically, where her external beauty is but a mask that reveals a corrupt inside (Deyermond, Scarborough, Maier). A visual analogy to this interpretation is to see Mary's statuesque perfection as the front side of *Frau Welt* at the Cathedral of Worms (c. 1310): a frontal, alluring beauty that hides the toads and worms that, in fact, and contrary to the seductive surface, constitute it (fig. 1).

Lynn Rice Cortina goes a step further and reads the digression allegorically by matching the poem's descriptions of Mary's body as pointing to Christian imagery. She reads, for example, the comparison the poem makes between Mary's dainty white ears and "leche de ovejas" (v. 214 as a figuration of the representation of Christ as the Lamb of God, of heaven as the land of milk and honey, and of the faithful as a flock of sheep (Rice Cortina 43). Similarly, she traces parallels between the conventional beauty of Mary and the mystical attributes of the eponymous Virgin Mary (43-45).

The portrait itself might be allegorized away as a strategy of the poet to turn Mary from idol of beauty to Christian symbol, but it be-

comes more difficult to explain the purpose of the detailed description
of her clothing that follows the blason.[7]

> De su beltat dexemos estar,
> que non vos lo podria contar.
> Contar vos e de los sus vestimentes
> e de los sus guarnimentes.
> El peyor día de la semana
> non vistie panyo de lana;
> assaz prendié oro e argento,
> bien se vistie a su talento.
> Brial de xamits sse vistié,
> manto erminyo cobrié.
> Nunqua calçaba otras çapatas,
> sino de cordobán entretalladas;
> pintadas eran con oro e con plata,
> cuerdas des sseda con que las ata. (vv. 231-244)

How do we interpret this elaborate description of the lady's accouter-
ments? A comparison between this hagiographic sartorial cover-up and
one of the most famous examples from the romance tradition can prove
illuminating. The physical description of Mary's clothing shares some
traits with the Pygmalion episode in the *Roman de la Rose*, where the
poet first describes the sculptor's care in carving Galatea's body, and as
the craftsman's love for her grows, he indulges in dressing her naked
body in more and more luxurious fabrics. It would be tempting to read
the elaborate description of the clothes that cover the statue's nudity as
a righteous act of imposed modesty, but as Michael Camille observes
"once again Jean's poem inverts the convention and sees the dressing
not as covering shameful nudity but a titillating ritual of pure pleasure"

---

7   To my knowledge, only two critical articles address this second, more sartorial description. Patricia Grieve reads the richness of Mary's clothes as the physical
manifestation of the poem's presentation of Mary's body as currency, "a disruptive
force both socially and spiritually" (139), and similarly, Connie Scarborough reads
the emphasis on the luminosity of her body and clothes as a reflection of "the power
she held over those who gazed on her" (307).

(330).[8] Similarly, in *VSME,* rather than concealing the female naked body and effectively neutralizing the eroticism of the first corporeal description, I want to suggest that the act of clothing engages in a compensatory action that substitutes the possibility of ever fully seizing the beauty of the represented object with a delight in the artifice (textual and textile) needed to cover for this lack. It is in this spirit that I read the Spanish poet's use of the topos of inexpressibility ("De su beltat dexemos estar, / que non vos lo podría contar" [vv. 231-34]) that precedes the lengthy description of Mary's garb. In both cases, the clothing is pure surface, pure delight, not the *integumentum* that makes allegory possible.[9]

Unlike the representations of female vanity that also demonstrate its ultimate and fundamental corruption (the image of *Frau Welt*, as we saw), the digressive descriptions of Mary and her clothes do not yet point to a moral teaching. When the poem expresses concern with the effects of her *mala vida*, it does not relate to the damnation of her soul as much as concern and sorrow at how low a woman of high social standing (*paratge*) has come:

> Todos dizien: "¡Qué domatge
> desta fembra de paratge!".
>   De todas cosas ssemeja sabida,
> ¿cómo passa tan mala vida?
>   Bien debe llorar esta juventa
> Porque nasçió tan genta. (vv. 255-60)

---

8   Contrast Camille's reading with Jane Burns's interpretation of Pygmalion's act of clothing Galatea as the imposition of the male poet/lover's desire on the female body, which transforms it from a *tabula rasa* to a mirror that reflects male creativity (60-87). She contrasts Pygmalion with the character of Oiseuse, a woman who uses clothing to construct her own identity and to give herself pleasure. It is important to note, however, that this model of female resistance does not apply to Mary because throughout the first half of the poem, surprisingly, she does not seem to have an image of herself. There is no sense that she is aware of her beauty or that she cultivates it. At most, the episode of Mary and the ship captain shows that she understood her body to be a thing to be exchanged, here for a trip to the Holy Land (see vv. 310-14).

9   On the use of the importance of the *integumentum*, a covering that allows for truth to be seen, as a theoretical concept aligned with rhetoric and gender, see Jill Ross.

The vision of Mary's body and clothing that the poet offers his public remains superficial, focused on the here-and-now—idolatrous and impervious to allegory until after our protagonist and the reader undergo a conversion through renewed vision.

HOLY IMAGES AND CONFESSIONAL VISION

Mary's conversion takes place significantly enough after she has embarked on an anti-pilgrimage of sorts. Bored with the men she has seduced in Alexandria, she follows a ship of pilgrims bound for the Holy Land. Although there are continuities between her life in Alexandria and in Jerusalem, the text begins to hint that something different will happen in this new setting. Upon her arrival, the usually assertive Mary finds herself alone and, for the first time, uncertain over what to do:

> Non connoscié homne nin fembra,
> aquella tierra nada nol sembla.
> Non sabe por qual manera
> pueda bevir en aquella tierra. (vv. 405-408)

This moment of alienation, which could have led Mary to reflect on her own life, is soon overshadowed by a new affirmation of her confidence that by following her own counsel she will be fine: "Yo hire a Iherusalem la çibdat. / A mi mester me tornaré, / que yo bien me gobernaré" (vv. 410-12). This decision points again to the double nature of her sin, which manifests itself on the surface as lust, but its underlying cause is the same pride that places a created object in the place of the Creator. The poem thus highlights that she sins not only because she finds pleasure in sex, but even more appallingly, because in seeking this pleasure she is disavowing any other form of authority over herself, effectively turning herself into an idol.

The men of Jerusalem still fall in love with her and are said to be "pressos de su beltat" (v. 422), but a subtle change takes place once she arrives at the Holy City. While her suitors in Alexandria and the pilgrims with whom she had traveled on the ship are said to have complied with her will ("tanto la querien, / que toda su voluntat complien" (vv.

391-92), the poet tells us that the men she seduces this time "todos fazien con ella su voluntat" (v. 423). The poet begins thus to undo the sinner's self-possession, preparing her and the reader to witness Mary's ultimate conversion, which occurs when she is denied entrance to the temple:

> Dentro entró la companyía,
> mas non y entro María.
> En la grant priessa dentro se metié,
> mas nulla re no le valié.
> Que assi le era assemejant
> que veyé huna gente muy grant
> en semejança de caualleros,
> mas semejábanle muy fieros.
> Cada uno tenié la su espada,
> menazábanla a la entrada.
>   Cuando querié adentro entrar,
> ariedro la fazién tornar.
> Cuando vio que non podié aber la entrada,
> atrás faze la su tornada. (440-53)

Iconographically, the image of the fierce knights holding swords to protect an entrance harks back to illustrations of the expulsion of Adam and Eve from Paradise, a transgression that St. Augustine famously linked to both pride and lust.[10] The movement of Mary's life up to this point had always been forward, away from her family, away from Egypt, always in search of new experiences. The vision of angels that resembled *caualleros*, knights or gentlemen who surprisingly this time do not bend to her will, forces her to turn back for the first time in her life. And yet, this turning back is not quite a conversion yet—the turning back towards communion and togetherness implicit in the prefix *con* —but it is definitely a turn. This setback affords Mary a moment of reflection, a pause in her movement forward, which shocks her into seeing herself

---

10   St Augustine's reading of Genesis in *The City of God* makes explicit the connection between these two sins, "[t]hus their [Adam and Eve's] shamefastness — wisely covered that which lust disobediently incited as a memory of their disobedient wills justly herein punished" (qtd. in Spearing 11-12).

for the first time not just like others see her, as an object of desire for both men and women as Connie Scarborough has pointed out, but as the divine Other sees her, as a forlorn sinner (see Scarborough 305).

The external vision of divine retribution, the apparition of the "fieros cavalleros," prompts in Mary an internal vision of herself—one so powerful that she turns against herself: "D'amas manos tira a sus cabellos, / grandes feridas dio a sus pechos" (vv. 459-60). The tearing at the hair and beating of one's chest may represent a turning *against* the body, as Scarborough argues, "lash[ing] out at some of her most desirable attributes" (308), but I want to highlight that they are also conventional gestures of mourning that visually demonstrate the paradoxical situation of Mary as she stands both as an object of mourning and as the surviving subject that feels the loss. For the first time in the poem, Mary is aware of herself as a being in time, a being aware of the shifting perspectives of her life: she can reflect on her past, mourn its licentiousness in the present and, in contrast to her previous life lived in an eternal present, fret about the future.

This particular position leaves her momentarily speechless in the face of God to whom "nol osó pedir consejo ninguno" (v. 461). However, it is precisely at this dark hour, that the body itself, which had been used as an object to be exchanged, rather than remain inert, issues out a call for mercy: "Del cuerpo le sallió un sospiro tan fuerte; / dixo: 'Dios dame la muerte'" (vv. 472-73). She does not die a literal death here, but symbolically she does turn her sight away from the self that she now recognizes but wishes to renounce and towards the external living image of the Virgin Mary. This new vision presents her with a moving image that reflects for her all that she is not, but could yet be. Mary's turn towards the image of the Mother of God thus completes her conversion, and can be understood in Augustinian terms as a shift from an experience of "the glimpse of the intellect," understood as a single moment of illumination initiated by God and received by the viewer "almost as a blow" (in our poem, the vision of the angels), to the exercise of a prolonged gaze born from the viewer's desire to "actively turn the power of looking upon appropriate objects and invest the soul's energy wisely" (Hahn 184). This exercise is here accomplished through a lengthy prayer-confession addressed by the Egyptian Mary to the eponymous Virgin.

The prayer alludes to the mysteries of the Annunciation and Incarnation, focusing on the Virgin Mary's role as intermediary between God and humanity, or more literally, as Mary's own remedy, "Por esso eres del çiello reina, / tu seyas oy mi melezina" (vv. 495-96). And although Mary the sinner appeals to the Virgin on account of their shared name, she also acknowledges the extent of her own sinfulness and distance from the eponymous and immaculate model: "Un nombre abemos yo e ti, / mas mucho eres tú luenye de mí: / tú María e yo María, / mas non tenemos amas huna vía / Tú ameste siempre castidad, / e yo luxuria e malveztad" (vv. 533-38). The prayer, as in an act of contrition, concludes with an appeal to grace as Mary of Egypt requests from the Virgin "caridat" (v. 605). In the recognition of her own sinfulness, the expression of sincere remorse and the acknowledgment that salvation depends on grace, this elaborate prayer functions as a *de facto* confession to the Virgin, and the poet confirms its efficacy when he declares "Cuand' hobo [la egipciaca] fecho su oraçión, / de Dios hobo perdón" (vv. 609-10).

The confessional scene in front of the Church of the Holy Cross is but the first presented in the poem. Once Mary of Egypt has turned to the desert to live as an anchorite, she will run into the pious monk Zozimas to whom she will give an account of her life in the guise of a confession at his request ("Dímela [tu vida] en confession / que Dios te faga vero perdón" (vv. 1142-43). However, one should note that in this second account, *VSME* does not actually reproduce Mary's words.[11] This omission might be due to the poet's attempt to avoid repetition; after all, the listeners have already witnessed first hand, as it were, through the poem's narrative, the development of her life. However, within the context of the Fourth Lateran Council, which calls for Christians to confess privately to their own parish priest at least once a year, the poem's representation of two confessional scenes is noteworthy. The poem makes clear that Mary's

---

11   This feature is shared with the *vitae* that belong to the Western branch of the legend where the narrative begins with Mary's life and follows it chronologically as it intersects with Zozimas's in the desert. In contrast, the Eastern branch which informs the fourteenth-century prose *Estoria de Santa María Egipciaca*, begins with Zozimas' quest for holiness and we learn about Mary's past life in an abridged and editorialized autobiographical flashback. For a detailed description of the different versions belonging to the Western branch, see Delgado ("Mariales franceses").

first public confession is effective. After her expression of contrition, she is allowed to enter the Church of the Holy Cross; she takes communion, and leaves the church "de sus pecados bien alimpiada" (v. 626).

It would be tempting to read the sinner's public confession and the absolution by the Virgin in opposition to the church's increasing restriction of the sacrament of confession to parish priests, a practice that effectively eliminated the need for women confessors that had earlier been common monastic practice according to Elizabeth Jordan. However, although this initial confession does take place, literally, outside of the church, it is not necessarily subversive. Jeremy Tambling asserts that while "the future [of confession as a medieval practice] lay with monastic practices of private confession to a superior, to an Other, who thus validates the rightness (and hence the inherent sinfulness) of the confessant's discourse," the practice of public confession (exomologesis) was established as early as the second century by the church for the gravest sins: murder, idolatry and adultery (35). In other words, Mary's first confession is in keeping with the enormity of her moral failings and as such it requires an extraordinary—yet orthodox—act of contrition. And yet, although Mary's first confession earns her divine forgiveness, she does not enter back into covenant with the church, or indeed with any other human being, until she repeats the sacrament of confession to the monk Zozimas, this time so privately that the poem excludes the audience. This is significant because it denies to the audience of the poem a safe position of external judgment of Mary's sinfulness.

Examining twentieth-century philosophical views of confession, Tambling remarks on the centrality of shame in the writings of Foucault, Freud, Sartre, and Lacan. He attributes the power of this affect to the fact that "shame involves the recognition that though for ourselves we possess flowing, changing characteristics that make resting in any one position or attitude pointless, for the other we exist with static characteristics: we are as we appear to be under the other's gaze. The look of the other then is petrifying" (172). In contrast to this petrifying look, the medieval confessional vision sketched out in *VSME* shows how the forgiving gaze of the other can be life-giving. In effect: it turns the lifeless idol into a full human being, aware of her being-in-time and of her existence in relationship to others.

UNCANNY REPETITION AS ALTERNATIVE TO ICONOCLASM

The second portrait of Mary in the poem is just as lavish as the first, but this time its object is the body as witness to the ravages wrought by her acts of penitence in the desert. The transformation of Mary from courtly beauty to a female version of the prototypical wild man—a hirsute naked body—is usually interpreted as the rightful destruction of the first beautiful portrait; or, in our terms, as the destruction of the seductive idol.[12] More subtly, Michael Solomon reads this portrait as an imitation of medical advice against *amor hereos*, a physical disease born of a hyperactive erotic imagination, whose cure required the graphic re-presentation of the beloved under the guise of the grotesque (432-34). Solomon posits the poem as a type of "hygienic text," which builds desire in its male listener through the first portrait of Mary only to cleanse the body of the induced libidinous energy through the conjuration of the abject picture of a penitent Mary. I would like here to complement the physical focus of this reading by pointing out a parallel spiritual and intellectual reeducation of the audience which is in turn dependent on the transformation of a visual regime focused on surface seduction (idolatrous vision) to a confessional vision that complicates the position of subject/object in time.

The portrait of the penitent anchoress begins thus:

> Toda se mudó d'otra figura,
> qua non ha panyos nin vestidura.
> Perdió las carnes e la color,
> que eran blancas como la flor;
> los sus cabellos, que eran rubios,
> tornáronse blancos e suzios.
> Las sus orejas, que eran albas,
> mucho eran negras e pegadas [...] (vv. 720-27)

---

12   Scarborough's interpretation is representative. She writes, "the utter lack of luminosity of Mary's physical features [in the second portrait, in contrast to the first] would have struck the poem's audience as a deliberate attempt to destroy utterly the previous description of her" (309). She quotes Weiss, who takes this one step further to argue that the very description of this destruction would have been a source of pleasure for an ambivalent male audience (Weiss 87-89; Scarborough 309).

The first thing to notice in this second portrait is that it recalls and repeats, to some extent, the first. Its power is thus predicated on the coexistence of the earlier seductive image and the newly chastened one. Mary's previous charms are brought up once more and then transformed before the eyes of the listening public. We read, for example, "perdió las carnes e la color, / que eran blancas como la flor; / los sus cabellos, que eran rubios, / tornáronse blancos e suzios" (vv. 722-25). Critics have likened this effect to that of "a holy strip show in which the stripper is first allowed to do her act, and is then punished for her lack of shame" (Gaunt 219). Simon Gaunt, focusing on a French poem very close to *VSME*, reads the description of Mary's abject body as akin to the extended scenes of torture of virgin martyrs: as the erotic enjoyment of a sacrificial female body. The implicit iconoclasm of this interpretation, in its positing of the pleasure in the destruction of the seductive image, is shared by most critics. I want to argue that the very reduplication of the portraits troubles a moralistic reading whereby the audience is allowed to possess an external and judgmental gaze.

The coexistence of the initially seductive portrait alongside the image of the penitent body achieves an effect similar to that of the popular thirteenth-century representations of the legend of "The Three Living and the Three Dead" (fig. 2). Textually and visually the legend refers to three young men out on a hunting expedition who encounter three bodies that mirror the living but are represented in different states of decomposition. The image is usually accompanied by an inscription that interpellates the living—those depicted in the left-hand side of the image—but also the viewer. The admonishment, in the words of the Robert de Lisle Psalter (c.1310), reads: "I was well fair. Such shall you be. For God's love beware by me."

Paul Binski explains the function of the legend thus:

> By means of doubling or repetition, the familiar is rendered un-familiar [...]. In psychoanalytical terms death, like love is linked to repetition and to the uncanniness of the doubled image that repeats, but does not reflect, its model. The image represents a future state—what the subject will become—and so contributes to the construction of the subject's sense of self. In this case the thing that is constructed is the notion of the sinner. (138)

Binski's "notion of the sinner" is tied, as we saw earlier, to the provisions of the Fourth Lateran Council that made mandatory for every Christian confession, penitence, and communion at least once a year. The two frames of the image, like the double portrait of penitent Mary enact what I have called here a confessional vision, that is to say, they make visible for the audience an awareness of an unfolding self in time. Importantly, however, this unfolding does not occur by positing a clean opposition between living and dead, or between a sinful past that has been safely left behind and a renewed present self. Such an opposition would allow the viewer a passive position external to the drama represented. Instead, the efficacy of the doubling in the illustration resides in how the images invite the viewer to enter into the picture and mediate between the panels reflecting on her own unfolding in time. In the case of *VSME*, the double portrait of Mary-as-sinner and Mary-as-penitent makes visible a present that is different from the past, but it has not superseded or annulled it. Moreover, this uncanny doubling that as Binski puts it, repeats but does not reflect, disallows a dispassionate gaze. The shock of two-images-in-one prompts a similar inner troubled vision in the audience so that we begin to question our own lives and become even more keenly aware of ourselves as beings in the process of becoming. Thus the awareness of the precariousness of becoming counters the judgmental gaze that would see in the double portrait an image of righteous punishment.

In conclusion, the invocation of Mary's previous seductiveness at the very moment that her penitent body is described troubles a straight iconoclastic reading. That is to say, to the burning question of what to do with idols, the poem offers a subtle and elegant response: not destruction, but conversion. Importantly, though, the conversion is not effected on the idol itself, turning it into a symbol—a material object that represents the divine—instead, the conversion takes place in the audience as we, too, imagine ourselves otherwise.

Works Cited

Alvar, Manuel. *Vida de Santa María Egipciaca: estudios, vocabulario, edición de los textos.* 2 vols. Madrid: Consejo Superior de Investigaciones Científicas, 1972.

Augustine. *Confessions.* Trans. R. S. Pine-Coffin. Baltimore: Penguin Books, 1961.

Beresford, Andrew. *The Legends of the Holy Harlots: Thais and Pelagia in Medieval Spanish Literature.* Rochester: Tamesis, 2007.

Binski, Paul. *Medieval Death: Ritual and Representation.* Ithaca: Cornell UP. 1996.

Burns, Jane E. *Courtly Love Undressed: Reading Through Clothes in Medieval French Culture.* Philadelphia : U of Pennsylvania P, 2002.

Camille, Michael. *The Gothic Idol: Ideology and Image-making in Medieval Art.* Cambridge: Cambridge UP, 1999.

Delgado, E. Ernesto. "Mariales franceses, ingleses y españoles en la creación de la vertiente occidental de la leyenda de Santa María Egipcíaca: hacia el nuevo modelo hagiográfico de los siglos XIII-XVI." *Revista de Estudios Hispánicos* 38. 1 (2004): 183-208.

———. "Penitencia y Eucaristía en la conformación de la vertiente occidental de la leyenda de Santa María Egipcíaca: un paradigma de negociación cultural en la Baja Edad Media." *Revista de Poética Medieval* 10 (2003): 25-55.

Dembowski, Peter, ed. *La vie de Sainte Marie l'Egyptienne: Versions en Ancien et en Moyen Français.* Geneva: Droz, 1997.

Deyermond, Alan. "Thirteenth-Century Expansion: I.7 *Vida de Santa María Egipciaca.*" *A Literary History of Spain: The Middle Ages.* New York: Barnes & Noble, 1971. 70-1.

Francomano, Emily C. "Taking the Gold out of Egypt: Prostitution and the Economy of Salvation in the *Vida de María Egipciaca.*" *Hispanic Review* 82.4 (2014): 397-420.

John Freccero. "The Prologue Scene." *Dante and the Poetics of Confession.* Ed. Rachel Jacoff. Cambridge: Harvard UP, 1986. 1-28.

Gaunt, Simon. Gender and Genre in Medieval French Literature. Cambridge: Cambridge UP, 1995.

Grieve, Patricia. "Paradise Regained in *Vida de Santa María Egipciaca*: Harlots, the Fall of Nations and Hagiographic Currency." *Translatio Studii: Essays by his Students in Honor of Karl D. Uitti for his Sixty-Fifth Birthday.* Ed. Renate Blumenfeld-Kosinski, et al. Amsterdam: Rodopi, 2000.

Hahn, Cynthia. "*Visio Dei*: Changes in Medieval Visuality." *Visuality Before and Beyond the Renaissance: Seeing as Others Saw.* Ed. Robert S. Nelson. Cambridge: Cambridge UP, 2000. 169-222.

Jordan, Elizabeth. "Reconciling Women: A Feminist Reading of the History of Confession in the Roman Catholic Tradition." *Australian Feminist Studies* 14.30 (1999): 303-13.

Miller, Patricia Cox. "Is There a Harlot in This Text? Hagiography and the Grotesque" *Journal of Medieval and Early Modern Studies* 33.3 (2003): 419-35

Pereda, Felipe. *Las imágenes de la discordia. Política y poética de la imagen sagrada en la España del cuatrocientos*. Madrid: Marcial Pons Historia, 2007.

Rice Cortina, Lynn. "The Aesthetics of Morality: Two Portraits of Mary of Egypt in the *Vida de Santa María Egipcíaca*." *Hispanic Journal* 2.1 (1980): 41-5.

Robertson, Duncan. "Twelfth-century Literary Experience: The Life of St. Mary the Egyptian." *Pacific Coast Philology* 22.1-2 (1987): 71-7.

Ross, Jill. *Figuring the Feminine: The Rhetoric of Female Embodiment in Medieval Hispanic Literature*. Toronto: U of Toronto P, 2008.

Scarborough, Connie. "Seeing and Believing: The Gaze in the *Vida de Santa María Egipçiaca*." *La corónica* 42.1 (2013): 299-320.

Schiavonne de Cruz-Sáenz, Michèle. *The Life of Saint Mary of Egypt: An Edition and Study of the Medieval French and Spanish Redactions*. Barcelona: Biblioteca Universitaria Puvill, 1979.

Solomon, Michael. "Catarsis sexual: *La Vida de Santa María Egipcíaca* y el texto higiénico". *Erotismo en las letras hispánicas: Aspectos, modos y fronteras*. Ed. Luce López-Baralt y Francisco Márquez Villanueva. Mexico City: Centro de Estudios Lingüísticos y Literarios, 1995. 425-37.

Spearing, A. C. *The Medieval Poet as Voyeur: Looking and Listening in Medieval Love-Narratives*. Cambridge: Cambridge UP, 1993.

Stanbury, Sarah. *The Visual Object of Desire in Late Medieval England*. Philadelphia: U of Pennsylvania P, 2007.

Tambling, Jeremy. *Confession: Sexuality, Sin, the Subject*. Manchester: U of Manchester P, 1990.

Weiss, Julian. *The Mester de Clerecía: Intellectuals and Ideologies in Thirteenth-century Castile*. Rochester: Tamesis, 2006.

FIG. 1: *Frau Welt* in Wormser Dom

FIG. 2: *The Legend of the Three Living and the Three Dead*. Manuscript illumination. Detail of a miniature of the *Three Living and the Three Dead*, from the *De Lisle Psalter*, England (East Anglia), c. 1308 – c. 1340, Arundel MS 83, f. 127 v. http://britishlibrary.typepad.co.uk/digitisedmanuscripts/2014/01/the-three-living-and-the-three-dead.html2

From Loom to Sword: Rethinking Female Agency in Zorrilla's *Progne y Filomena*

Ariadna García-Bryce
Reed College

Ronald Surtz has played a key role in laying to rest the assumption that influential female voices were lacking in *antiguo régimen* Spain. His commentaries on the writings and spoken declarations of women from different walks of life, noble and royal and humble, religious and secular, lead to an illuminating conclusion: when women express their views, they often do so from positions of marginality, adopting the persona of the mystic or the visionary; yet, from these presumably fringe positions, they have a considerable impact on the fabric of early modern life.[1] This insight into the fraught nature of female rhetorical power constitutes a rich point of departure for understanding Guillén de Castro's and Francisco de Rojas Zorrilla's *Progne y Filomena* plays. Through them I will engage with the wide-ranging implications of Surtz's scholarship. Both *comedias*, which remain surprisingly understudied, center around beleaguered female protagonists who are at once outcasts and formidable political players.[2] While in Ovid's version of the myth, the heroines succumb to

---

1   See Surtz, *The Guitar of God*, "La Madre Juana de la Cruz," "Tecla Servent," and "Female Patronage."

2   The corpus of extant studies is fairly thin. Where McVay's article comparing Castro's and Zorrilla's *Progne and Filomena* engages substantively with the plays, Antonio María Martín Rodríguez's and James Agustín Castañeda's studies, which examine them alongside other early modern Spanish rewritings of the "Procne and

a cruel destiny, in the Spanish rewritings, they overcome adversity and rally against tyranny. Whereas in the classical legend the female voice is stifled, in the plays under discussion here, it makes itself heard.

Most of my analysis will be devoted to Zorrilla's *Progne y Filomena*. However, I shall initially focus on Castro's play, because it is from that work that Zorrilla drew in his formulation of the myth. First, though, let us go back to Ovid's text, which was, itself, Castro's main source of inspiration. Among the most gruesome tales of the *Metamorphoses*, "Procne and Philomela" recounts the grim fate of the two sisters, daughters of Pandion, king of Athens.[3] Procne's husband, the brutish King Tereus of Thrace, falls prey to an uncontainable passion for Philomela and rapes her in a remote wood. Upon recovering her wits, Philomela impugns her attacker in menacing tones: "[. . .] You'll pay my score one day. I'll shed my shame / And shout what you have done. If I've the chance, / I'll walk among the crowds: or, if I'm held / Locked in the woods, my voice shall fill the woods / And move the rocks to pity. This bright sky / Shall hear, and any god that dwells on high!" (138). Desperate to put a stop to this torrent of vexing words, the despot cuts off her tongue: "The root jerked to and fro; / The tongue lay on the dark soil muttering / And wriggling, as the tail cut off a snake / Wriggles, and, as it died, it tried to reach / Its mistress' feet" (138). Having lost the power to speak, Philomela communicates the grizzly event to her sister by portraying it on a tapestry. Donning animal skins along with the bestial impulse of ongoing Bacchic rites, an infuriated Procne takes bloody revenge on Tereus by stabbing their son, Itys. Together with Philomela, she carves up the body, cooks it,

---

Philomela" myth, are broad overviews. The *comedias* also receive individual passing mention in Robert Lauer's study of tyrannicide in Spanish drama. In addition, Castro's *Progne y Filomena* is briefly considered in Luciano García Lorenzo's collective study of Castro's works (169-82) and in Manuel Delgado's and James Crapotta's monographs on tyranny and resistance in Castro's theater. For focused analyses of Castro's *Progne y Filomena*, see Primorac, Friedman, and García-Bryce. Focusing on Zorrilla's play are articles by Trambaioli and Martínez Vidal.

3   I use the English versions of the classical protagonists' names, e.g., "Procne" and "Philomela," in all references to Greco-Roman mythical characters, beyond the Spanish *comedias*. The Hispanized names, e.g. "Progne" and "Filomena," are used to refer to the characters of the Spanish plays.

and serves it to her husband. Once he has enjoyed his meal, Procne throws Itys's severed head at him, revealing her crime with "cruel joy" (141). The incensed king then sets off after his foes and the tale comes to an end as all three of them are transformed into birds.

Written by some accounts before the 1600s (Juliá Martínez lxi) and by others between 1608 and 1612 (Bruerton 51), Castro's *Progne y Filomena* follows Ovid's myth, but with some substantive differences. Adhering generally to the original plotline, the first two acts portray Progne's doomed marriage to Tereo, his lust for Filomena, his assault on her, her weaving of the testimonial tapestry, Progne's rage, and the murder of Itys. The rape, however, is not consummated and Filomena does not herself participate in the infanticide. Rather than hurling her son's head at her husband, Progne swings a cup containing the victim's blood at him so that his face is splattered with it. The playwright allows himself further creative license by adding a new character, Teosindo, Tereo's brother who is, in turn, Filomena's lover. At the time of Tereo's attack, Filomena is pregnant with Teosindo's child. In the third act, the play most drastically departs from the seminal story, presenting us with Filomena, years after her ordeal, living in seclusion with her grown-up son, Driante. Although she is now able to speak, she has vowed to refrain from doing so in protest against her dishonor. In time, though, she is forced to break her oath to inform Driante and Teosindo that they are father and son. The sisters subsequently forgive Tereo and the play concludes with the marriage of Driante and Arminda, Tereo's and Progne's surviving child. In short, political and familial stability are restored. As Edward Friedman has noted, tragedy is reformulated according to *comedia* conventions.

While it is true that, insofar as they participate in a process of dynastic restoration, Castro's legendary heroines are ultimately pacified and co-opted into a patriarchal order, their association with the Bacchic furies remains strong. In the final act, Filomena wears animal skins and is shown in her element dwelling among rough caves and crags. Where Progne is concerned, traces of archaic female savagery present in Ovidian myth are equally apparent. Her killing of her son, which permanently truncates Tereo's patrilineal line, constitutes a severe blow to masculine authority, as does her tricking her husband into consuming his heir's flesh. Adding further defiance to her gruesome actions, in answer to the alarmed Tereo's question, "¿ [a] quién mataste?", uttered as he catches sight of the victim's head, Progne answers: "¡Una lengua que cortaste te lo dijera mejor!" (151). It is thus clear that the termination of Tereo's lineage is the cost of his attempt to silence a woman. In this sense, the apparent emphasis on the restitution of patriarchal order at the end of the *comedia* is complicated by an evident recognition of its vulnerability to female resistance (see García-Bryce).

Unlike the tragic heroines of Greco-Roman tradition whose retaliatory acts are purely impulse-driven, Castro's protagonists are endowed with lucid self-awareness. Hence, while Ovid's Procne is portrayed as being in a state of maenadic frenzy and propelled by entirely visceral instincts as she undertakes her murderous act, Castro's Progne is in possession of her wits. As she plans her revenge, she says: "y no habrá dado mujer / tal veneno a tal herida, / tal venganza a tal agravio [. . .]" (148). By thus taking stock of the enormity of her crime, by reflecting that she will outdo other icons of feminine vindictiveness, Progne betrays an evident self-consciousness. Filomena similarly displays conscious agency. She is initially deprived of speech by Tereo, but she eventually embraces silence of her own accord, turning it into a deliberate decision. Boasting that she has raised her son, Driante, without human speech—"[. . .] sólo imitar sabe [. . .] / bramidos de alguna fiera / o graznidos de algún ave" (Castro 151)—the heroine provocatively transforms the trope of the silenced woman into a chosen identity. Whereas Ovid's legendary princesses embody pre-rational forces, Castro updates the archaic figures, bringing them closer to a classical Aristotelian ethics grounded in deliberate agency (Aristotle 87). On some level, one might say that this move makes epochal sense as it complies with a Christian political scheme that upholds active free will and counters pagan views about the predominance of cruel destiny. But in terms of gender politics, it is far from orthodox.

The same can be said of Zorrilla's *Progne y Filomena*, which endows the sisters with even greater executive power. Using Castro's general storyline, Zorrilla introduces various changes. For one, Pandión is now Pandrón, and Tereo's brother is called Hipólito, rather than Teosindo. There is, furthermore, no child born from his amorous liaison with Filomena. More importantly, Tereo does succeed in raping his victim and there is no testimonial tapestry. Initially, Filomena reveals her ordeal to Hipólito by writing with a sword in the sand. Then, quickly recovering the ability to speak, she tells it to her sister. There is no infanticide and no cannibalism. Rather, Progne and Filomena avenge their tainted honor by murdering Tereo.

In leaving out the mythical tapestry that was such an iconic part of the Greco-Roman myth and its subsequent rewritings and inventing a Filomena who is hardly quieted, and, finally, in turning the heroines into tyrannicides rather than child slaughterers, Zorrilla revises traditional conceptions of the relationship between the female body and the body politic more radically than Castro. Displaying a stronger sense of their own political entitlement, Zorrilla's protagonists thoroughly subvert the entrenched notion of sacrifice as the only conduit for female political protagonism. If Castro perpetuates entrenched conceptions of female otherness through his continued association of princesses to pre-civilized sanguinary rites, Zorrilla no longer encumbers his heroines with the specter of the haunting marginality long assigned to them.

Among the most persistent reflections of this legacy is the age-old association of femininity with chaotic preternatural forces. Already in antique mythology a cosmic opposition is established between a "masculine" civilizing drive and a "feminine" destructive impetus. The very processes of life and death are conceived in relation to this tension. Pondering it, Jean Pierre Vernant comments on competing figurations of death in Greek myth. On the one hand, the heroic death of the warrior is symbolized by a beautiful male youth, a figure that domesticates mortality, endowing it with eternal glory. As a counterpoint to this reassuring vision, a horrific image of death is represented by female monsters, such as Gorgo and Ker:

> Gorgo and Ker are not the dead as the living remember, commemorate, and celebrate them, but rather they are the direct confrontation with death itself. They are death proper, that beyond-the-threshold, the gaping aperture of the other side that no gaze can penetrate and no discourse can express: they are nothing but the

horror of an unspeakable Night. (55)

Such atavistic creatures, endowed with autonomously spawning bodies, are ghastly incarnations of the dark world preceding the ordered Olympian generation whose lineage is male-controlled: "Night and her progeny are like the trace and the continuation in today's organized cosmos of that obscure primordial indistinction" (Vernant 56). Not confined to these hideous deathly creatures, such misogynistic hermeneutics also define the kind of femininity attached to the life-giving forces of love and eroticism. As Vernant points out, Aphrodite belongs to the primeval generation coming before Night's progeny. Born, as is recorded by Hesiod, from Ouranos's severed genitalia (66), she provokes desires that weaken men, distracting them from their civilizing mission; similarly, in the persona of Pandora, who allegedly brings evil to men, sexual desire is coupled with chaotic destruction (Hesiod 77-8). Such seminal formulations of femininity as both a source of repulsion and desire, at once a target of brutal repression and an ominous force that evades masculine control, would for centuries have a pivotal role in the Western political imagination.

Not coincidentally, it is specified in Plato's *Republic* that exposure to female pathos must be avoided in the Kallipolis as it could endanger civic order by allowing toxic emotion to compromise the exercise of reason (Plato 72; Murnaghan 249). Specifically at issue is the pathos provoked by the lamentations of tragic female protagonists. Indeed, it is understandable that in Plato's scheme female tragic protagonists are seen as a threat to logocentric order. Characters like Clytaemnestra, Iphigenia, Cassandra, and Antigone are paradigmatic, symbolizing woeful exclusion from the polis. In the arena of classical tragedy, a genre that originated to reflect the tension-ridden transition from an archaic society regulated by blood vengeance, to a new order resting on a rationalized juridical system, women invariably stand for the primal world that has to be conquered in the interest of political advancement.[4] Clytaemnestra's rage over the sacrifice of her daughter for the sake of military success and Antigone's protest against the desecration

---

4   See Vernant and Vidal Naquet.

of her brother's corpse demanded by the authority of the state demonstrate that civilization is also predicated on violence. Of course, it can be argued that tragedy is ultimately a conservative genre that supports a male-run civilizing process, as it shows that, unassimilable as they are to polis culture, complaining women must be sacrificed: they are necessary casualties in the march of history. Nonetheless, bearing in mind Plato's fear of female pathos, we might regard these tragic protagonists as potentially having a continued relevance. In her reading of Sophocles's *Antigone*, Judith Butler sees that critical potential and grants it a patently political role.

The myth under discussion here brings before us once again the question of whether female protest should be validated. Are Procne and Philomela atavistic creatures devoid of legitimate political weight or do they deserve to be accorded critical authority? In contrast with Aeschylus's *Oresteia* or Sophocles's *Antigone* where pre-rational femininity clashes with masculine rationality, here the sisters fight against a barbaric male tyrant. Tereus is himself representative of the primitive world beyond the borders of civilized Athens. Entirely driven by visceral passions, he is alien to the law and ethical constraint. That said, the tale may perpetuate misogynistic gender politics, insofar as the sisters might be seen as exceeding Tereus's savagery with their infanticidal and cannibalistic acts. In the course of their bloodthirsty revenge, they are transformed into archetypical incarnations of primitive violence. Hence their final transformation into birds, which removes them from society, along with their attacker.

From another angle, however, the princesses can be vindicated as epitomizing the protean power of communication. Indeed, Philomela's ingenious recourse to tapestry-weaving as a substitute for speech, and Progne's impassioned reception of the conveyed images, would remain in classical and Renaissance literature as culminating symbols of the eternal endurance of human expression. A testament to this is the fact that in Renaissance poetry, Philomela is often figured as a nightingale and emblem of poetic song. Her barbaric past is forgotten, as she is assimilated into a pastoral literary sphere. While Philomela is thereby vindicated, the recuperation can be regarded as problematic from the standpoint of gender, because it means that she is transformed into a stylistic trope for male poetic expression. Such is the case, for instance, in Lope de Vega's "Filomena" where she embodies mellifluous verse: "Oíd la competencia, / [...] de Filomena, ruiseñor agora [...] / Oid la voz sonora, / dulcísima y süave / del ave que en la verde primavera / escucha el soto, el valle y la ribera [...] / oíd el ave, / no en verso forastero oculto y grave, / con nudos como pino ; / no feroz, no enigmático, mas puro [...]" (621). Purged of all associations with primeval darkness, with feral bird cries, Lope's Filomena is woven into the domesticated world of poetic display. Geoffrey Hartman's signaling of "the voice of the shuttle" as a core symbol of literariness which transcends the particularities of the princesses' story in some senses echoes the Renaissance poetic transformation of Filomena. Culled from a fragment of Sophocles's lost play about the "Progne and Philomela" myth, the cited phrase, argues Hartman, draws its power from the elision of history: it signals the productive silence of literary language whose longevity is tethered to a continued process of unbinding words from their origins.

In the opposite direction, it is the foundational gender conflict registered in the "Progne and Philomela" myth that is the focus of Patricia Joplin's reading. Taking issue with Hartman's interpretation, she argues against defining the tale as a monument to the universal power of literary language. She contends that its commentary on women's linguistic marginalization is more important. Although her indictment of Hartman's methodology for being complicit with the historical silencing of women is hasty, her analysis of the myth is immensely productive as it addresses the crucial question of how the work weighs in on the gender battle that is central to its reflection on the power of language. Joplin thus focuses on the extent to which the tale shows that: "[...] dominance can only contain, but never successfully destroy, a woman's voice" (Joplin 40). Upon close examination, she continues, the myth foregrounds the role of women as pawns in the process of geopolitical negotiation. Pandion's arrangement of Procne's marriage to the barbaric despot, which sets off the chain of horrific events, would thus amount to the offering of a woman's body in exchange for the conservation of hegemony. According to this paradigm, Tereus's subsequent ravishing of Philomela, a virginal body that was not conceded to him, would be regarded as a heinous breach, not because of the violent subjection of the young woman—an analogous violence is already systemic in imposed marriages—but rather because it breaks a pacifying contract between male rulers. Ultimately, Joplin notes, the myth would reinforce the inevitability of women's sacrificial role in the everlasting cycle of political violence and restoration. For in resisting barbarism, the sisters themselves are ultimately doomed to descend into it: "But in a crisis the woman can become identified with the very violence the exchange of her body was meant to hold in check" (Joplin 44). While Procne and Philomela succeed in making themselves heard enough to denounce and punish the tyrant, ultimately, through their aviary transformation, their laments are drowned out.

Against this framework, Zorrilla's *Progne y Filomena* saves the legendary princesses from such corporeal and linguistic sacrifice. No longer mere pawns of male political transaction, they oppose endemic violence without giving up their bodies and voices. As Jean Testas has argued, the play contests traditional gender dynamics by emphasizing the princesses' daunting strength and Tereo's humiliating weakness. If in previous versions of the story the heroine defies oppression by resorting to the archetypically feminine craft of weaving and endowing it with political meaning, Zorrilla takes her empowerment a step further by having her abandon the loom and take up the sword.

It bears remembering that since antiquity the loom was a pervasive icon of femininity, which was often used to symbolize female virtue. Through the ages, Penelope's weaving to keep her suitors at bay, or Lucretia's weaving to keep herself occupied in the absence of her husband, were upheld as idealized portrayals of chaste domesticity. Strongly influenced by Xenophon's *Oeconomicus*, which stressed the importance of regimenting wives' daily activities, early modern Spanish female conduct literature was quite explicit about the role of weaving as a crucial antidote to instinctive female mischief. Both Fray Luis de León's *La perfecta casada* and Juan Luis Vives's *De Institutionae Feminae Christianae* remind their readers that noble figures, such as Penelope, Lucretia, and Queen Isabella the Catholic and her daughters kept themselves properly busy and quiet with weaving. Weaving, says Fray Luis, safeguards wives from "libros de caballerías, y del traer el soneto y la canción en el seno, y del billete [. . .] y del sarao [. . .]" (80).

In other words, the loom maintains women contentedly immured in their homes, shielded from public exposure and destructive impulse.

At the same time, there exists an opposing genealogy of weavers, the likes of Arachne and Philomela, who turn weaving into transgressive public expression. Arachne, like Philomela, employs tapestry to challenge authority, both by displaying skill superior to that of Athena, and by using her flawless artwork to depict mighty gods seducing and raping. She includes the rapes of Danae and Europa by Jove, and Melantho and Candace by Phoebus among the panoply of images that she creates (Ovid 124). As punishment for her brazenness, Athena—herself a masculine-identified goddess, born from the head of Zeus—transforms her into a spider: "Touched by the bitter lotion, all her hair / Falls off and with it go her nose and ears. / Her head shrinks tiny; her whole body's small; / Instead of legs slim fingers line her sides. / The rest is belly; yet from that she sends / A fine-spun thread and, as a spider, still / Weaving her web, pursues her former skill" (Ovid 125). Arachne suffers a fate analogous to Philomela's as her bold self-expression is short-lived: just as Philomela's voice dissolves into birdsong, Arachne's revelatory artistry is tyrannically transformed into a spider's web, a lowly form devoid of discursive content. The impact of their message is further dispersed as it is folded into the ebb and flow of Ovid's "continuous song" (1). It is the poet's voice that "shall live to all eternity" (Ovid 379).

Zorrilla steers clear of the archetypal extremes associated with the loom: the virtuous but immured woman on the one hand, and the strident woman destined to necessary destruction on the other. Significantly, Zorrilla's heroine uses a quintessentially masculine instrument, the sword, to publicize her story. When a desperate Hipólito encounters her after her rape, begging to know why she is disheveled and bloodied, Filomena, much to his surprise, takes hold of his sword and uses it to write an answer to his question. Far from a passing formal detail, her handling of the sword receives recurrent attention in the play. The "acero" that Filomena snatches from Hipólito reappears at the end of the *comedia*: the stage directions specify that she still has it in her possession when she approaches the palace ready to avenge her dishonor. At that point, as she grasps the blade, Filomena recounts her brutal ordeal and announces her determination to punish her attacker. Progne insists that she is the one who should inflict the mortal blow as her husband also trampled on her honor. A double brandishing of swords takes place as Progne grasps Tereo's sword, the one with which he had attempted to silence Filomena: "[...] con ese acero que / aquí se ha dejado, lavar pienso / con su sangre su delito" (154). Hipólito's and Tereo's power is thus heavy-handedly displaced by the heroines' steely resolve. Driving the message home further is Filomena's response to Progne's comment that it is really her husband, Hipólito, who should avenge her honor as her body belongs to him. Retorts Filomena: "Pues si ha de ser con su acero, / este acero es de mi esposo, / y es el acero que un tiempo / fue la pluma de mi agravio; / y supuesto que le tengo, / yo quiero poner el brazo, / pues él pone el instrumento" (156). Progne is convinced by this argument, and both sisters go offstage together to execute the wrongdoer.

Filomena's reiteration that the sword she uses belongs to her husband and Progne's reminder that her honor does as well hardly mitigate the princesses' bold self-assertiveness. In more ways than one, the play casts their actions as a de facto displacement of male hegemony.[5] Hipólito's and Pandrón's relative feebleness is apparent in their lackluster reaction to Tereo's assault and its aftermath. Hipólito is constantly shown in a state of alarmed confusion, from the time when he first sees the injured Filomena to when she runs away with his knife, evading his company. The contrast between the sisters' efficacious determination and their presumed defenders' hesitant and unsuccessful attempts to retaliate against Tereo's aggressions is patent. While the women swiftly translate resolve into concrete action, the men appear trapped by the circumstances. Pandrón initially lands on Thracian soil with his army, ready to join Hipólito against his savage enemy. But he is hindered, first by Hipólito's unfruitful plan to seek cooperation from his kinsman Aurelio who refuses to betray his king. Then, both the Athenian ruler and Hipólito are further derailed as Filomena firmly insists that they not follow her. Almost comic, at Pandrón's and Hipólito's expense, is the final denouement when, as they are being detained out-

---

5   On dramatic representations of female rulership and gender role reversal in the *comedia*, Quintero is an indispensable source.

side Tereo's bedroom door by Aurelio, they hear Progne and Filomena finishing off the king for them.

Gender role reversal is also manifest in the rapport between the princesses and Tereo. Whereas in Ovid's and Castro's versions, as he pursues his sister-in-law, the Thracian king is hardly checked in his aggressions, Zorrilla's Tereo is not without fear of his female enemies. While attempting to pacify Progne by falsely declaring his love for her, he is stopped short by her retort, threatening in its double-entendre: "[. . .] daré voces contra vos / de la justicia al desierto, / aunque de los montes sólo / halle compasivo al eco; / y cuando no, mi rigor / producirá de mi acero / amenazas para flores [. . .]" (67). Whereas Progne appears to suggest that her cries will come to nothing, dissolving as they will into the natural landscape, she no less provokes in Pandrón a sobering trepidation by showing that she is well aware of his tricks and by reminding him of his solemn duties as king. Shaken by this ominous warning, the king feels the need to ask for Aurelio's support in his pursuit of Filomena. Later, as the plot unravels further, Tereo becomes increasingly fearful, to the point where, in the moments before the princesses come for him, he is consumed by a paralyzing sense of doom. "Toda mi vida es temor, / pues todo hoy, sin descansar, / me levanto de un azar, / y tropiezo en un error. / En vez de aves lisonjeras / que son imán de sentido: / sólo en los montes he oído / las nocturnas y agoreras" (144-5).

These verses are a revealing revision of a similar passage in Castro's *Progne y Filomena*. Close to the beginning of the play, directly after Tereo first meets his wife and her sister, and secretly reveals his lust for his future victim, a soothsayer expresses foreboding about horrific events to come: "La blanca Luna, de su lumbre avara, / cubre la hermosa cara, / suenan a mis oídos / no armonía de cantos no aprendidos, / sino los más suaves / graznidos tristes de nocturnas aves. / ¡Qué horror siento en el alma! Y tengo el pecho / como de hielo hecho; / temeroso deshago / las rayas destos círculos que hago; / ninguna luz recibo, / a tiento estos caratéres escribo" (Castro 128). The bird reference can be taken as an allusion to Ovid's transformation of the protagonists into birds. Also significant, both in Castro's verses and Zorrilla's revised passage is the explicit contrast between the ominous chirping of nocturnal birds and the sweet song of bucolic birds, which, in turn, evokes the longstanding trope opposing a primitive world to a domesticated aesthetic realm. A further layer of symbolism identifies the laments of tragic female pariahs with unintelligible bird cries. Antigone (Sophocles 177) and Cassandra (Aeschylus 91) are salient examples of this. Also a part of this tradition, Philomela, in the earliest versions of her story, was portrayed as having been transformed into a swallow, its opaque twittering an apt analogue for her mutilated tongue. The swallow was, moreover, sometimes considered a bird of bad omen, so it is no coincidence that the prophetess Cassandra was also associated with the swallow (Ahl 183).

Although evoked by Zorrilla's Pandrón in the above quotation, the Spanish playwright substantively revises such intertwining of femininity, marred communication, and destructive fate. While in Castro's play fear of the garbled shrieks of ominous birds is formulated by the soothsayer as a general premonition about a series of fateful events to come, in Zorrilla's play, it is uttered by a cowered despot moments before his murderesses spot him. The warning is more directly associated with the targeted actions of the princesses and with Tereo's own budding fear of reprisals. Further, given that we have recently seen Filomena wandering the isolated hills, the allusion to the bird cries "en los montes," is all the more concretely linked to specific circumstances. In short, Zorrilla resists the association of the princesses with the monstrous forces of arbitrary destiny and portrays their actions as a measure of conscious, as well as justifiable, individual agency.

The conception of the incapacity to communicate as a feature of female misfortune is also subverted. As suggested already, in having Filomena swiftly regain her capacity to talk, the work strongly counters Ovid's shocking image of her antique predecessor's dead tongue forever severed from her body. Equally meaningful is the fact that Tereo is himself silenced by the princesses. Before Progne's stern interrogations, he confesses that he is unable to speak: "[. . .] mi amor, mi voz, mis oídos, / todos están incapaces" (116). As the play continues and his sense of disempowerment grows, he is repeatedly haunted by the thought of Filomena's disembodied voice: "Aquí amenaza mi vida / triste una voz irritada, / del aire bien ayudada, / del labio mal permitida" (145). In his dreams, moreover, Filomena's mutilated tongue is transformed into a potent weapon: "Con el pico riguroso, / por gran extrañeza allí, / simple a una tórtola vi / que dio la muerte a su esposo" (144).

By using the knife against her foe, rather than submitting her own body to its rigors, Zorrilla's Filomena rewrites the political role of the tragic heroine. She can, perhaps most fruitfully, be contrasted with Lucretia, whose story was also dramatized by Zorrilla (see *Lucrecia y Tarquino*). The Roman matron, who turns her blade on herself instead of on her rapist, views self-immolation as the only means to restore order, the only way to make sure that her contaminated body does not sully the social fabric. Staunchly wedded to the traditional model whereby the preservation of the boundaries between civilization and barbarism is dependent upon an uncontested patriarchal authority, she sees her violated body as endangering the integrity of the body politic. As indicated in Joplin's previously cited remark, in moments of crisis, the female body can be linked to the violence that it is meant to contain (44). From this angle, Lucretia's suicide stands as a means of disassociating herself from the forces of barbarism embodied by Tarquin. Given the weight of misogynistic traditions associating femininity with disruptive desire and unruliness, Lucretia is obliged to resort to drastic means to exorcize the specter of primitive female furor and display her absolute alliance with the institution of masculine control. Once slain—once, that is, cleansed from all possible imputations of subversive waywardness—her body is publicly exhibited by Brutus and becomes a rallying symbol that impels noble and plebeian men to overthrow the monarchy and found the Roman Republic (Livy 100-1).[6] Continuing the legacy of Greek tragedy, Lucretia's tale reaffirms the dependence of the healthy body politic on the elimination of problematic female others.

Zorrilla's Filomena breaks with that tragic genealogy, both by killing Tereo rather than herself, and by using her own hand to restore order, rather than leaving the task to men. Also an instrumental part of

---

6   Zorrilla's *Lucrecia y Tarquino* ends with Lucrecia's suicide, so it does not attend to the ensuing rebellion; however, Zorrilla would have been familiar with the episode through Livy's history, and Malvezzi's rewriting of it.

this process of political restoration, Progne contributes substantively to its fruition. A culminating symbol of the heroines' triumph is the display of the despot's dead body at the conclusion of the play, which is indicated by the parenthetical stage directions: "Descúbrese en una cama muerto Tereo" (159). This is a striking reversal of the more habitual exhibition of a female sacrificial victim as the sign of closure to conflict.

The play's strategic legitimation of the princesses' actions is equally significant. Salient markers of this are Pandrón's and Hipólito's respective exclamations as they gaze upon the despot's corpse: " ¡Gran valor!", says the King, to which Hipólito reponds "¡Noble ira!" (159). Cleared from any compromising implications that they were moved by impulsive rage, the sisters are portrayed as embodying ennobled indignation that is anchored in an exemplary ethos. A further sign that the regicide emblematizes just action rather than personal vengeance is Progne's reiteration of the core principles of good kingship. When initially warning Tereo against wrongdoing, she admonishes "sed prudente, pues sois rey, / sed templado, pues sois recto" (68). Later, as Tereo lies about Filomena's whereabouts, Progne mournfully ponders that "la lengua de un rey / es centro de las verdades" (116). The princesses are not simply custodians of their own private honor, but rather legitimate arbiters of kingly conduct. Far from punishing the king out of excessive pride, they are impelled by a lucid understanding of the discrepancy between his duties and his actions.

While it is true, as shown by the polemical reception of Juan de Mariana's *De rege*, that tyrannicide was a controversial topic in the context of the rise of absolutism (see Braun), Zorrilla's play offers an unambiguously legitimating representation of it. Although there is no space here to substantively discuss the relationship between the *comedia* and epochal theories on rulership, I would provisionally suggest that the play is consistent with the pervasive emphasis on political prudence, a core principal of absolutist theories of government (Viroli 275). If, despite the polemics elicited by its view of regicide as a justified response to tyranny, Mariana's treatise was a lesson in political prudence (Braun 5), we can well suppose that Zorrilla's *Progne y Filomena* could also be understood in this vein. It could thus be viewed as instrumental to the preservation of royal power. That orthodox lesson on monarchical prudence, which is communicated by female tongues, represents a definitive turn away from the archetype of the frenzied prophetess.

Discussing the Inquisitorial trial of the fifteenth-century visionary Tecla Servent, whose prophetic gifts had earned her considerable political and social clout, Surtz ponders the termination of her contentious career. Despite the obvious differences between this cultural context, and that at play in Greco-Roman mythical traditions, the analogies between Tecla and figures like the legendary Philomela are significant. The conception of women as pre-civilized and pre-institutional creatures who pose an inherent danger to social order is very much operative in early modern religious life, arguably the sphere where women could wield most social influence. Despite her high social connections, Tecla was ultimately silenced:

> Her revelations were dangerous because their dissemination could lead others into error. The public dimension of her experiences was therefore deemed threatening and that was why part of her sentence involved the prohibition to share the revelations with anyone else, nor was anyone allowed to continue to discuss them. (Surtz , "Tecla Servent" 85)

Some especially privileged women were able to wield influence less obstructed. Such was the case, Surtz shows, with Leonor Pimentel and Isabella the Catholic. Despite their confessors' concerted attempts to keep them focused on their private roles as wives and mothers, "neither of them retired from public life to spin and have babies" ("Female Patronage" 274). However, conduct manuals would later remember Isabella as a dutiful wife, demurely spinning like Penelope and Lucretia (Fray Luis 78), and as a silent woman (Gracián 9-10). Against this fluid context where women are, on the one hand, an important part of society, but on the other must contend with a collective imaginary that conspires against their protagonism, Zorrilla takes a bold position by making Progne and Filomena agents of the political mainstream.

Works Cited

Aeschylus. *The Oresteia*. Trans. Hugh Lloyd-Jones. Berkeley: U of California
P, 1993.

Ahl, Frederick. "The Art of Safe Criticism in Greece and Rome." *The American Journal of Philology* 105.2 (1984): 174-208.

Aristotle. *Nichomachean Ethics*. Trans. Terence Irwin. Indianapolis: Hackett,
1999.

Braun, Harald. *Juan de Mariana and Early Modern Spanish Political Thought*.
Aldershot: Ashgate, 2007.

Bruerton, Courtney. "The Chronology of the Comedias of Guillén de Castro." *Hispanic Review* 12.2 (1944): 89-151.

Butler, Judith. *Antigone's Claim: Kinship between Life and Death*. New York:
Columbia UP, 2002.

Castañeda, James Agustín. "The Classical Legend of *Progne and Filomena* in
Spanish Golden Age Theater." *Critical Reflections: Essays on Golden Age
Spanish Literature in Honor of James A. Parr*. Ed. Barbara Simerka, and
Amy R. Williamsen. Lewisburg: Bucknell UP, 2006. 102-9.

Castro, Guillén de. *Progne y Filomena*. *Obras de Don Castro y Bellvis*. Vol.
1. Madrid: Imprenta de la *Revista de archivos, bibliotecas y museos*, 1925.
120-64.

Crapotta, James. *Kingship and Tyranny in the Theater of Guillen de Castro*.
London: Tamesis Books, 1984.

Delgado, Manuel. *Tiranía y derecho de resistencia en el teatro de Guillén de
Castro*. Barcelona: Puvill Libros, 1984.

Friedman, Edward H. "Castro's *Progne y Filomena*: Between the Classic and
the *Comedia*." *Neophilologus* 72.2 (1988): 213-7.

García-Bryce, Ariadna. "The Power of Images in Guillén de Castro's *Progne y
Filomena*." *Revista de estudios hispánicos* 49.1 (2015): 45-63.

García Lorenzo, Luciano. *El teatro de Guillén de Castro*. Barcelona: Planeta,
1976.

Gracián, Baltasar. *El héroe*. Barcelona: Planeta, 1996.

Hartman, Geoffrey. "The Voice of the Shuttle: Language from the Point of
View of Literature." *The Review of Metaphysics* 23.2 (1969): 240-58.

Hesiod. *Theogony*. *Works and Days and Theogony*. Trans. Stanley Lombardo.
Indianapolis: Hackett, 1993. 61-90.

Juliá Martínez, Eduardo. "Introduction." *Obras de Don Castro y Bellvis*. Vol.
1. Madrid: Imprenta de la *Revista de Archivos, Bibliotecas y Museos*, 1925.
vii-xcv.

Joplin, Patricia Klindienst. "The Voice of the Shuttle is Ours." *Rape and Representation*. Ed. Lynn A. Higgins and Brenda R. Silver. New York: Columbia UP, 1991. 45-65.

Lauer, Robert. *Tyrannicide and Drama*. Stuttgart: Franz Steiner Verlag Wiesbaden, 1987.

León, Luis de. *A Bilingual Edition of Fray Luis de León's La perfecta casada: The Role of Married Women in Sixteenth-Century Spain*. Trans. John A. Jones and Javier San José Lera. Lewiston: E. Mellen, 1999.

Livy. *The Early History of Rome*. Trans. Aubrey de Sélincourt. London: Penguin, 1960.

Malvezzi, Virgilio. *Romulus and Tarquin*. London: John Benson, 1637.

Martín Rodríguez, Antonio María. *El mito de Filomela en la literatura española*. León: Universidad de León, 2008.

Martínez Vidal, Enrique. "Katharsis and Comic Relief in Rojas Zorrilla's *Progne y Filomena*." *Homage, homenaje, homenatge: Miscelánea de estudios de amigos y discípulos*. Ed. Josep Maria Solà-Solé. Barcelona: Puvill Libros, 1984.

McKendrick, Melveena. *Identities in Crisis: Essays on Honor, Gender and Women in the Comedia*. Kassel: Edition Reichenberger, 2002.

———. *Woman and Society in the Spanish Drama of the Golden Age: A Study of the Mujer Varonil*. London: Cambridge UP, 1974.

McVay, Ted. "Loss, Language and Politics in two Golden Age Works: The 'Progne y Filomena' Plays of Castro and Francisco de Rojas Zorrilla." *Looking at the "Comedia" in the Year of the Quincentennial*. Ed. Bárbara Louise Mujica, Sharon D. Voros, Matthew D. Stroud. Lanham, MD: UP of America, 1993. 141-7.

Murnaghan, Sheila. "Women in Greek Tragedy." *A Companion to Tragedy*. Ed. Rebecca Bushnell. Malden: Blackwell, 2005. 234-50.

Ovid. *Metamorphoses*. Trans. A. D. Melville. Oxford: Oxford UP, 1986.

Plato. *Republic*. Trans. G.M.A. Grube. Indianapolis: Hackett, 1992.

Primorac, Berislav. "*Progne y Filomena* de Guillén de Castro—o la destrucción de un mito." *El escritor y la escena: Actas del IV Congreso de la Asociación Internacional de Teatro Español y Novohispano de los Siglos de Oro*. Ed. Ysla Campbell. Alicante: Biblioteca Virtual Miguel de Cervantes, 2011. 57-68.

Quintero, María Cristina. *Gendering the Crown in the Spanish Baroque Comedia*. Farnham, Surrey: Ashgate, 2012.

Rojas Zorrilla, Francisco de. *Lucrecia y Tarquino*. Albuquerque: U of New Mexico P, 1963

————. *Progne y Filomena*. New York: Peter Lang, 1994.

Sophocles. *Antigone. Sophocles I.* Trans. David Grene. Chicago: U of Chicago P, 1991. 159-212.

Stoll, Anita K., and Dawn L. Smith. *The Perception of Women in Spanish Theater of the Golden Age.* Lewisburg: Bucknell UP, 1990.

Surtz, Ronald E. *The Guitar of God: Gender, Power, and Authority in the Visionary World of Mother Juana De La Cruz (1481-1534).* Philadelphia: U of Pennsylvania P, 1990.

————. "Female Patronage of Vernacular Religious Works in Fifteenth-Century Castile: Aristocratic Women and their Confessors." *The Vernacular Spirit: Essays on Medieval Religious Literature.* Ed. Renate Blumenfeld-Kosinski, Duncan Robertson, and Nancy Warren. New York: Palgrave, 2002. 263-82.

————. "La Madre Juana de la Cruz (1481-1534) y la cuestión de la autoridad religiosa femenina." *Nueva revista de filología hispánica* 33.2 (1984): 483-91.

————. "Tecla Servent and the Borgias." *Medieval Encounters: Jewish, Christian and Muslim Culture in Confluence and Dialogue* 12.1 (2006): 74-86.

Testas, Jean. Introduction. *Del rey abajo, ninguno.* By Francisco de Rojas Zorrilla. Madrid: Castalia, 1971. 7-55.

Trambaioli, Marcella. "Una obra mitológica de corral: *Progne y Filomena* de Rojas Zorrilla." *Bulletin of the Comediantes* 48.2 (1996): 275-94.

Vega, Lope de. "La Filomena." *Obras poéticas.* Barcelona: Planeta, 1983. 569-657.

Vernant, Jean-Pierre and Pierre Vidal-Naquet. *Mythe et tragédie en Grèce ancienne.* Paris: Éditions La Découverte, 1972.

Viroli, Maurizio. *From Politics to Reason of State: The Acquisition and Transformation of the Language of Politics 1250-1600.* Cambridge: Cambridge UP, 1992.

Vives, Juan Luis. *The Education of a Christian Woman: A Sixteenth-Century Manual.* Trans. Charles Fantazzi. Chicago: U of Chicago P, 2000.

Xenophon. *Oeconomicus. Memorabilia and Oeconomicus.* Trans. E. C. Merchant. London: William Heinemann, 1923. 393-595.

Celia Is the Subplot of
El condenado por desconfiado

Maryrica Ortiz Lottman
University of North Carolina Charlotte

D ESPITE TIRSO DE MOLINA'S fame for creating strong female characters, critics have failed to analyze in any depth the problematic heroine of *El condenado por desconfiado*, one of Tirso's most admired plays. The trajectory of Celia's character is impressive. Enrico abuses her physically, verbally, and psychologically, but by the beginning of Act 3 she has liberated herself from him and married Lisandro, the nobleman who wooed her in Act 1. I. L. McClelland recognized that in the prison scene Celia is a changed woman, calling her "that intelligent, adaptable, that lifelike Celia," but she did not expand on this observation (155). Though Celia appears in only three scenes, the character would have been portrayed by the *primera dama* in an acting company, and such a highly skilled performer would have expected dynamism and nuance in the role. Long ago Margaret Wilson called the lack of a subplot in *El condenado* uncharacteristic of Tirso, and she noted that the Celia scenes contain the rudiments of a subplot (101). I argue that the secondary action consists of Celia's growing insights into Enrico's character and his threat to her life, livelihood, and happiness. She confronts her abuser, rejects him, and marries the aristocratic Lisandro, a character whom critics have also underestimated. The prison scene offers an especially important demonstration of the depth of Celia's characterization.

The plot of *El condenado* relies on Celia to provoke the anger that drives Enrico's actions. According to R. J. Oakley, anger is Enrico's greatest passion (112-3). Celia is often the immediate trigger of this anger, though Enrico's deepest motives lie hidden in his complex psychology. He uses Celia to whip himself into the frenzy he requires to commit his crimes. In the prison scene of Act 3, Celia's announcement of her marriage to Lisandro angers him so greatly that he kills the *Portero*. The wedding news provokes Enrico's experience of *desengaño* and thereby steers him towards repentance and salvation.

Celia contributes to the suspense woven into the chiasmatic structure of *El condenado*, and various red herrings in the plot lines heighten the suspense. Critics have long noted the crisscrossing of the Enrico and Paulo stories: The hermit Paulo is pulled into Enrico's urban world and descends into sin, while the murderous Enrico flees into the mountains, repents, and achieves salvation. Similarly, the paths of the *graciosos* crisscross. As soon as Paulo orders his servant Pedrisco to serve Enrico in Naples, Enrico's sidekick, Galván, decides to remain in the mountains with Paulo (vv. 1996-2010).[1] These examples of chiasmus encourage the audience to look for other crisscrossings in Celia's story. Examining the Puerta del Mar scene, critics have focused on the reactions of Paulo and Pedrisco as they listen anonymously in the background to Enrico's terrifying autobiography, but we should note that, as Enrico's sexual partner, Celia would undoubtedly experience a much stronger reaction. On stage, Celia, Paulo, and Pedrisco appear unanimously repulsed by Enrico's list of atrocities. We in the audience can imagine that these three characters might later conspire against Enrico. Paulo's desire for a prostitute he knew years earlier (vv. 631-651) may encourage our speculation about Paulo's reactions to Celia, a seductive courtesan. These red herrings heighten the suspense of *El condenado*. Furthermore, a teasing reference to Celia occurs in the decisive center of the play in Act 2, when Enrico and Paulo meet for the first and only time. Enrico—tied to a tree and facing execution by Paulo's bandits—wonders aloud, "¿qué hará la señora / Celia?" (vv. 1801-1802). Though Celia appears nowhere in Act 2, Enrico's musing

---

1   Unless otherwise noted, all citations to *El condenado por desconfiado* refer to Alfredo Rodríguez López-Vázquez's edition.

keeps alive in our minds her potential to throw the plot in an unexpected direction.

Celia appears in only three scenes, two of them in Act 1. We first meet her in the patio courtyard of her home where two noblemen, Lisandro and Octavio, give her a ring and a chain—advance payments for composing love poems. For the more youthful Lisandro, Octavio serves as a guide to the hellish Neopolitan underworld, and we later discover that Octavio hired Enrico to murder the elderly Albano. As Celia prepares to dictate her love poems, Enrico violently intrudes and drives the men off. At the Puerta del Mar, Celia listens to Enrico's autobiographical list of atrocities, but she utters no obvious disapproval and even crowns him with a laurel wreath. Early in Act 3, she visits Enrico in prison, advises him to turn to God, and announces that she has married Lisandro (now called Lisardo). Given this 180-degree turnaround in Celia's attitude towards Enrico, we need to examine her actions in Act 1 for clues about her startling change of heart and mind in Act 3.

Though Celia is an admired, cultivated, and financially independent woman, she is abused and exploited by Enrico, the lover who must have formerly acted as her pimp (*rufián*). Tirso has eliminated financial dependency as a motive for Celia's tolerance of Enrico, compelling the audience to focus on her psychology. Just as the Demonio sends Paulo to the Puerta del Mar, so Celia prompts Enrico to go there, but the depth of Celia's characterization rescues her from the category of demonic *femme fatale*. We encounter her when she is beginning to realize that her circumstances have changed. In the past she depended on Enrico for customers and for protection within the underworld, but their mutual interdependence has shifted and now she is more necessary to his welfare than the reverse. Lisandro's gift of a ring—a veiled marriage proposal—opens her eyes to a safer and more prosperous future. Enrico's autobiography forces her to imagine that he might well murder her. Lisandro may not be her ideal match, but an alliance with him poses none of the mortal dangers of remaining with Enrico.

The extant texts of *El condenado* offer few clues to Celia's history, though Tirso may have originally included more. Daniel Rogers concludes that her scenes are the most corrupt parts of the text (161 n.

2121-2). The absence of solid data about her class origins and personal history leave room for the *primera dama* to exercise her creativity, and as José María Ruano de la Haza briefly notes, Celia would have been played by "la gran Catalina de Briviesca" (109). Tirso's original audiences would have recognized Celia and Enrico as a courtesan-prostitute and her former pimp, and they would have built her psychology upon that relationship, but modern directors have sometimes limited themselves to merely stereotyping her. Stephen Daldry's acclaimed 1991 production of the adaptation *Damned for Despair* portrayed Celia as a gangland moll (Billington 372). Celia was also stereotyped in the productions of *El condenado* by Colombia's Teatro del Valle (2003) and by Spain's Centro Nacional de Teatro Clásico (2010). In *Damned by Despair*, a 2012 adaptation directed by Bijan Sheibani at London's National Theatre, Celia and Enrico are sexual sadists who inflict pain on Lisandro and Octavio (Lottman 204-5).

When we meet Celia in Act 1, her beauty, intelligence, and business acumen have made her a successful courtesan in cosmopolitan Naples. According to Frederick de Armas, the wealth and refinement of the Neapolitan court made it second only to Madrid within the Spanish empire (93). Carmen Y. Hsu's 2002 study, *Courtesans in the Literature of Spanish Golden Age*, tells us that courtesans were a distinct feature of life in Madrid and that their circumstances improved through their association with the capital city (147). Similarly, the courtesans of seventeenth-century Spanish Naples must have drawn prestige from their own association with the viceregal court. Prostitution was one of the few professions that flourished in Naples, given the declining trade in silk and agriculture, and the Spanish troops' increased demand for prostitutes allowed these women to ply their trade quite openly (Lancaster 95).

Celia exemplifies the *cortigiana onesta*—the "honest" courtesan who worked inside her own home rather than in a brothel. Adrienne Laskier Martín believes that Cervantes depicts variations of this figure in *El casamiento engañoso* and *La tía fingida* (30, 6). Whether Spanish or Italian, such an expensive and high-class prostitute chose her customers with care. Hsu tells us that "[t]he attributive 'honest' referred not to an ethical virtue, but rather to the courtesans' virtuosities, social respectability, status, and wealth [...]" (24). The ability to select and reject customers helped distinguish the courtesan from the common prostitute. Unlike her lowly sister, the courtesan cultivated ongoing, stable relationships with her male customers. She could reject lovers while accepting their gifts of jewels and money, but an ordinary prostitute had to sell her body to complete each transaction. Hsu explains that courtesans usually avoided government regulations and that along with their servants they moved freely through the streets and into churches. The courtesan had to maintain the appearance of aristocratic prosperity, respectability, and refinement because her clients counted on burnishing their own images through association with her (Hsu 43, 31). If she could not maintain such appearances, all was lost, "for it was easy to slip from glorification to vilification" (Bassanese 84).

Lisandro and Enrico represent the two poles of Celia's shifting professional status as either courtesan or common prostitute. Thanks to Enrico's influence, Celia's lifestyle has begun to tilt towards that of an ordinary sex-worker's. Hsu tells us that throughout Europe, certain courtesans enhanced the local economy by attracting tourists and travelers who were keen to meet them (33-4). Celia may not be of the highest rank of courtesans, but her fame has prompted Lisandro's long journey to Naples, and his presence should increase her status.

In *El condenado* ordinary prostitutes serve as foils to Celia, and the audience imagines her inhabiting a world shared by the streetwalkers of the *Romancero general,* the *teatro breve,* and the *poesía germanesca*. In all these literary spaces, *rufianes* exploit and abuse women while offering them their only means of support and protection (Hsu 111). Enrico's behavior threatens to drag Celia down to the same sorry level, examples of which she can see all around her. As Paulo and Pedrisco arrive at the Puerta del Mar, Paulo hankers so lustfully for a certain "moza" that Pedrisco must stomp on him to kill his desire (vv. 634-651). For the audience, Pedrisco's pointing to the former residence of a "moza rubia y alta" reveals a parallel with Celia's home in the previous scene. More foils to Celia appear among Enrico's companions. These nameless "mozas" likely engage in prostitution since their representative male lovers, such as Escalante and Roldán, inhabit the criminal underworld of the *entremés* and the *poesía germanesca* (vv. 585-591).

Celia's house stands in for her body, and its architecture illustrates her status as a renowned courtesan who is nonetheless tottering towards a more perilous profession. When Enrico asks Lisandro and Octavio what they are looking for inside Celia's home, Lisandro replies "Nada buscamos; / estaba abierta y entramos" (vv. 477-478). His language echoes Octavio's earlier observation that Celia's house/body is open to men of all nationalities (vv. 360-366). When Lisandro and Octavio arrive there, Octavio tells his young friend, "Esta es la casa"; then without a word of intervening dialogue, Lisandro sees Celia in the courtyard: "Y aun pienso / que está en el patio" (vv. 408-409). Since the men have had no time to move into the home, we understand that Celia makes herself visible in the patio as seen from the street. Her position rivals that of the prostitute who typically advertises herself in a window. As Lisandro and Octavio walk into the house (and figuratively into Celia's body), over the course of nearly six lines they discuss the dangers of Enrico finding them inside (vv. 409-413).

Tirso presents a not entirely realistic portrait of the Neapolitan architecture of Celia's house and the adjacent street, and his setting emphasizes her status as a courtesan sliding towards a lowlier form of prostitution. Though Tirso situates a key scene in Naples's Puerta del Mar (the Porta del Carmine sul Mare), it is unclear whether he employs a specifically Neapolitan setting in all urban aspects of *El condenado*. Enrico observes that Celia's house lies too far from the sea to toss Lisandro and Octavio into it (vv. 484-485), implying that her house is far from the waterfront's noise and grime and from the sailors' red-light district. A Neapolitan *palazzo* of the period boasted a patio courtyard like Celia's, but this feature was much rarer in other examples of domestic architecture (Cantone 340 n. 26, 341).

To understand Celia's circumstances, it is essential to examine her class status. Today we know relatively little about the various ranks and conditions along the continuum between the elite courtesan in her own palace and the common prostitute under the thumb of her pimp. While historians of early modern Europe continue to debate these rankings, the social mobility of Italian courtesans stands out, in part because they have been studied more deeply (Cohen 324). Fiora A. Bassanese states that most prostitutes and courtesans emerged from the ranks of commoners, and much evidence supports Oakley's belief that Celia almost certainly belongs to this class (84). We never hear her family's surname or whether it is a noble one. Moreover, she is never addressed as Doña, not even by the flatterers Lisandro and Octavio or by the maid Lidora. Enrico, who hates the aristocracy, is unlikely to have chosen a romantic partner from that class. Celia may have legitimately inherited her aristocratic dwelling or else acquired it with Enrico's connivance. She appears to be at home among the lowlifes of the Puerta del Mar in a way deeply uncharacteristic of a noblewoman. As we shall see, elements of the *jácara* tradition in the prison scene argue in favor of assigning Celia to humble origins. Celia is the heroine of a *comedia*, but early in Act 1 Octavio remarks that she writes poetry "con picaresco estilo," hinting that she is a *cortesana apicarada*, a figure more typical of the Spanish novel and the *teatro breve* (v. 349). Celia may be a particularly rich example of the female companion to the *rufián* or *valiente*, a character pairing that originated in the *teatro breve*. A director could hint at her possibly picaresque past by planting clues in her dress and behavior, for example, showing us the ragged underskirt that hides beneath her silk gown. Beyond the ken of her customers Lisandro and Octavio, Celia might conduct herself in a rude manner, and her maid Lidora might take too many chummy liberties with her, betraying the lowly origins they share.

An interesting case can also be made for assigning Celia's origins to the same noble class as any typical *comedia* heroine. Only with immense difficulty could a working-class girl acquire the aristocratic manners and intellectual refinement befitting Celia's status and poetic facility. The more we discover about the illicit activities of the Spanish nobility, the easier it is to imagine Celia's possibly aristocratic origins. Ted L. L. Bergman states that historical documents attest to criminal activities among the Spanish nobility. While many such aristocrats were simply charged with disturbing the peace, others were found guilty of swindles and prostitution.[2] Celia may hail from an impoverished *hidalgo* family. Francisco de Rojas Zorrilla's *Abrir el ojo* (1645)

---

2   Personal correspondence with Ted L. L. Bergman, 13 October 2014.

offers two examples of noblewomen who work as courtesans: the heroine Doña Clara and the aging widow Doña Hipólita Paredes.

If Celia is from an impoverished but highborn family, her relationship with Enrico grows yet more complex since he is the pampered son of a wealthy commoner (vv. 725-730). He obviously despises the aristocracy, as evidenced when he insults Lisandro's and Octavio's origins, then drives them off at sword point. If Celia herself is noble then Enrico's invectives are indirectly aimed at her hypocrisy. Her social class highly values honor, yet she sells her body and she once relied on an ultra-violent *rufián* for customers. A key element of Enrico's autobiography also becomes especially menacing because his most heinous crime is the rape-murder of "una principal casada" (v. 805). Whatever Celia's origins, class differences separate her from Enrico as he tries to pull her further down into the criminal underworld where he reigns supreme. At the Puerta del Mar he publicly declares them a betrothed couple though her prosperity depends on maintaining an aristocratic air of civility and refinement.

Enrico bursting into Celia's house should shock the audience. He and Galván—loud and violent brigands—barge into an aristocratic world and represent gross reality. Their presence underscores the hypocrisy of Celia's feigned poetic composition and exposes her as an elite courtesan who sells herself to all comers like a brothel prostitute. Octavio has already revealed that Enrico beats Celia to seize the jewelry that supports his gambling vice (vv. 381-389). Enrico's violence spills out not only in front of Octavio (who knows the netherworld well enough to have hired Enrico as an assassin), but also in front of a newcomer, Lisandro. When Celia attempts to intervene, Enrico humiliatingly threatens to strike her (vv. 487-9). Enrico's violent attack on Lisandro and Octavio imperils Celia's income. She tries to stop him in part to protect the reputation of her home from the bloodshed that regularly spilled into early modern cities. As Mary Elizabeth Perry writes, ordinary prostitutes "were sometimes blamed for fomenting bloody quarrels in the streets and plazas and inns" of Seville, and enclosure in brothels was justified as a way to eliminate fights between rival customers (138-9). In Naples, street fighting functioned as a sort of public festival or theatrical event, and historical documents attest to the large crowds they regularly attracted (Guarino 40).

Celia's motives for having remained in a relationship with Enrico defy any easy explanation, and we cannot even know the length of their relationship. The courtyard scene may be the first time Enrico has aimed a weapon at her customers. But whether Celia has known Enrico for months or years, she does not know all the material contained in his autobiography. At the Puerta del Mar she eagerly asks him, "Y tú, ¿qué has hecho, Enrico?," prompting him to tell his life story (v. 713). Her curiosity cuts short our expectation that either Galván or Roldán will speak next since only Escalante and Cherinos have told their stories.

Celia's intelligence allows her to perceive with cold clarity the conditions of her probable future with Enrico. She intuits what modern studies of domestic violence have shown, that physical abuse often escalates, endangering the victim's life. Her most distinctive characteristic is *discreción*: Lisandro and Octavio acknowledge her fame as "la más discreta / mujer que en aqueste siglo / ha visto el neapolitano / reino" (vv. 340-343). According to Oakley, the seventeenth-century concept of *discreción* leads us to believe that Celia possesses the virtues of prudence, common sense, a level head, and "canny intelligence" (29). Celia understands that Enrico's violence may eventually force her into outright prostitution. She hears his deep hatred of both women and their homes, and she experiences these revelations both inside her own home and at the Puerta del Mar. She also comes to recognize the full extent of his efforts to silence her.

Enrico's silencing of Celia takes place in the courtyard scene, but its effects are also expressed at the Puerta del Mar, where she chooses to speak very little and instead expresses herself by using her *manto*, as will be seen. Though Enrico's verbal and physical attacks on Lisandro and Octavio take place in Celia's home, she has very little dialogue during the confrontation. With the exception of Lidora, she speaks fewer words than any other character on stage. So the *primera dama* playing Celia would necessarily take pains to physically express the churning in Celia's mind. Celia would certainly feel the wrath that Enrico directs against femininity when he attacks Lisandro and Octavio as "gallinas" with allegedly female souls (v. 530, vv. 520-521).

During the confrontation among the three men, Celia's limited, repetitive use of the phrase "[m]i bien" conveys a variety of meanings. She begs Enrico to stop attacking them for love of her, pleading "[m]i bien, por amor de mí" (v. 486). Enrico answers by threatening to strike her. Surely she must note the contrast between his violent refusal of her love and Lisandro's veiled proposal of marriage and concrete gift of a ring—a ring that Enrico will confiscate. During the confrontation Celia futilely pleads, "[m]i bien, por amor de Dios" (v. 497). Now citing God's love, she echoes her words about her own love, and we understand that her love is a reflection of divine love. When Enrico tears up the sheets of paper on which Lisandro and Octavio were about to write her dictated verses, she exclaims, "¿Los rompiste?" and "[m]i bien" (v. 508, v. 509). When he attacks the men with his sword, she cries, "[m]i bien" (v. 525). Within a brief period Celia has said few words, but in each of these four utterances she has called Enrico "[m]i bien," and the significance of the phrase deepens as we move through the scene. The phrase can also signify "my good" or "my welfare," suggesting her growing realization that Enrico undermines her own welfare. Repetition of the phrase almost renders the words plural and the audience might well understand "mis bienes," meaning "my material goods," which Enrico steals from her.

Enrico's destruction of the sheets of paper intended for Celia's love poems functions as a threat against her. When she objects to his ripping them up, he threatens to tear up the men's faces (vv. 508-511). Since Enrico's words are answering hers, he is likely facing her and his threat to destroy their faces is at least visually directed at hers. His actions and psychology fit what we know about abusers: They may first hurt material objects, animals, and individuals associated with their victim before attacking the primary target. When Enrico chases Lisandro and Octavio off stage, Celia exclaims "¿Qué es aquesto? ¡Ay desdichada!" (v. 526), referring to her own sorry situation and echoing Lisandro's exclamation of "¡Pobre mujer!" (v. 390). The parallel between Celia's and Lisandro's expressions of pity for her situation helps prepare the audience for their marriage in Act 3.

While Celia's literary accomplishments pale beside those of Italy's renowned poet courtesans, Enrico's silencing of her dictations provides her with another motive for abandoning him. Sixteenth-century Naples was famous for its gifted women poets, including Tullia Aragona, and María Grazia Profeti compares Celia to the sixteenth-century Venetian courtesan Veronica Franco (Chavarria 178, Profeti 201). However, unlike Veronica Franco, Celia is not a serious artist, and her preparations to dictate three poems simultaneously are mere preparations for a deceptive tour de force performance. In Celia's courtyard Tirso satirizes the fashionable use of literary conceits in less than accomplished hands, as when Octavio warns Lisandro against Celia's "falsa poesía" (v. 394). Enrico's sudden appearance in Celia's house silences what was to have been her tour de force performance and her silencing contrasts with his extended autobiography at the Puerta del Mar. Inside Celia's own home he cuts off her chance at self-expression before it has even begun. At least three individuals (Lidora, Octavio, and Lisandro) are hanging upon her lips, and other male customers, their *lacayos*, and Celia's own domestic servants may be present and listening intently. Celia would anticipate that reports of her verbal prowess would heighten her fame and fatten her pocketbook. As Hsu notes, courtesans depended upon links to literary circles to enhance their marketability (40).

Celia's impending poetical tour de force is in fact more properly a theatrical one. She proposes creating three occasional poems simultaneously; but in fact she plans to merely recite memorized, formulaic verses and not ones personalized for the specific facts presented by Lisandro, Octavio, and the letter-writer Severino. Comically, she confuses the subject matter that Lisandro's and Octavio's poems should address. Lisandro asks for verses addressed to a woman who has married his rival, and when Celia asks about Octavio's lady, Lisandro spontaneously answers her question with another fact about his own situation (vv. 440-443, vv. 448-456). Celia confuses the basic facts of the men's lives, but neither man complains, declining to acknowledge her imperfections (vv. 470-474). The confusion reveals to the audience the entirely arbitrary nature of these poems. Here the *primera dama* would use movement, voice, and gesture to overtly cue the audience members that they are about to witness a grand performance that burlesques the notion that any poet could simultaneously compose three distinct and original works.

At the Puerta del Mar, Enrico has gathered his fellow thugs and their gals for a pleasant contest in which each strives to list his or her vilest accomplishments. Enrico's autobiographical speech of more than one hundred and sixty lines regales the crowd with a catalog of shocking murders and explicit rapes. Critics have focused on the reactions of Paulo and Pedrisco as they listen anonymously in the background, but Celia would register an even stronger reaction for at least three reasons: 1) she is physically intimate with Enrico and is regularly abused and exploited by him; 2) he has threatened to throw her into the sea, having just killed a beggar by the same method; 3) his autobiographical list is overwhelmingly dominated by crimes against women and the home, a female space. Enrico brags about rapes, dozens of murders, and numerous break-ins. His many acts of violating houses would disturb Celia even if he omitted his homicides and sex crimes. Celia has just handed over her ring and chain to him without a fuss, and now she listens to him brag about having scarred the faces of women who denied him their money (vv. 781-784). Enrico recalls abandoning fellow thieves who refused to betray him even under torture, so Celia should hold out little hope he might be loyal to her.

Enrico's account of his sexual crimes saves the most horrific deed for last: In nearly twenty lines, with great flourish and detail, he recounts stealing into the house of a noblewoman he fancied, a woman referred to as "una principal casada" (v. 805). When the noblewoman cried out for help, he killed her husband, and as she screamed, he stabbed her breast five or six times:

> Dio voces la tal señora,
> y yo, sacando el acero,
> le metí cinco o seis veces
> en el cristal de su pecho,
> donde puertas de rubíes
> en campos de cristal bellos
> le dieron salida al alma

para que se fuese huyendo. (vv. 817-824)

Enrico's highly poetic description of this crime takes aesthetic, erotic, and sadistic delight in the coincidence of grotesque violence and female beauty, and these lines as a whole suggest that with his dagger and his own body he raped and murdered the noblewoman at his moment of climax. The release of her blood ("rubíes") and of her soul corresponds to the release of his own bodily fluids and sexual tension. The crime culminates his catalogue of murders, sex crimes, and violations of the home; thereafter, he changes the subject to other types of offenses.

Enrico's violent silencing of Celia in her own courtyard motivates her silence in the vastly more public space of the Puerta del Mar, a gathering that is entirely dominated by his underworld friends. Her use of the *manto* in the *tapado* style favored by prostitutes and courtesans allows us to imagine how her private, silent reactions to Enrico's crimes may have been played out on stage. The *primera dama* could use her *manto* to express Celia's misgivings and hide her opposition. In Laura R. Bass and Amanda Jaye Wunder's invaluable article on the *tapado* style, Tirso's *La celosa de sí misma* is singled out as the *comedia* that most successfully employs the female figure of the *tapada*, so we have grounds for proposing an ingenious use of the same style of dress in *El condenado* (see 128-31). We know from Enrico's comments inside Celia's home that she wears a *manto* at the Puerta del Mar. As they plan the outing, Enrico tells her, "[e]l manto puedes tomar" (v. 582). His words likely refer to a special, luxurious *manto*, since he would have no reason to mention an ordinary garment. Celia may wear what Bass and Wunder describe as a *manto de humo* or a *manto de soplillo*, garments of the sheerest silk that signified wealth (108). In Rojas Zorrilla's *Abrir el ojo*, the aging courtesan Doña Hipólita criticizes her professional rivals by noting their vanity in wearing so fine a garment (vv. 77-80). When Celia asks Enrico, "¿Quieres que vamos tapadas?" he replies in the negative, desiring to claim her as his property: "que sepan que tú eres mía" (v. 594, v. 598). At the Puerta del Mar, Celia can manipulate the *manto* in ways that subvert Enrico's demands. As she listens to his repellant autobiography, she can use the garment to hide her face from him while showing it to Lidora, who has boldly criticized Enrico's exploitation of Celia (v. 570). Celia's gestures with the *manto* could also be aimed exclusively at the audience. At times she might cover her face entirely, as if to disappear behind the shame of her intimacy with this rapist-murderer, or she could crouch down and remain completely still, as if anticipating her death at his hands.

The Puerta del Mar scene dramatizes the underworld betrothal of Celia and Enrico. Enrico brags about his rapes, murders, and violations of households to an audience composed of romantic couples. Early on, Enrico pairs off with Celia, Escalante with Lidora, and Roldán with Cherinos, a woman who, like Celia, objects to Enrico's murder of the beggar (vv. 653-667). The scene stands as a black, mock proposal of marriage, and it parallels Lisandro's veiled proposal of marriage in Celia's courtyard, when he gave her a ring and declared his enthrallment. The Puerta del Mar scene ends with Enrico and Celia telling everyone to wish the other a long life. Their dialogue represents a public expression of commitment while surrounded by members of their community. As Celia crowns Enrico with the laurel wreath, he says, "Vivas, Celia, muchos años," and Celia soon commands the crowd, "Digan todos: ¡Viva Enrico!" (v. 893; v. 897). The ring-shaped laurel wreath supplants the matrimonial ring that was given to Celia and confiscated by Enrico. The wreath decorates Enrico's head, not Celia's hand, and it symbolizes his overwhelming dominance within their relationship. For Enrico, commitment to a woman is ownership of her person and property, and she becomes publicly identified with his violence. Since Celia will not be *tapada* at the Puerta del Mar, everyone *en route* and in the vicinity will see her face and recognize her as the sexual partner of a notorious criminal. Enrico figuratively betroths himself to Celia, and he may even be planning a future of pimping his own wife, an arrangement that was considered particularly vile. Perry tells us that such husbands were especially abhorred (140).

At the end of Enrico's autobiographical list of atrocities, he calls himself the prisoner of Celia's beautiful eyes (prefiguring his confrontation with her accusing gaze from behind prison bars). His mention of her eyes indicates he is looking right at her, so the *primera dama* must convey Celia's repulsion along with her knowledge that any tell-tale glimpse of that emotion will provoke his anger. Enrico's allusions to courtly love grotesquely collide with the verbal delight he displayed in narrating the rape-murder of the "principal casada." Leslie Levin comments on the laurel wreath that Celia places on Enrico's head and notes that the laurel tree is inextricably intertwined with the myth of Daphne and Apollo. Levin calls the myth a tale of frustrated desire that mimics the experience of courtly love, and she states, "For Celia, who places the crown upon Enrico's head, the laurel symbolizes their impossible love" (55). But examining the Puerta del Mar scene from Celia's point of view, it is more correct to observe that Tirso is using the Daphne-Apollo myth in a novel way by assuming Daphne's perspective on the rape attempt. After Enrico's poetic, tour de force autobiography, Celia crowns him with the laurel wreath, and by this gesture she in effect declares, *You are Apollo in more ways than one. You are a serial rapist.*

The Puerta del Mar scene begins with Enrico's threatening Celia with death by throwing her into the sea, and it ends with his wishing her a long life, so the episode clearly frames questions of life and death. Enrico's list of crimes reveals him as a merciless and sadistic assassin who is so convinced of his own invulnerability that he has threatened Celia's life not only in front of his criminal friends—potential enforcers of his wishes—but also within earshot of complete strangers. Paulo and Pedrisco have been listening aghast in the background. Celia's experiences inside her home and at the Puerta del Mar will motivate her to marry Lisandro, an event she dares to announce to Enrico only in Act 3, when this fearsome *galán-rufián-valiente* is chained, imprisoned, and condemned to a quick death.

LISANDRO

Lisandro is an important minor character who provokes the final break between Celia and Enrico. He appears in a single scene in Act 1, but if the character is memorably played, we can vividly imagine him as Celia's husband when their marriage is announced in Act 3. Scholars and theatrical directors have discounted or even disparaged Lisandro's role in *El condenado*. In the script for Daldry's *Damned for Despair*, the character is consistently called "Lizardo" as if he possessed a lizard-like personality (Boswell and Thacker 8-102). Oakley completely accepts Enrico's declaration that both Lisandro and Octavio are courtly fops (vv. 544-545), and Ruth Lee Kennedy similarly describes Lisandro as a *lindo*, focusing primarily on his dress and appearance (see Oakley 112, Kennedy 227-32).[3] But a close analysis of Lisandro shows that he bursts out of such stereotypes.

The three murders committed by Enrico in Acts 1 and 2 (of the beggar, Octavio, and the *Gobernador*) all drive Celia further from Enrico and towards Lisandro. When Enrico throws the beggar into the sea, he is fulfilling his earlier rage at Lisandro, another supplicant whom Enrico also wanted to throw into the Bay of Naples (vv. 484-485). Celia expresses pity for the beggar, just as she had expressed pity for Lisandro (v. 667, v. 497), and the beggar's death likely reminds her of Enrico's attack on Lisandro. Enrico next kills Octavio; this crime could motivate Celia to find a new romantic partner since the authorities might want to investigate a woman widely associated with Enrico (vv. 372-383). Finally, the death of the *Gobernador* makes Enrico too foul an assassin even for Neapolitan society to stomach and renders him a marked man. Enrico immediately takes refuge in the mountains and essentially abandons Celia, who may have already abandoned him.

When we learn of Celia's marriage to Lisandro in Act 3, we can, in retrospect, realize the depth and breadth of her motives for leaving Enrico. These motives include: the desire to marry well like other successful courtesans; the realization of her power over Lisandro; and of course, Lisandro's stereotypical qualities of noble birth, refinement, wealth, and good looks. No matter where Celia falls within the hierarchy of Neapolitan courtesans, she is imitating the foremost women of her profession when she weds him. She undoubtedly realizes the precarious future of any courtesan. Venereal diseases and advancing age were persistent threats. Christopher F. Black tells us that Italian courtesans at the highest level "could settle for a prestigious husband at the end" (103). Such is the happy fate of Doña Esperanza in Cervantes's *La tía fingida* and also of Fenisa in Lope's *El anzuelo de Fenisa*,

---

3   A *lindo* is "un cortesano dedicado excesivamente a la galantería" (Javier Huerta Calvo, et al., *Diccionario de personajes de Tirso de Molina* [Madrid, 2007], p. 270).

in which a *rufián* comments, "Mira; ninguna cosa estas mujeres / buscan ni intentan, más que el casamiento" (vv. 2703-2704). Hsu observes that in much seventeenth-century fiction courtesans marry to escape criminal punishment (193 n. 33). Celia might calculate that marrying Lisandro will elevate her station and distance her from the taint of Enrico's murders.

When Celia weds Lisandro, she enters a relationship in which the balance of power has shifted to her side, and within the marriage he will presumably trust her judgment to a large degree. Before he has even seen Celia, he and Octavio agree that Lisandro is in love with her (vv. 369-370). Lisandro travels from afar to meet Celia, risks contact with vicious criminals for her sake, gives her a valuable ring, and describes her as the rare woman who is both exceptionally beautiful and exceptionally intelligent (vv. 418-421). Fortunately for Celia, Lisandro is a nobleman, since only an aristocrat could offer true refuge to a courtesan in her circumstances. However, Lisandro's noble wallet disappointed his former sweetheart (vv. 440-3, vv. 453-456), and ideally Celia would prefer a richer husband. When Lisandro tells her that his former sweetheart married for money, she remarks, "[m]uy como discreta hizo" (v. 457), employing a term repeatedly used to define her own qualities.

In Act 3, when Celia has married Lisandro, we should still imagine him as a healthy and handsome man despite Enrico's earlier claim to have inflicted him with a five-inch wound. Since Octavio has already contracted Enrico to assassinate Albano and still owes him half the money (vv. 605-8), Enrico would have no reason to actually injure either Lisandro or Octavio. The fight occurs off stage, and once we learn of Octavio's payment to Enrico, we realize that the reportedly violent swordfight has been a bit of metatheater, like Celia's poetic performance. Enrico boasts, "A aquel más alto le abrí / un jeme de cuchillada," alluding to Lisandro (who is a more heroic figure than Octavio and therefore taller) (vv. 534-535). Enrico's measurement "un jeme" refers to the longest distance between the tips of the thumb and the index finger (qtd. in Rodríguez López-Vázquez 172 n. 535). Clearly, Enrico is exaggerating since, given the realities of early seventeenth-century medicine, a five-inch sword wound was likely fatal. Finally, Enrico's murder of the beggar at the Puerta del Mar supports the notion that Enrico did not actually wound Lisandro at Celia's house. At the Puerta del Mar, Enrico is still strongly motivated to kill the beggar, Lisandro's surrogate, and though the beggar's murder occurs offstage, the reality of the crime is well supported by the surrounding dialogue of several characters.

Celia's marriage to Lisandro shows that Enrico's extreme jealousy of him in Act 1 was quite justified. Lisandro's refinement, aristocratic ways, and his innocence in a corrupt world must all appeal to Celia. Her visit to the prison also attests to the freedom of movement that she maintains as his wife, while Enrico might have eventually pulled her down to the constricted world of an ordinary prostitute.

Act 3 of Tirso's text contains a discrepancy in the use of the name "Lisardo," an apparent textual error that can be explained only by examining the psychology of both Celia and Enrico. Inside Enrico's prison Celia announces she has married "Lisardo"—the single instance of that name in the entire play. Most critics and directors accept the "Lisardo" of Act 3 as the "Lisandro" of Act 1, and yet no one has offered a good explanation for the discrepancy. When Celia announces that she has married, Enrico asks, "¿Qué aguardo? / ¿Con quién, Celia?" To which she replies, "Con Lisardo, / Y estoy muy bien empleada." Then Enrico tells her, "Mataréle" (vv. 2107-2109). Round correctly argues that the rhyme between "Aguardo" and "Lisardo" reaffirms the spelling of the name that Celia utters, though Round mistakenly believes that Lisandro and Lisardo are two different men (146 n. 2131). Enrico's interrogation "¿Qué aguardo?" indicates Celia's hesitation and also commands her to answer quickly. She knows that no refusal will satisfy him and that any further hesitation will only undermine her credibility. She wants to declare her total independence from Enrico by publicizing her marriage, but she also wants to protect Lisandro from any possible retribution by Enrico's underworld friends. When Enrico pronounces the word "Aguardo," she blurts out "Lisardo," a name that ingeniously both reveals and protects Lisandro's identity. Importantly, Lisandro's name has never been pronounced in front of Enrico. Enrico has mistaken Lisandro for an insignificant fop and has blindly underestimated the man who wins Celia.

On stage Lisandro may entertain us with some *lindo*-like dress and mannerisms, but if he is portrayed sympathetically as an inexperienced youth, we can both recognize his foolishness and admire the chivalric selflessness that love has instilled in him. Like many members of a Madrid audience, Lisandro arrives unprepared in a foreign underworld of wily courtesans and rapacious criminals, and his guide Octavio warns him against false friends. Lisandro exemplifies the many young men needed to staff a royal or viceroyal court bureaucracy. According to Hsu, courtesans regularly stepped in to provide these men with intellectual and erotic companionship since bachelors could find few potential brides with large dowries. An entire literary sub-genre sprang up to warn against traps laid by courtesans (120-3).

Tirso encourages the audience to identify with Lisandro: Lisandro sympathizes with the downtrodden; he is likely the lone Spaniard on stage; and in some ways he resembles a chivalric hero. Lisandro has a tender heart and shows sympathy for the suffering of others. He expresses pity for Celia as a victim of domestic violence and exploitation (v. 389). But his sympathy is not solely motivated by erotic attraction, because he also expresses pity for Anareto (vv. 376-379). Among the nearly twenty characters who appear in Naples, Lisandro alone appears to be a first-time visitor, since even Paulo and Pedrisco resided in the city years earlier. While Naples was under the two-hundred-year yoke of Spanish rule, Spaniards were the object of Neapolitan hatred. Within Octavio's list of Celia's customers, nationalities are arranged in a rough hierarchy, from the rich Neapolitan to the foreign residents who do not even speak a romance language, and the list ends with Spaniards, as if they were the lowliest of all despite the linguistic roots they share with Neapolitans (vv. 360-366). Octavio's declaration of the Neapolitan hatred of Spaniards occupies nearly three lines and is emphatically placed at the end of his speech. When Lisandro then asks, "¿Eso pasa?" (v. 366), his words refer not only to Celia's un-ladylike welcoming of all nationalities but also to the Neapolitan abhorrence of Spaniards like himself.

Lisandro's love for Celia has prompted him to act boldly and to make chivalric sacrifices, in imitation of the courtly love tradition. He is not an innocent patsy ignorant of Octavio's faults or of Celia's, and

he recognizes the dangers that Enrico poses even before Octavio reinforces this sense of threat (vv. 372-385). Lisandro has fallen in love with
Celia sight unseen through her fame for *discreción* and the intelligence
and practical know-how that word implies. His motivation, then, is a
modern update on the courtly love tradition of a knight traveling from
afar to seek his lady. Lidora ridicules him as a stand-in for the legendary Durandarte and tells Celia, "Por Balerma te ha tenido" (v. 447);
but by marrying Celia, Lisandro will become a hero of sorts, saving
her from Enrico. Lisandro's courage is written into the structure of the
only scene in which he appears. He initiates the dialogue in each of the
scene's three segments: when he and Octavio appear on stage (vv. 336-
338), when they approach Celia and Lidora (vv. 427-430), and when
Enrico and Galván enter with drawn swords (vv. 476-479). Lisandro
acts far more boldly than his guide Octavio, and he dares to woo Celia
despite Enrico's reputation for violence. As soon as Enrico threatens to
strike Celia, Octavio offers to leave, while Lisandro boldly asks Enrico
if he is Celia's relative or brother (vv. 490-493). Lisandro and Octavio both flee under attack by Enrico and Galván. But this flight shows
Lisandro's own *discreción* since he cannot possibly defeat a professional assassin, and quite unlike Enrico, he chooses not to pollute Celia's
house with bloodshed. Lisandro boldly initiates his initial conversation with Celia, saying, "[h]emos llegado atrevidos ..." (v. 427), employing a courtly formula that acknowledges her beauty. He correctly
calls himself "brave" (*atrevido*) since he is courting a woman attached
to the violently jealous Enrico. Courageously, he continues to address
Celia at length despite her silence, while in an aside Lidora remarks
that Celia is toying with him by refusing to respond (vv. 427-446).

Editors have disagreed about whether a four-line speech should be
assigned to either Lisandro or Octavio. All editors agree that it is Lisandro who asks Celia to write a poem "para cierta dama / que mi amor
puso en olvido / y se casó su disgusto," (vv. 440-442). Lidora sarcastically alludes to Balerma, then Octavio continues the conversation:

> OCTAVIO   Yo vine también, señora,
>   pues vuestro ingenio divino
>   obliga a los que precian

de discretos, a lo mismo.

CELIA   ¿Sobre quién tiene de ser?

LISANDRO   *Una mujer que me quiso*
cuando tuvo que quitarme,
y ya que pobre me ha visto,
se recogió a buen vivir. (vv. 448-456)

The disputed lines appear in the italics added above, and they answer a
question that Celia has addressed to Octavio. Rogers and Round both
attribute the lines to Octavio in their editions, but Alfredo Rodríguez
López-Vázquez and Ciriaco Morón follow the seventeenth-century
text and attribute them to Lisandro. It is easy to imagine that Lisandro
is so smitten with Celia that he spontaneously and truthfully answers
a question directed at Octavio, and assigning these lines to Lisandro
creates a snapshot of his former love life and enlarges his character.

IN PRISON

An analysis of Celia's role in the prison scene of Act 3 will further il-
luminate her contributions to the subplot of *El condenado*. In Celia's
only two previous scenes (inside her home and at the Puerta del Mar),
she interacted with Enrico in the presence either of her gentlemen ad-
mirers or of Enrico's criminal cohorts. Inside the prison cell that Enrico shares with other inmates, we see her in a dismal and naturalistic
setting that is nearly devoid of pretense, but she still plays a role that
must have challenged and delighted the *primera dama* (see Round
148-9 n. 2165). Celia tries to conduct herself as a respectably married
noblewoman, though her libidinous past emerges in the *jácara* allusions that Tirso embeds in the scene. A brief summary of her actions
inside the prison is in order: When Celia and Lidora enter the prison,
Enrico asks Pedrisco for a container big enough to contain the money
he anticipates getting from her, and Pedrisco produces a sack (*talego*).
Celia soon tells Enrico he will be hanged and warns him to prepare for
death. Yet Enrico remains hopeful until she announces she has mar-

ried "Lisardo." Enrico threatens to kill her husband, angrily reaches for Celia, and as soon as she exits, he murders the *Portero*.

Celia has gone to the prison to courageously confront her abuser. When Enrico calls her name, she utters an aside: "¡Ay de mí, yo soy perdida! / Enrico es el que llamó" (vv. 2080-2081). Round suggests that Celia has come to the prison out of casual curiosity about its inmates and that the above aside expresses her genuine surprise at finding Enrico there (148-9 n. 2165). But this explanation falls short. Seventeenth-century prisons were downright hellish places to visit and any new bride would anticipate not only stink, dirt, disease, and the sight of tortured, moribund bodies, but also the risk of guards harassing her. Cues to Celia's motives emerge in her dialogue. At the cell door she tells Lidora, "No quisiera que las dos, / aunque a nadie tengo miedo, / fuéramos juntas" (vv. 2062-2064). The position of the phrase "aunque a nadie tengo miedo" in mid-sentence betrays Celia's state of fearful confusion (vv. 2062-2064). She reacts with surprise to Enrico's voice because it frightens her so much more than she had anticipated. She has prepared herself for this visit but finds herself unprepared.

Enrico's threat to kill Celia's new husband and his actual murder of the *Portero* are both aimed at Celia. Enrico consistently finds surrogates for his intended victims. In Act 1 his jealous desire to kill Lisandro instead resulted in his murder of the beggar. Now in Act 3 his desire to kill Celia results in the murder of the *Portero*, as revealed in the probable seventeenth-century staging of the scene. Ruano de la Haza suggests that Celia initially enters the prison "detrás de las rejas de la prisión" and that the *Portero* likewise enters behind these bars. After Celia has announced her marriage, Enrico reaches out between the bars to seize her, she flees in terror, and the noise and shouting attract the *Portero*, whom Enrico then kills with the chains around his wrists (Ruano de la Haza 121). The *reja*, the standard piece of *comedia* scenery that was used to represent iron bars, allows us to read Enrico's actions figuratively and metatheatrically as an attempted rape-murder that harkens back to Enrico's rape-murder of the "principal casada" in his autobiography. As Laura L. Vidler notes, in the staging of garden love scenes the *reja* was routinely used to symbolize the entrance to the female body (41-6). Enrico's attack on the *reja* functions as a figurative rape attempt, and after Celia exits he again rails at the bars, declaring he must break them because "he de castigar mis celos" (v. 2135). Enrico's threat to kill the man she calls "Lisardo" is intrinsically directed at her life as well since philosophically and theologically husband and wife were considered one.

Early in the prison scene Enrico's term *remedio* encapsulates his relationship to Celia by conveying three important meanings: money to fund an escape, erotic satisfaction, and spiritual salvation. He describes Celia as "Quien más que a sí me adora, / mi remedio llega ahora" (vv. 2067-2068). We assume that Enrico expects Celia to provide money to bribe the guards because, as Black tells us, frequent contact with family and other visitors created opportunities to escape Italian prisons (197). The word *remedio* also evokes the beloved as a cure for the lover's melancholy, and it complements Enrico's vocabulary of courtly love as he alludes to eyes and sighs and offers to "serviros" (vv. 2086-2090). Enrico's courtly language also betrays his narcissism as he defines Celia in terms of himself, calling her "Quien más que a sí me adora;" the description reveals his blindness to her ability to value her life over his. Ultimately, Celia abandons the earthly Enrico and serves as his spiritual *remedio* since her marriage provokes Enrico's *desengaño*, an experience that initiates his spiritual enlightenment.

In keeping with Celia's role in Enrico's salvation, her name means "la que viene de lo alto." The love of Anareto, Enrico's elderly and disabled father, helps motivate Enrico to change, and indirectly, Celia's love does so as well, though Enrico chooses to believe that her religious advice is hypocritical. Celia waxes philosophical when Enrico threatens to kill her husband. She replies that, like Enrico, her husband too must die (vv. 2110-2112). With these words she tries to stop Enrico from committing the heinous sin of murder, because theologically, simply intending to kill someone constitutes a sin. Enrico's exploitive and abusive relationship with Celia has been based on materialism and eroticism rather than on Christian love. She represents *cupiditas*, while Anareto represents *caritas*, and the two individuals are kept separate in Enrico's life. Enrico supports his father with Celia's money (vv. 865-872), but she never mentions or hears about Anareto, though she must know of his situation since even Octavio and Lisandro are aware of it (vv. 375-380).

Celia speaks from a sincere religious conviction that is a fundamental ingredient of her character, though her religious faith is only just now revealing itself. She may be visiting the prison in accordance with the seventh Corporal Works of Mercy ("To ransom the captive"), a practice that traditionally includes prison visits. If she persuades Enrico to repent, she gains divine grace for herself. Paulo and Enrico are both capable of great changes, so we should imagine Celia capable of repentance and reform, a transformation that prepares us for Enrico's sincere confession and salvation. More than one critic has noted that Enrico shares Don Juan's attitude of *tan largo me lo fiais*, and Celia may have lived by the same philosophy of just-in-time future repentance. She knows Enrico will be executed the following day, so she urges him to seek salvation immediately. Her own sense of urgency may arise from her identification with the murdered women in Enrico's autobiography, and that conviction of mortality is reinforced by the hellish atmosphere of the prison, where we find allusions to weeping, devils, and lamentation (vv. 2026-2029). The seventeenth-century audience could well accept Celia's repentance as part of a tradition that welcomed the penitent prostitute. Perry records that on the feast of Mary Magdalene some prostitutes answered a very public summons, demonstrated remorse, and were escorted to church (146). Similarly, Profeti points out that Celia's repentance corresponds with the late sixteenth-century *comedia* tradition of prostitutes and *bandoleras* who confess and achieve sainthood (200-1).

Inside Enrico's prison we see Celia asserting her new status as the wife of a nobleman, as if she were the envied heroine of a *comedia*; yet the prison setting better suits a criminalized prostitute within the *jácara* tradition. Celia has abandoned her courtesan identity to become a properly married aristocrat. Tirso's dialogue introduces the contrast between these two social roles when, with excessive formality, Celia greets Enrico as "Señor" and Pedrisco immediately invents vulgar jokes about his *talego*. By addressing Enrico as "Señor," Celia futilely tries to prompt him to address her as "señora." Later, Enrico will reject her religious advice in part because he senses her role-playing.

The prison setting makes Celia and us keenly aware of the fates of the brothel prostitutes and other sex workers punished by the authorities. In Enrico's cell Celia experiences what might have become her own loathsome home if she had not found a husband. As a famous courtesan, she would be highly unlikely to suffer such a fate, but age, disease, or the vengeance of a jilted lover could have eventually sent her to prison. Naples, like Florence, Milan and Rome, had a large prison complex that housed both men and women (Black 197). Tirso's audience well knew that common prostitutes were imprisoned in the *casas galera* of Madrid, Barcelona, and several other Spanish cities. These women had their heads shaven, were frequently forbidden to talk, and at times were even chained to their beds; some suffered under torture, and recidivists were threatened with hanging (Boyle 37-8).

Metatheatrically, Celia acts out the behavior of the aristocratic wife in order to cement her new identity. In the presence of Enrico, her former pimp, she must consciously remind herself that her new position is real and solid. Behaving as she thinks a noblewoman should, she sometimes speaks less than charitably or effectively, as in the following exchange: Enrico pleads with her, "Pierdo el seso" —to which she primly replies, "Estoy de prisa." Pedrisco then remarks he is about to laugh (presumably at her pretense of nobility and/or at the futility of Enrico's situation). Celia, who by now has had time to formulate an appropriate reply to Enrico's plea, comments, "Ya sé que queréis decirme / que se os diga alguna misa. / Yo lo haré. Quedad con Dios" (vv. 2113-2118). With these lines she offers sentiments appropriate to her own new role but she also tries to foist them onto Enrico. She pledges to buy not his earthly freedom but a Mass to save his soul. Such seeming condescension further enrages Enrico, who shouts his intention to break the bars. In Celia's final comment to him, "¡Qué braveza!" (v. 2124), she drops the metatheatrical role of a noblewoman, and like any tart she insults him for not measuring up to his reputation as a *valiente*. Tirso's text does not record Celia's exit, but she must shortly walk off since she does not react to the *Portero*'s entrance or to his death.

Celia's visit to the prison creates a poignant contrast to a parallel situation within the *jácara* tradition when a prisoner takes leave of his lover. A *jácara,* a song that narrates the life and miracles of a *jaque* (*ru-fián, hampón*), can also take the theatrical form of a *jácara entremesada* or of an *entremés cantada. Jácaras* described the pain of torture, imprisonment, and impending execution—experiences that were sometimes dramatized as a prisoner's farewell to his beloved, as in Luis Quiñones de Benavente's *La visita de la cárcel* (1645) (vv. 209-216). In Calderón's *Jácara del Mellado* (1668), a character named La Chaves "bawls as her lover-pimp is led to prison before he is to be hanged" (qtd. in Bergman, "Entremeses" 156).

Building on the *jácara* tradition, in the prison scene Tirso creates multiple meanings in word play that connects rings (*anillos*) with prison irons (which were ring-shaped) (Bergman, *The Art of Humour* 190). According to Levin, the chain link with which Enrico kills the *Portero* functions as a ring that symbolizes eternal union with God (63). The ring-and-chain-link pun may also be a sardonic reference to Celia's convenient (and perhaps hasty) marriage as another kind of imprisonment. On stage, as Celia gestures with her hands, her wedding ring may remind us that if Enrico had not confiscated Lisandro's ring in Act 1, she might not have rejected him. Furthermore, the size of the chain around Enrico's wrists may approximate that of Octavio's chain, which Enrico confiscated from Celia in Act 1. Enrico's chained hands cannot harm Celia. By confiscating Celia's chain, Enrico has metaphorically brought about his own imprisonment, and both Celia and the murdered Octavio have extracted their revenge.

Pedrisco's bawdy and delicious puns on the word *talego* initially set a grotesquely comic tone inside the prison cell. His references to the *talego* link Celia with common prostitutes of the *jácara* tradition by underscoring her sexuality and emphasizing that desire, like hunger, is a corporal function. A *talego* filled with money is explicitly identified with the stomach in Quiñones de Benavente's *El talego (primera parte)*; and in the same author's *El talego-niño,* a *talego* full of money not only alludes to the stomach and womb but is also disguised as a swaddled infant (vv. 243-250, vv. 189-208). The staging of *El condenado* underscores the parallel between Celia and the *talego.* She enters just as Pedrisco reveals the *talego,* and his dialogue suggests he is rubbing his hungry stomach when he finds it on his person (vv. 2073-2075).

Pedrisco's reference to the *talego* as a money bag is a bawdy joke aimed at Celia's female anatomy as well as at his own anxious stomach.

Tirso's allusions to the *jácara* tradition underscore the reality of bodily suffering in prison, where one experiences the taste of death along with indelible memories of food, sex, and recent torture. Celia and Lidora enter as Pedrisco grumbles about hunger, and we expect the women to fulfill the traditionally feminine responsibility of providing food, especially since prisoners were regularly fed by their visitors (Black 197). The use of torture to extract a confession so pervaded seventeenth-century prisons that we can assume Enrico has been tortured for murdering the *Gobernador*. In Daldry's production of *Damned for Despair*, torture devices were used or displayed on stage (Billington 372). When Celia meets Enrico, his tortured body may be incapable of making love, yet he grotesquely tries to woo her with the vocabulary of *el amor cortés*. After Celia's exit, Enrico murders the *Portero* and is confined to a solitary cell, where the *Demonio* soon appears. As has been noted, Celia and the *Demonio* are paralleled earlier in *El condenado*, when, for example, each sends either Paulo or Enrico to the Puerta del Mar. Now in the prison scene, and according to Enrico's viewpoint, Celia resembles the *Demonio* in that she teases Enrico with the prospect of freedom, only to deceive and betray him. The *Demonio*'s earthly disguise as Enrico's fellow prisoner mocks not only the extremes of human suffering but also the empathy that Celia tried to offer Enrico. When Enrico hears the *Demonio*'s initially anonymous voice, he assumes he hears the victim of inexpressible physical and psychic pain, only to meet a powerful seducer. Celia failed to provide Enrico with an earthly escape while preaching salvation, and now the *Demonio* offers him that escape in exchange for damnation.[4]

In the prison scene, Celia's changing identity might be reflected in her use of the *tapado* style, a fashion found within the *jácara* tradition. When she enters the prison, she has just been traveling through

---

4   For an examination of the recent stagings of the *Demonio* in *El condenado* see Maryrica Ortiz Lottman, "Three Productions of *El condenado por desconfiado*: The Devil's Polymorphism in Our Time," *Prismatic Reflections on Spanish Golden Age Theater: Essays in Honor of Matthew D. Stroud*, ed. Gwyn E. Campbell and Amy R. Williamsen (New York: Ibérica, 2016).

the streets, and she may have been obscuring her face with her *manto* to hide from the public this visit to her former pimp and *galán,* who is now a condemned murderer. Her use of the full *tapado* style disobeys Enrico's earlier command that she leave her face uncovered at the Puerta del Mar. Her dress may also point to her sexual betrayal of Enrico since the *tapado* style famously allowed a woman to travel through the streets anonymously, possibly seeking a lover. As Celia enters the prison she passes behind the *reja,* a position that would link her to prostitutes who typically displayed themselves at windows. When she uncovers her face and garments in front of Enrico, she might reveal a rich costume that announces her new identity as an aristocratic wife.

Celia's treatment of Lidora in the prison scene demonstrates her worth as a mistress. As a new aristocrat Celia is grateful to the servant who assisted her in her ascent. Lidora, who always accompanies Celia and speaks her own mind, has a frank and friendly relationship with her mistress. Similarly, in Rojas Zorrilla's *Abrir el ojo,* the courtesan Doña Clara calls her maid Marichispa "amiga mía" (v. 533). Like Lidora inside Celia's courtyard, Marichispa openly critiques her mistress's selection of male clients (vv. 673-688). As soon as Celia and Lidora enter the prison, their dialogue emphasizes the threat felt by this new bride. Celia states, "No quisiera que las dos, / aunque a nadie tengo miedo, / fuéramos juntas," and Lidora replies, "Bien puedo, / pues soy criada, ir con vos." Enrico immediately speaks, cutting off their exchange and once again silencing Celia (vv. 2062-2066). Round examines this dialogue and concludes that Celia selfishly orders Lidora to enter the prison first. For Round, Lidora's reply is sarcastic and it means "Since I'm just your servant I have to obey" (142-3). But a reading that is more sympathetic to both women asks how their relationship may have changed. While in Act 1 Lidora strove to protect Celia, in the prison scene—where their relationship is one of greater friendship and equality—Celia strives to protect Lidora. Between Acts 1 and 3 Celia has acted upon Lidora's advice, rejecting the abusive Enrico, and she may feel indebted to Lidora for her very life. Celia tries to prevent Lidora from becoming an object of Enrico's oaths and verbal abuse, especially since in the seventeenth century curses were often considered capable of inflicting real harm. Celia also wants to prevent Enrico from ordering his criminal cohorts to harm Lidora. When Lidora replies that as a servant she can enter the prison with Celia, she is declaring the servant's traditional role of protecting and aiding the mistress. But before the disagreement between the two women can be decided, Enrico interrupts.

Enrico's potent, conflictive relationship with Celia can help illustrate key aspects of his psychology, thereby underscoring his mental suffering and leading us to empathize with him despite his many atrocious crimes. Nowhere is his mental anguish more evident than in the prison scene. Especially for a modern audience, Enrico is not sufficiently punished for his many heinous deeds as we see his repentance rewarded with eternal bliss. The quick death of a serial killer does not compensate his victims, and we are appalled that earthly justice is so capricious. However, we can accept his happy fate by realizing that on earth he did great penance through mental suffering. He lives his life in acute torment, and his huge internal conflicts express themselves as bouts of rage. If we empathize with Enrico's anguish, we can experience a sense of relief at his death. Not only has the world been rid of a vile assassin, but that same criminal has been freed from a life of mental purgatory.

The failure of Enrico's relationship with Celia is one of his greatest torments. As Celia names her husband, she makes a declaration of connubial bliss: "Con Lisardo. / Y estoy muy bien empleada" (vv. 2108-2109). Her declaration insults not just Enrico's virility and his skill as a lover but also his ability to create a deeply loving, mutual bond outside his relationship with his dying father. As Celia prepares to exit the prison, Enrico attacks the iron bars that represent the entrance to her body. He cries, "¡Qué esto sufro! ¿Hay tal crueldad?" To which Pedrisco responds, "¡Lo que pesa este talego!" (vv. 2122-2123); in the role of *gracioso lacayo* Pedrisco alludes to the scrotum and expresses his master's basest thoughts. Enrico's accusation of cruelty may prompt Celia to recall the cruel beatings he inflicted on her. Her shouted parting shot "¡Qué braveza!" belittles him for having regularly attacked a weak, feminine opponent, and it again insults him as a bed partner (v. 2124). That sex remains their topic is underscored by Enrico's continued attack on the *rejas* and by his comment "¿Hay tan gran libertad?"—a remark that alludes to Celia's sexual liberty in marrying another. Even ten lines later, Enrico is obsessed with jealousy, and as he assaults the bars, he cries out, "y he de castigar mis celos" (v. 2125, v. 2135).

Enrico's murder of the *Portero* demonstrates that he is more tormented by the loss of Celia than by losing any hope of freedom. Since Enrico knows the underworld and the machinations of the justice system, including the possibility of bribery, he must have anticipated that killing the *Portero*—the key-keeper who could have freed him—is a crime that will only land him in a solitary cell from which no exit will ever be possible.

CONCLUSION

El condenado por desconfiado is a masterwork that packs meaning into every scene. Tirso's dramatic artistry, his stunning list of complex female characters, and the primacy of the *primera dama* in a seventeenth-century theatrical company should all motivate us to read the role of Celia with imagination and precision, placing her in the cultural context of Spanish Naples and the world of the Spanish *comedia*. We must also reevaluate minor characters such as Lisandro and Lidora, who enable the positive changes in Celia's life. The actress who portrays this disquieting heroine will find psychological realism and depth in the character and discover that she should be counted among the most important personalities in the play.

In Act 1 Celia was headed downwards towards the fate of a common prostitute of the *jácara* tradition and perhaps even to an early death, but in the prison scene of Act 3 she occupies the position of an aristocratic wife, confronts her abuser, protects Lidora, and emphasizes spirituality. Celia, like many prostitutes in early modern Spanish literature, undergoes a transformation that moves her into a controlling environment, ideally within marriage. Hsu observes that the courtesan's ability to move between the social categories of the prostitute and the respected woman was what chiefly troubled moralists (42-3). Tirso, the fervent Mercedarian, situates Celia in this ambiguous space. But instead of condemning her, Tirso presents a complex and nuanced portrait of her character and situation, and he finds her capable of enormous change, creating the subplot of *El condenado por desconfiado*.

The complexity of Celia's character continues to tease us even as she exits the play. Unlike the typical *comedia* heroine, she resides in three worlds: the criminal underworld, the refined world of the ambitious courtesan, and the metatheatrical world of *comedia* intrigue. As Bergman has observed, "The typical *dama* inhabits only one of these worlds (except for perhaps brief moments of disguise) and her preoccupations (and thus, thought processes) are rather banal by comparison to those of Celia." We cannot be certain if Celia plans to altogether abandon the courtesan's erotic pursuits and use her aristocratic marriage as cover. She may have married Lisandro primarily to escape Enrico's violence and exploitation. Her new, pliable husband is not wealthy enough to suit her tastes, so in time she may consider supplementing their income and dramatically betray Lisandro's chivalric ideal. Such an inner conflict enriches her characterization as she exits the stage.[5]

Works Cited

Bass, Laura R. and Amanda Jaye Wunder. "The Veiled Ladies of the Early Modern Spanish World: Seduction and Scandal in Seville, Madrid, and Lima," *Hispanic Review* 77. 1 (2008): 97-144.

Bassanese, Fiora A. "Mythological Representations of the Renaissance *Cortegiana*," *RLA: Romance Languages Annual* 1(1989): 81-6.

Bergman, Ted L.L. *The Art of Humour in the Teatro Breve and Comedias of Calderón de la Barca*. Woodbridge: Tamesis, 2003.

———. "*Entremeses*." Entremeses and Other Types of Teatro Breve. *A Companion to Early Modern Hispanic Theater*. Ed. Hilaire Kallendorf. Leiden: Brill, 2014. 145-61.

Billington, Michael. *One Night Stands: A Critic's View of Modern British Theatre*. London: Nick Hern Books, 2001.

---

5   I am grateful to Ted L. L. Bergman for commenting on an early draft of this article and for providing many of the observations included in my final paragraph (Bergman, Personal correspondence, 5 September 2014).

Black, Christopher F. *Early Modern Italy: A Social History*. London: Routledge, 2001.

Boswell, Laurence and Jonathan Thacker, trans. and adapt. *Damned for Despair*, in *Damned for Despair; Don Gil of the Green Breeches: Two Plays by Tirso de Molina*. By Tirso de Molina. Bath: Absolute Press, 1992. 8-102.

Boyle, Margaret E. *Unruly Women: Performance, Penitence, and Punishment in Early Modern Spain*. Toronto: U of Toronto P, 2014.

De Armas, Frederick. "El virreinato de Nápoles en las *Novelas ejemplares* de Cervantes," *Hipogrifo: Revista de Literatura y Cultura del Siglo de Oro* 2.1 (2014): 87-98.

Cantone, Gaetana. "The City's Architecture," in *A Companion to Early Modern Naples*. Ed. Tommaso Astarita. Leiden: Brill, 2013). 3331-58.

Cervantes Saavedra, Miguel de. *El amante liberal; La tía fingida*. Ed. Harry Sieber. Madrid: Cátedra, 1991.

Chavarria, Elisa Novi "The Space of Women." *A Companion to Early Modern Naples*. Ed. Tommaso Astarita. Leiden: Brill, 2013.

Cohen, Elizabeth S. "Women on the Margins," *The Ashgate Research Companion to Women and Gender in Early Modern Europe*. Ed. Allyson M. Poska, Jane Couchman, and Katherine A. McIver. Burlington: Ashgate Publishing, 2013. 317-39.

Guarino, Gabriel. "Spanish Celebrations in Seventeenth-Century Naples." *Sixteenth Century Journal: Journal of Early Modern Studies* 37. 1 (2006): 25-41.

Hsu, Carmen Y. *Courtesans in the Literature of Spanish Golden Age*. Kassel: Reichenberger, 2002.

Kennedy, Ruth Lee. "*El condenado por desconfiado*: Its Ambient and its Date of Composition." *Homenaje a Guillermo Guastavino: Miscelánea de estudios en el año de su jubilación como Director de la Biblioteca Nacional*. Ed. Guillermo Guastavino Gallent. Madrid: Asociación Nacional de Bibliotecarios, Archiveros y Arqueólogos, 1973. 213-52.

Lancaster, Jordan. *In the Shadow of Vesuvius: A Cultural History of Naples*. London: I.B. Tauris, 2005.

Leslie Levin. *Metaphors of Conversion in Seventeenth Century Spanish Drama*. Woodbridge: Tamesis, 1999.

Lottman, Maryrica Ortiz. "Tirso's *Damned by Despair* at London's National Theatre: An Interview with Bijan Sheibani." *Comedia Performance: Journal of the Association for Hispanic Classical Theater* 10.1 (2013): 195-226.

————. "Three Productions of *El condenado por desconfiado*: The Devil's Polymorphism in Our Time." *Prismatic Reflections on Spanish Golden Age Theater: Essays in Honor of Matthew D. Stroud*. Ed. Gwyn E. Campbell and Amy R. Williamsen. Madrid: Ibérica, 2016.

Martín, Adrienne Laskier. *An Erotic Philology of Golden Age Spain*. Nashville: Vanderbilt U P, 2008.

McClelland, I. L. *Tirso De Molina: Studies in Dramatic Realism*. New York: Institute of Hispanic Studies, 1976.

Morón Arroyo, Ciriaco, ed. *El condenado por desconfiado*. By Tirso de Molina. Madrid: Cátedra, 2000.

Oakley, R. J. *Tirso de Molina: El condenado por desconfiado*. London: Grant & Cutler, 1994.

Perry, Mary Elizabeth, *Gender and Disorder in Early Modern Seville*. Princeton: Princeton U P, 1990.

Profeti, María Grazia. "Mujer libre—mujer perdida: Una nueva imagen de la prostituta a fines del siglo XVI y principios del XVII." Ed. Augustin Redondo. *Images de la femme en Espagne au XVIe et XVIIe siècles. Des traditions aux renouvellements et à l'émergence d'images nouvelles*. Paris: Publications de la Sorbonne, 1994. 195-205.

Quiñones de Benavente, Luis. *Entremeses completos*. Vol. 1: *Jocosería*. Ed. Ignacio Arellano, Juan Manuel Escudero, and Abraham Madroñal Durán. Pamplona: Universidad de Navarra, 2001.

Rogers, Daniel, ed. *El condenado por desconfiado*. By Tirso de Molina. Oxford: Pergamon Press, 1974.

Rojas Zorrilla. Francisco de. *Donde hay agravios no hay celos; Abrir el ojo*. Ed. Felipe B. Pedraza Jiménez and Milagros Rodríguez Cáceres: Madrid, Castalia, 2005. 253-485.

Round, Nicholas G., ed. *Damned for Despair (El condenado por desconfiado)*. By Tirso de Molina. Warminster, 1986.

Ruano de la Haza, José María. "Una posible puesta en escena de *El condenado por desconfiado*." *La década de oro de la comedia española 1630-1640: Actas de las XIX Jornadas de Teatro Clásico*. Ed. Felipe B. Pedraza Jiménez and Rafael González Cañal. Almagro: Universidad de Castilla-La Mancha, 1997. 103-26.

Tirso de Molina, *El condenado por desconfiado*; *La ninfa del cielo*. Ed. Alfredo Rodríguez López-Vázquez. Madrid: Cátedra, 2008.

Vega Carpio, Félix Lope de. *El anzuelo de Fenisa: comedia famosa*. Ed. Luis Gómez Canseco (2014). Web. http://www.cervantesvirtual.com/ search. 20 Jan. 2015. 25 January 2015.

Vidler, Laura L. *Performance Reconstruction and Spanish Golden Age Drama: Reviving and Revising the Comedia.* New York: Palgrave MacMillan, 2014.

Wilson, Margaret. "Tirso's Texts, and More on *El condenado por desconfiado.*" *Bulletin of Hispanic Studies* 70.1 (1993): 97-104.

Irregular Births in Tirso de Molina's
Antona García and *Todo es dar en una cosa*

BARBARA F. WEISSBERGER
University of Minnesota

a Ron, por siempre

THE PERSISTENT LEGEND THAT Tirso de Molina (ca. 1583-1648) was the illegitimate child of Pedro Téllez Girón, Duke of Osuna, has in the past two decades finally been laid to rest. We now know that the infant who would grow up to be Fray Gabriel Téllez was legitimately born to a humble family (Vázquez Fernández 14-9). On the other hand, the subject of illegitimate, or otherwise irregular, birth in his corpus remains understudied. In this essay I will be concerned with two of Tirso's history plays that deal directly or indirectly with these issues: *Antona García* (1625)[1] and *Todo es dar en una cosa* (1626-1629). Not only were the plays written within a couple of years of each other, but they are both set in the same time period, during the reign of Queen Isabel of Castile (1474-1504).

The eponymous protagonist of *Antona García* is based on a historical figure, a local heroine of the famous Battle of Toro, which turned the tide in the Castilian War of Succession (1475-1479), securing the contested throne for Isabel. As portrayed by Tirso, Antona is the quintessential *mujer varonil*. *Todo es dar en una cosa* is the first play in the so-called *Trilogía de los Pizarros*. Like *Antona*, the play begins in

---

1   Initially believed to have been written in 1622 (Kennedy, "Date"), Eva Galar has recently argued convincingly for the later date (492).

1475, but it spans a longer period of time, up to 1492.[2] *Todo* dramatizes the birth and youth of Francisco Pizarro, hero of the conquest of Peru. In both plays, I shall argue, Tirso uses humor to deflect anxieties about female power—especially maternal power—and paternal undecidability.

Seventeenth-century medical writers and moralists were deeply interested in various aspects of irregular sexuality such as hermaphrodites, eunuchs, sexual metamorphosis, effeminate males, and mannish women (see Bradbury).[3] *Comedia* writers were fascinated by the latter in particular, as the following quotation from Lope de Vega's prologue to *Las mujeres sin hombres* (1621) attests: "Y aun he oído decir que andan algunas entre nosotros, como son viudas mal acondicionadas, suegras terribles y doncellas incasables, que todas estas infaliblemente son amazonas, o vienen de ellas" (qtd. in Bradbury 567). Much scholarly work has been done on the manly woman in the comedia, starting with the classic study by Melveena McKendrick, *Woman and Society in the Spanish Drama of the Golden Age. A Study of the Mujer Varonil.*

The gender-bending counterparts of virile women, effeminate males, were also a source of fascination and anxiety, as Sherry Velasco discusses in *Male Delivery: Reproduction, Effeminacy, and Pregnant Men in Early Modern Spain.* Velasco's analysis is especially useful for my discussion, because its point of departure is the 1660 *entremés, El parto de Juan Rana* by Pedro Francisco Lanini Sagredo. In that interlude the well-known actor playing the lead simulates giving birth on stage, as his baby Juan Ranillo drops from beneath his long skirts. According to Velasco, the male pregnancy and childbirth scene goes beyond simple carnivalesque topsy-turvy or patriarchal fantasy to reveal complex and interconnected cultural anxieties related to women's reproduction and "issues of paternity, progeny, and power, not to mention abnormal births and other 'monstrosities'" (xiii). These are evident in the closing ditty of the *entremés,* sung by an unnamed woman:

---

2   The trilogy consists of *Todo es dar en una cosa, Amazonas en las Indias,* and *La lealtad contra la envidia.* Most scholars date the works to 1626-1629. The first and third plays are set in and near Trujillo.

3   My thanks to Diane Wright for alerting me to Bradbury's work and sharing her own on the female warrior figure in early modern Spanish literature.

"Si los hombres parieran/fuera gran cosa/pues tuvieran por ciertas/ todas sus obras" (qtd. in Velasco 143). It points directly to what Marjorie Garber calls, in regard to a very different theatrical genre, Shakespeare's drama, "the fact that the father is always a suppositional father, a father by imputation, rather than by biological proof" (113).

In *Antona García* and *Todo es dar en una cosa* Tirso deals with the uncomfortable fact that legitimacy, inheritance, primogeniture, and succession rest on this original undecidability. He does so through the humor typically associated with rustic characters, specifically, the protagonist of *Antona García* and the secondary characters Pulida and Carrizo in *Todo es dar en una cosa*. These motifs, which amply illustrate what Francisco Florit Durán has called Tirso's "pasmosa habilidad y maestría para la elaboración de un universo cómico....," include male pregnancy, maternal indifference, abortion, and monstrous birth (997). After analyzing Tirso's comic handling of these serious issues I shall suggest that there is also a political component to the anxieties provoked by maternal power and paternal uncertainty in these plays that relates to the supposedly illegitimate birth responsible for Queen Isabel I of Castile's rise to the throne.

It is important to remember that in writing both *Antona* and *Todo*, Tirso had more immediate political concerns than the fifteenth-century struggle for the throne of Castile. Both plays are highly propagandistic, weighing in on separate legal causes-célèbres of the 1620s. The *Trilogía de los Pizarros* was written while Tirso was *comendador* of the Mercedarian convent in Trujillo from 1626-1629.[4] As Louise Fothergill-Payne observes, "[t]here can be no doubt that these plays are... meant to be a rehabilitation of the Pizarro family name..." (192). The Trujillo convent was founded in 1594 by Francisca, daughter of the Conquistador Francisco Pizarro, in lands traditionally associated with

---

4   There is disagreement as to the reason for Tirso's stay in Trujillo. Some believe it was due to his exile from Madrid as mandated by King Felipe IV's Junta de Reformación, which on March 6, 1625 censured Tirso "por el escándalo que...causa con comedias que hace profanas y de malos incentivos y ejemplos." Others believe the order of exile was never signed by the King and that the Trujillo appointment was a sign of the Order's high regard for Tirso (Zugasti 1:9-11; quotation at 10. See Florit Durán, "Teatro" for a balanced view).

the Pizarros. In a founding document, Francisca recounts the deep connection her father had with the Mercederians: "mi padre, que tan devoto fue siempre desta Orden, llevando consigo a la pacificación y conversion de los reinos del Perú religiosos della, fundando casas...." (qtd. in Kennedy, *Studies* 112). Francisca's patronage of the convent continued, through her son Francisco, up to Tirso's time.

More immediately, starting in 1625, Francisca's grandson, Juan Hernando Pizarro, initiated a campaign to restore the noble title and twenty thousand vassals promised to his great-grandfather by King Charles V in 1535 as a reward for his conquest of the Incan empire. It is likely that the title was suspended when Francisco's brother Gonzalo Pizarro was accused of treason for his rebellion against the Viceroy of Peru. After reiterated petitions submitted to Philip IV by Juan Hernando, the king finally acceded. In 1631 he granted Juan Hernando Pizarro the Marquesate of Conquista. The town of La Zarza that had long been associated with the Pizarro family was promptly renamed Conquista de la Sierra. The town is the setting for much of *Todo es dar en una cosa.*[5]

Miguel Zugasti, most recent editor of the *Trilogía*, believes that the Pizarro family directly commissioned the three plays from Tirso when he was in Trujillo (15). There is no documentation of such a commission, but it is undeniable that Tirso acts as an apologist for the family who had promoted the work of the Mercederians in the New World.[6] Each of the three plays aims to vindicate one of the Pizarro brothers, Francisco from low, illegitimate birth in *Todo es dar en una cosa*; Gonzalo from treachery in *Amazonas en las Indias*, and Fernando from unjust imprisonment in *La lealtad contra la envidia*.

In dealing directly with the conditions of Francisco's birth (c. 1475) the goal of *Todo es dar en una cosa* is to reshape the widely-circulated derogatory legend about the Conquistador's origins, namely, that he was both illegitimate and low-born, the son of a peasant girl by

---

5   See Ó Tuathaigh and Dellepiane de Martino for more background information.

6   Tirso himself had spent the years 1616-1618 as a preacher and theologian for his order in the West Indies province of Santo Domingo, where he earned the title of Definidor, a member of the governing body of the province (Damiani 206).

Gonzalo Pizarro; that he was suckled by a pig, that he was illiterate; and that he fled to the Indies after a brawl with officers of the law. It was Francisco López de Gómara in his *Historia general de las Indias* (1553) who first gave shape to this legend, which was then widely disseminated by other *cronistas* (Zugasti I: 87).

Pizarro was indeed the illegitimate son of Gonzalo Pizarro and Francisca González, a maid in a Trujillo convent. Gonzalo never did legitimize his son; he did not mention him in his will, where he named his other illegitimate children (Dellepiane de Martino, 60, 69). Although *Todo* does not deny Pizarro's illegitimacy, it mitigates it significantly, by making his mother a fictional noblewoman, Beatriz de Cabezas, and surrounding his birth with portentous symbolism.

The eponymous protagonist of *Antona García* is a very different kind of hero, although also a warrior. Antona was a woman of peasant stock who had become affluent through her marriage to Juan de Monroy, son of the lord of the town of Belvis, near the town of Toro. The battle of Toro (1475-1476) marked the turning point in the war of succession for the Castilian throne fought between supporters of Juana of Castile, (1462-1530), Enrique's daughter, and Isabel of Castile (1451-1504), his half-sister. The war quickly spread beyond Castile's borders when Alfonso V, King of Portugal, was betrothed to Juana in 1475. He proceeded to invade western Spain and conquer several towns, including Toro.

Located on a promontory high above the Duero River, Toro was almost impregnable; it took several attempts before Isabel and Fernando recovered it from the Portuguese. The first siege of Toro in May of 1475 ended in Fernando's withdrawal of his troops. The following year there was a second military attempt at winning back Toro. On March 1, 1476, the Castilians and Portuguese engaged in the field of Peleagonzalo, at a slight distance from Toro. Modern historians agree that the battle of Toro/Peleagonzalo was militarily inconclusive. As Vicente Álvarez Palenzuela writes, "Tal es la batalla de Toro; el ejército portugués no había sido propiamente derrotado, pero, sin embargo, la sensación era de total hundimiento de la causa de doña Juana" (130). The construction of the Battle of Toro as a decisive victory for the Castilians in large measure was the result of a masterful propaganda campaign led by Fernando and Isabel. Isabel, for example, took advantage of the dubious victory to call *cortes* at Madrigal-Segovia (April–October 1476). There she had her daughter Juana sworn heir of Castile, which was equivalent to legitimizing her own throne.

In fact, Toro did not definitively fall to the Castilian forces until October 19, 1476, almost a year and a half after Fernando's first failed siege. Four months earlier, in July, Antona, her husband, and two other co-conspirators plotted from within the town to hand over control to the Castilians. Their conspiracy was discovered and they were imprisoned. All but Monroy were subsequently executed in the Plaza Mayor of the town. On November 24, 1476, the monarchs posthumously recognized Antona García's heroism. They issued a *privilegio* granting her and her descendants the status of *hidalguía,* thereby freeing them from the obligation of paying the *alcavala,* or royal tax. Unusually, the monarchs stipulated that Antona's *privilegio* was to apply *utriusque sexus.* As Manuel Pardo de Vera y Díaz observes: "Muy pocas, y por ello revisten un interés extraordinario, son las concesiones de Hidalguía para que su transmisión comprenda e incluya a los descendientes varones y hembras del primer concesionario y a los descendientes por línea femenina de éstas, es decir, una Hidalguía que se transfiera por hembra como si ésta fuese varón."

What apparently motivated Tirso to write *Antona García,* similarly to the case of *Todo es dar en una cosa,* was a well-known contemporary lawsuit that was brought before the courts in 1617. The suit contested the terms of Antona's *privilegio de hidalguía.* As recorded in the *Actas de las Cortes de Castilla,* the complainants conceded that the exemption from taxes was initially not a problem, given that the few recipients of the privilege lived in the town of Toro.[7] However, according to them, times had changed: "ya los daños son intolerables, porque no solamente gozan de las dichas exenciones y libertades los hijos varones descendientes de varones de los dichos Enrique de Salamanca y Antona García, sino las hijas de los tales y sus hijos varones y hembras y los que con ellas casan en todos los lugares del reino, por lo cual cualquier pechero, viéndose con gruesa hacienda, envía a buscar a tierra

---

7   The lawsuit also names a *privilegio* granted to Enrique de Salamanca, for nothing more than his friendship with King Fernando's chaplain (*Actas* 30: 519).

de Salamanca o Toro una de las dichas descendientes, con quien casa y queda su hacienda libertada para siempre" (*Actas* 30: 519-20). Because of this "matrimonial racket," as Ruth Lee Kennedy calls it, both the state and any municipality counting descendants of García amongst its inhabitants were losing significant revenues, while placing a greater tax burden on ordinary citizens ("Date" 200). Tordesillas, for example, had lost 150,000 ducats in the previous few years (*Actas* 30: 520).

Two solutions to the fiscal problem created by Antona's *privilegio* were proposed by the plaintiffs: either that "solamente los varones que probaren descender por varonía de los dichos" should enjoy the exemption, or that "se señalen generaciones en que la dicha exención se acabe o se tomen otros medios con que cesen los inconvenientes dichos" (*Actas* 30: 521). The suit remained active until 1623, when the court mandated that only those male and female descendants of Antona García actually living in Toro would thereafter benefit from the tax exemptions. This did not completely close the matter, however. Other descendants continued to demand their privileges after that date, and two of them were declared *hidalgos* on July 7, 1624, with another case claiming privileges recorded as late as 1799 (Wilson, x and note 2).

Tirso nods to the lawsuit in the final verses of *Antona*. After promising a second part (never written), he claims that "todo cuanto ahora han vido/es historia verdadera/de previlegios y libros" (1246-48). The *libros* mentioned here have been identified as the works of the Catholic monarchs' royal chroniclers—chiefly Hernando del Pulgar and Alfonso de Palencia, but also Jerónimo de Zurita (see, e.g., Galar 493-4). It must be acknowledged, however, although each of these *cronistas* provides a detailed account of the various stages in the taking of Toro, none of them mentions Antona García's heroic role. The first written documentation of Antona's heroic action is as late as 1603.[8] It is more likely, therefore, that Tirso relied on local legend for his portrayal (working *with* the grain in this case, instead of against the grain as he

---

8   Pedro Salazar de Mendoza, *Crónica del Cardenal don Juan Tavera* (15). He mentions the details of the *privilegio* granted by the monarchs. Ctd. in Wilson, xii.

would do with the Pizarro legend), and on the documentation of the lawsuit itself.[9]

The suggestion that only males enjoy the perquisites of Antona's *privilegio,* thereby eliminating its *utriusque sexus* status, may well have played a role in Tirso's portrayal of the Toro heroine as a fierce *mujer varonil.* The manly woman and related woman warrior/Amazon were standard *comedia* characters, of course, crowd-pleasing gender-benders. In her classic study of this figure, Melveena McKendrick actually identifies Antona as a "bella cazadora," a category of "women who have been allowed a physical freedom not normally associated with female upbringing and who have consequently developed a temperament which by conventional standards is not wholly 'feminine' together with skills which are decidedly masculine" (242).

A few examples will suffice to illustrate Tirso's characterization of Antona's manly strength and bravery, the result of what Eva Galar calls a "proceso mitificador" (501). In the very first scene, at the celebration of Antona's wedding to Juan de Monroy, Antonio de Fonseca exalts the bride's strength and daring: "Sus fuerzas son increíbles:/tira a la barra y al canto/con el labrador más diestro" (8).[10] He describes how she saved a cousin in Toro from being executed when she picked up both the cousin and the mule he was riding and carried them into the church for sanctuary. When soldiers quartered in her home in Toro are ungrateful for her hospitality, she beats them, "obligándolos a palos/a que en el corral se echasen..." (8). In short, says Fonseca, there are "en la novia dos contrarios/de hermosura y fortaleza"(8). When later in the first act the Portuguese Count of Penamacor begins to court Antona, she rebuffs his sweet talk, reminding him that Castile is at war with his country "y yo a la guerra inclinada" (23).

In Act Two, Antona stirs up the other peasants to fight against María Sarmiento and Juan de Ulloa, who hold Toro for the Portu-

---

9   Of the historical facts about Antona, Eva Galar states, "Si tuvo noticia Tirso de estos pormenores es difícil de averiguar; en la comedia no se desarrolla la historia de Antona sino una recreación artística" (495).

10   All quotations from *Antona García* are taken from Margaret Wilson's edition (Manchester: Manchester UP, 1957) and are given parenthetically as page numbers.

guese. The peasants protest that they are unarmed, to which Antona responds: "¿No hay palas, bieldos, trancas, arados? Traedlos...." (41). Penamacor admires her bravery, calling her "Guerreadora hermosa...." and immediately resumes his courtly entreaties (41). Later the peasant Bartolo relates Antona's attempts to prevent the Portuguese from taking over Toro, and how she had been gravely wounded by María Sarmiento and then imprisoned. Despite her wounds, however, she was able to break free: "Sin estorbarla la ropa,/diez mata, y tantos heridos,/que para quedar guaridos/no tien Portugal estopa" (48).

Critics have not been entirely comfortable with Antona's aggressively masculine persona. For Ivy McClelland, the exaggeration in Antona's behavior is overdrawn, with Tirso himself not totally convinced by her strong-man exhibitions. She calls her a "disintegrated character" whose masculine and feminine qualities are never imagined as a whole (68-74). Alan Soons considers Tirso's characterization of Antona García a travesty of the strong woman character he presents more seriously elsewhere. For him, a series of facetious situations turns a fable of heroism that was once the source of local patriotic pride into mere burlesque.

Perhaps nowhere is the burlesque aspect of Antona more in evidence than in the final scenes of the play. Not coincidentally, these scenes show Antona fulfilling an exclusively female role: giving birth. Antona finds herself in an inn where she encounters several Portuguese travelers. They are unaware of who she is, and proceed to comment disapprovingly on Antona's gender-inappropriate behavior: "Querer usurpar lo que le toca/al hombre, es mundo al revés..." (72). Enraged, Antona reveals herself—"Pues, fanfarrones soeces,/yo soy Antona García!", and then attacks them with a bench, driving them away (73).

Suddenly, Antona reveals to the *ventera* that she is experiencing labor pains. Crying out "¿Que esto es parir?/No más matrimoñamiento" (75) and "Matara yo diez sebosos/por no parir un mochacho," she refuses to let the innkeeper call the midwife and insists that she will not take to her bed, but will get the job done quickly before sitting down to dinner (75). After giving birth offstage to a baby girl, Antona displays little interest in nursing the infant; in Toro, she says, babies nurse off of wine barrel spigots. Her disinterest in the baby is specifically tied to the latter's gender, as we discover when she cites the proverb "mala noche y parir hija" (78). To the innkeeper's shocked response that the baby might die if she is not fed, Antona replies: "Siendo mujer no hará falta./Postemas son las nacidas:/habrá una postema menos" (79).

Several Castilian soldiers arrive with the Count of Penamacor in their custody. As the Count of Penamacor is updating Antona on the loss of Zamora to the Castilians, Antona excuses herself, casually explaining that she has just given birth and that she is about to do so a second time. The amazed Penamacor asks Antona's cousin Pero if she is made of bronze and he responds: "Parirá, si se le antoja,/diez muchachos en un día,/ y se irá, sin hacer cama,/al punto a podar las viñas:/es mujer de digo y hago"(88). Having given birth to another girl, Antona returns. Precipitously transformed from a *mujer varonil* to a *madre varonil*, Antona asks her cousin to wrap up the twins in his cape so she can sling them over her shoulders "como alforjas" (89).

In this extraordinary childbirth scene, rather than the stereotypical maternal tenderness and nurturance the audience might have expected, Antona displays indifference and rejection toward her twin daughters, repeating patriarchal stereotypes about the inferior worth of females. The childbirth scene can therefore be considered the culmination of Antona's characterization as *varonil*. It is for that very reason, I suggest, that an even stranger scene, which features a male pregnancy, follows it. In it, Tirso similarly completes his characterization of Antona's Portuguese suitor as effeminate.

Throughout the play Tirso has repeatedly portrayed the Count of Penamacor as overly-sentimental, more invested in wooing than in warring. The amused disdain of Antona for this effeminate enemy is marked by her repeated use of the epithet "seboso," (mawkish; sappy).[11] In Act Two, for example, Penamacor appears as Antona is rousing the peasants to fight to liberate Toro from the Portuguese. He greets Antona with typical courtly love imagery: "Guerreadora hermosa, espera,/deten la mano severa;...si a cuantos mata tu mano,/dan luego tus ojos vida" (41). Antona sarcastically points out his poor timing

---

11   *Seboso* is derived from *sebo*, or tallow, used in making candles and soaps. María Moliner explains that the adjective "[s]e aplicaba a los portugueses, aludiendo a cómo se 'derriten' haciendo el amor" (1118).

and his sentimentality: ¡A buen tiempo, a fe de Dios/me resquiebra y enamora!/¡Pelead, seboso, ahora,/que mala Pascua os dé Dios!" (42).

The lovesick Portuguese man is not Tirso's invention; quite the contrary, he was frequently the butt of satire in the *comedia* (Glaser). But in pairing him with a quintessential *mujer varonil*, Tirso nervously imagines the effects of her unusual female power and strength on masculine identity. Right after Antona's "manly" childbirth scene, the Count once again asks Antona to marry him. At first she is hesitant: she does not know whether she loves him, and "[e]sto de parir lastima." When Penamacor insists, she finally agrees, but on one condition:

> PENAMACOR En fin ¿prometeis ser mía?
> ANTONA Sí, con una condición.
> PENAMACOR ¿Y es?
> ANTONA Que vos paráis
> los hijos y yo las hijas (III, 90)

Several critics have held that this final encounter between Antona and Penamacor points to an imminent wedding, symbolic of an idealistic union between representatives of two different classes and two different nations (e.g., Halkoree). Margaret Wilson also sees in their implied union an example of Tirso's indifference to social distinctions, in contrast with Lope de Vega: "To all intents and purposes the play may be said to lead up to it (the marriage), and thus the class struggle is resolved" (xv-xvi). At the same time, she acknowledges what Tirso and his audience no doubt knew, that no such marriage ever took place. Penamacor was married, Antona was executed months before the final siege of Toro that follows this scene, and her husband lived another ten years.

More properly, I believe, the reproductive function that Antona comically imposes on Penamacor is a less daring version of the male pregnancy and childbirth that some years later would be performed by Juan Rana on stage in the *entremés* discussed above. It is not coincidental, therefore, that this is the only point in the play that alludes to the *privilegio* that Tirso is presumably defending in this play, a *privilegio* that erased traditional male privilege in inheritance, noble status, and attendant financial benefits. For not only does Antona implicitly wish the labor pains she has just experienced on her suitor, she assigns him exclusively male offspring. The underlying nervous joke is that the boys that Penamacor will produce in their putative marriage will have no more advantages than the girls Antona has just delivered and those she will have in the future. For those who knew that the historical Antona had five daughters, the joke is all the funnier.

On one level the putatively pregnant Penamacor is Tirso's final anxious comment on the negative effects on masculine identity, inheritance, and privilege of a powerful woman/manly mother like Antona, who casually gives birth to girls in the heat of battle and keeps on fighting. If in fighting and winning wars and reaping the rewards thereof, women triumph, will men then become feminized to the point of fulfilling the reproductive function? On another level, one could argue that the paradigmatic *mujer/madre varonil* actually underscores the undecidability of paternity when she jokingly overrides it. The male pregnancy imagined by Antona is both fantasy and nightmare.

Todo es dar en una cosa is set in the same historical period as *Antona García*, and Tirso relies on the same historiographical sources in both plays.[12] The issue of illegitimacy, or paternal undecidability, is thematically central in *Todo es dar en una cosa* because as noted above, Tirso's purpose is to support the campaign being waged at the time to restore the title promised to Francisco Pizarro a century earlier by erasing the taint of illegitimacy and low birth that marked the conquistador. As we shall see, however, that taint is deflected rather than entirely erased, through the motif of a monstrous birth.

Act One of *Todo* introduces the main characters: the nobleman Francisco Cabezas, his two daughters, Margarita and Beatriz, and their respective suitors, Don Alvaro Durán and Don Gonzalo Pizarro. Don Alvaro, misreading a note sent by Gonzalo to Beatriz but being read at that moment by Margarita, believes the latter to be unfaithful to him. As he leaves Beatriz's house, the jealous Alvaro confronts Gon-

---

12   Zugasti states that Tirso relies on two sources for the late fifteenth century background: Pulgar's *Crónica de los Reyes Católicos* and Jerónimo de Zurita's *Anales de la corona de Aragón* (I: 62-3).

zalo. In the ensuing sword fight, Gonzalo seriously wounds Alvaro and flees.

It is at this moment of high tension that the scene changes abruptly to La Zarza, near Trujillo, part of Don Francisco's estate. Four shepherds enter, among them the married couple Carrizo and Pulida. Pulida is pregnant, and the couple proceeds to argue, in vivid *sayagués*, about the future profession of Pulida's unborn child.[13] Pulida claims to know that the child she is carrying will be a notary, while Carrizo insists that he will be a priest. Pulida explains that she knows she is pregnant with a future notary, because she has had cravings to "levantar/testimuños y arañar/cuanto topo" i.e., to bear false witness and steal everything she comes across (54).[14] Carrizo threatens his wife with violence; she in turn threatens violence to the baby she is carrying: "O no parirlo en mi vida/o escribén" (50). The veiled threat to abort the child is repeated twice more before becoming explicit, when Pulida exclaims: Escribén tiene de ser/o lo tengo de abortar" (57). As the absurd marital dispute degenerates into blows, another shepherd enters to say that Don Francisco has arrived in the village.

In the next scene, a heavily veiled Beatriz approaches Don Francisco. Without initially recognizing her father, she asks for his help. In a hollow tree trunk near the river, he will find "un hurto que os cause asombro," clearly a child she has had out of wedlock with Gonzalo (74). Once again, at a particularly tense moment, and one that directly addresses Pizarro's illegitimacy, the shepherds Carrizo, Bertol, and Crespo come back on stage. When Carrizo is asked what Pulida delivered, a boy or a girl, he responds that it is neither, rather "Un burujón... redondo, que llaman bola de Beatriz." Crespo calls him a simpleton and corrects him: "bolamatriz debió ser" (76).

What the shepherds humorously misname first a *bola de Beatriz* and then a *bolamatriz* is actually a *molamatriz,* defined by Covarru-

---

13   *Sayagués* is a theatrical language used by shepherds and peasants in plays starting in the fifteenth century. It was presumably based on a local variant of *leonés*. See Romanos and Hermenegildo for an overview of the humor of the rustics in *Todo*.

14   All quotations from *Todo es dar en una cosa* are from Vol. 2 of Miguel Zugasti's critical edition of the *Trilogía de los Pizarros* and are indicated parenthetically in the text by page number.

bias as "pedazo de carne que se forma en el vientre de la mujer, casi con los mismos accidentes y sospechas que si fuese preñado" (810). The abnormal growth that simulates a pregnancy—for which the current medical term is hydatidiform mole—is formed from over-production of the tissue that is supposed to develop into the placenta. Usually benign, it can become cancerous, which is a possibility the peasants entertain when they ask Carrizo if he won't mind becoming a widower (78). Thus, according to a sixteenth-century medical treatise based on Dioscorides, once the fertility of a woman is determined "conviene dilucidar si sus señales corresponden a un preñado verdadero, pues podría darse el caso de que fuera falso, por tratarse de una mola o de un engendro del demonio, como le aconteció a una mujer que en el parto sólo echo al mundo hierro, astillas de madera, piedras y pedazos de estopa y de lana" (Dubler, 5:20; qtd in Zugasti 76). As this description attests, the *molamatriz* or *muela de la matriz* was often considered a monstrous, even demonic birth. José P. Barragán and Luis Martín-Estudillo discuss the seventeenth-century fascination with such births in Spain as in the rest of Europe. Early modern medical treatises, such as *De affectionibus mulierium* (1579), by the extremely influential physician Luis de Mercado, or Fernán Núñez de Oria's *Libro intitulado del parto humano* (1580) discuss the *molamatriz*.

It is also noteworthy that in the early modern period some philosophers attributed the conception of a mole to a woman's being alone or unoccupied. Montaigne is a case in point. In his essay "On Idleness" he warns against idle minds by comparing them to such women: "just as women left alone may sometimes be seen to produce shapeless lumps of flesh but need to be kept busy by a semen other than her own in order to produce good natural offspring" (9). Plutarch, from whom Montaigne borrowed the idea, states, "[f]or no woman has ever yet been credited with having had a child without intercourse with a man, for those shapeless embryos and gobbets of flesh that take form from corruption are called moles" (83).[15]

---

15   Montaigne could have been known to Tirso in the Spanish translation by Baltasar de Zúñiga, a favorite of Philip IV (Marichal). Plutarch warns against women unsupervised by men in "Conjugal Precepts" in his *Moralia*. First translated by

More to my point, when Carrizo calls his wife's monstrous birth a "bola de Beatriz," Tirso explicitly ties the uppity Pulida, who threatened to abort her legitimate fetus, to the more demure Beatriz who we have just learned left her illegitimate child in an oak tree. The comic misnaming of Pulida's molar pregnancy thus paradoxically draws attention to the very legend that Tirso's play purports to undo: that of Pizarro's lowly origins. The future hero Pizarro is thus doubly tainted by Tirso, being portrayed both as illegitimate and as the monstrous offspring of a *pastora boba*. The scene, not coincidentally, also paints a negative view of strong or uncontrolled women, in this case both Beatriz and Pulida.

The *molamatriz* is mentioned once more, toward the end of Act One. Don Francisco appears on stage with the baby Francisco whom he has retrieved from the hollow oak where Beatriz deposited him. When he is told that Pulida has just given birth, he assigns her the task of nursing Beatriz's baby, underscoring her recent false pregnancy. The impertinent Carrizo clarifies that Beatriz "arrojó al suelo/un bollomatriz de carne/y llora su mal empleo,/mas éste la alegrará" (84). Pulida happily accepts the role of wet nurse to the illegitimate Francisco as a substitute for the baby she never had.

Only Alfredo Hermenegildo has dealt at any length with the role of the shepherds in *Todo*. In a structuralist analysis, he identifies Pulida and Carrizo's quarrel in Act One over their unborn child as constructing "un espacio dramático en que se abisma de modo paródico y burlesco el momento en que se va a abrir el problema del nacimiento ilegítimo del Pizarro y del porvenir que su inserción social le reserva" (88-9). The "bola de Beatriz," in this context is the sign that joins the grotesque space of the rustics to the serious seigniorial space (90). But Hermenegildo downgrades Pulida's importance once she is assigned the role of nursemaid to Pizarro. For him, Pulida becomes merely an instrument necessary for the feeding of the baby. Any carnivalesque dramatic power she had is dissolved as she assumes the role of a servant "a la que se le niega la posibilidad de representar la otra cara del mundo. Será el reflejo del discurso dominante" (91).

Diego Gracián de Aldrete in 1548, the *Moralia* was used by Lope de Vega (González-Barrera).

In my opinion, Hermenegildo too easily dismisses Pulida, who is more properly read as a kind of surrogate mother to Pizarro. Furthermore, she has more stage time in the play than Beatriz, and grows more as a character. Pulida, of course, is no Antona García, but she does share some of the latter's *varonil* qualities, such as standing her ground against her husband's threats of physical violence. In Act Three, she stands up to the soldiers quartered in her home when they make unreasonable demands, much as Antona did. The boorish soldiers are about to strip her and Carrizo naked and beat them when Pizarro suddenly appears. Pulida exclaims "¡Ay, Francisco mío!/Tú en La Zarza y yo en trabajos?" (175). Pizarro then comes to Pulida's aid, humiliating the soldiers for mistreating a woman, and ordering them punished in the town square.

Before concluding, I want to draw attention to a third strong female in Tirso's plays who sheds more light on the anxieties of illegitimacy I have been discussing: Queen Isabel I. Margaret Wilson, in the introduction to her 1957 edition of *Antona García*, states that there is an "obvious affinity" between Isabel and Antona (xviii). In fact, Tirso goes to great lengths to portray both characters as women warriors, Antona in seriocomic mode and Isabel in all seriousness. The peasant Antona and the Queen Isabel are cut from the same cloth, even if class and status separate them.

The very first *acotación* of the play presents Isabel as a woman warrior: "Marchando la Reina, el Marqués, el Almirante, y Antonio de Fonseca, con otros soldados."[16] Upon first meeting Isabel, Antona is dazzled by the Queen, exclaiming "A la mi fe, que con veros/tan apuesta y guerreadora,/mos dais de quien sois noticia" (9). She immediately makes a connection between them when she tells Isabel: "la Valentona me llaman,/porque no sufro cosquillas;/no las sufráis vos tampoco,/pues Dios el reino os ha dado..." (10). Likewise, Isabel champions her peasant alter ego through to the very end of the play when she introduces Antona to Fernando and asks that she be rewarded for her services to the crown, an obvious reference to the *privilegio* she granted Antona.

---

16   On Isabel's portrayal in Antona García, see Wright.

Just as he does with Antona, Tirso emphasizes Isabel's independence and bravery. In Act Two, for example, she is expecting Fernando
to join her from Burgos before undertaking the final onslaught against
Toro, but she also relishes the possibility of going it alone: "y si se tar-
da, gozaré la gloria/yo sola de esta hazaña." This prompts her uncle
to exclaim ¡[v]alor de la Semíramis de España!," comparing her to the
legendary queen of Assyria (46). At the end of the same Act Two,
Penamacor assimilates Antona to the same mythical woman warrior,
calling her "Semíramis belicosa" (59).

Queen Isabel has a much smaller role in *Todo es dar en una cosa*;
she appears only in Act Three. When she does so, however, Fernando
does not accompany her. She is passing through La Zarza to recruit
the soldiers who had previously fought in Toro for a new war against
Muslim Granada. And she states her intentions: "Yo he de asistir en
persona/hasta ver esta Granada/que de cruces coronada/es timbre de
mi corona" (192). Pulida approaches the Queen to indict the soldiers
who abused her and her husband. She firmly asks that she be com-
pensated for the damage and harm she received at the hands of the
soldiers and that Pizarro be pardoned for the punishment he doled
out to them. Isabel agrees admiringly, echoing her words to Antona:
"Al que a vos mal os hiciere/tendré yo por enemigo/muy justo fue ese
castigo." (197).

Tirso's pairing of the *mujeres varoniles* Antona and Isabel and,
to a lesser extent, Pulida and Isabel points to another layer that may
inform the playwright's humor-deflected anxiety over the masculine
mother Antona García, the "pregnant" suitor Penamacor, and the il-
legitimate/monstrous origins of Pizarro. I refer to the War of the Castilian Succession that forms the historical backdrop of both plays. A
major argument in support of Isabel's claim and against Juana's was
the charge that the latter was born illegitimately, a charge sustained by
false claims that Enrique's marriage to Juana de Portugal was canoni-
cally invalid, and even more so, by imputations of homosexuality and
impotence to the king. Princess Juana, born in 1462, was rumored to
be the child of the Queen and Enrique's favorite Beltrán de la Cueva,
Duke of Albuquerque. The rumors gave rise to Juana's long-lasting de-
famatory sobriquet, "la Beltraneja."

Starting in 1464, a group of nobles threatened the King with re-
volt, using Juana's illegitimacy as a rallying point. Enrique initially acceded to their threats and at the famous meeting at Toros de Guisando
(1468), set aside Juana, naming her aunt and his half-sister Isabel as
legitimate heir to the throne of Castile. Two years later, the King reversed course, disinheriting Isabel and reinstating Juana as his succes-
sor. Enrique died intestate in December of 1474.

Mere days after Enrique's death, Isabel precipitously had herself
proclaimed Queen of Castile. The civil war that had been brewing
since 1464 between the supporters of Isabel and those of Juana began
in earnest in 1475, and was not limited to Castile. Juana's claim was
taken up by King Alfonso V of Portugal and many Castilian nobles.
Alfonso invaded western Castile in May of 1475 with ten thousand
troops, occupying the important towns of Zamora and Toro. The battle for Toro, as we have seen, is central to *Antona García* and is also
mentioned en *Todo es dar en una cosa*.

Juana's reputation as illegitimate has only in the last few decades
lost its historiographic currency. Especially since the 2004 quincente-
nary of Isabel's death, scholars have demonstrated the extent to which
the impotence/homosexuality of Enrique and illegitimacy of Juana
were in fact a deliberate strategy of Isabelline propaganda, propagated
by her official chroniclers, notably Alfonso de Palencia.[17] Most influential in this regard has been Tarsicio de Azcona, who began to set the
record straight in his 1964 biography of Isabel and has returned to the
issue in the last decade in his unequivocally titled *Juana de Castilla,
mal llamada La Beltraneja: Vida de la hija de Enrique IV de Castilla y
su exilio en Portugal (1462-1530)*.[18]

At one point in *Antona García*, Tirso explicitly addresses the issues of effeminacy and illegitimacy that were instrumental in Isabel's
fight for the throne. I refer to a speech that Isabel makes immediately

---

17   See my *Isabel Rules*, Chapter Two: "The Discourse of Effeminacy in Isabelline Historiography."

18   As Azcona reiterated in the biography's revised edition of 1993: "...no hay
fundamento legal para hablar de ilegitimidad y bastardía de Juana de Castilla y de su
primigenio derecho sucesorio a la corona..." (49). See also Carrasco Manchado and
Guardiola-Griffiths.

after Antona's conditional acceptance of Penamacor's proposal. The winning of Toro in sight, Isabel and Fernando are discussing whether or not to pardon the rebels who supported Juana and the Portuguese. Isabel is less inclined to show mercy than Fernando, another aspect of her characterization as a *mujer varonil*. But she bows to her husband's preference with a surprising rationale:

> El pleito fue tan dudoso
> entre doña Juana y mí,
> que los que la obedecieron
> por hija de Enrique, y dieron
> en seguir su bando ansí,
> no por esto han incurrido
> en desealtad ni en traición;
> Probable fue su opinión;
> la nuestra ha favorecido
> el cielo... (III, 960)

Here Isabel all but admits that Juana, "por hija de Enrique," had a strong claim to the throne. She attributes her victory in the "pleito tan dudoso" that triggered the war to Providence, a common strain in the propaganda campaign she and Fernando assiduously cultivated (Carrasco Manchado 127-34).

I suggest that in this brief speech Tirso betrays anxiety about Isabel's *political legitimacy*, a legitimacy based on the unproven illegitimacy of birth of her defeated rival. This suggestion of political illegitimacy reinforces the various other sexual and gender "illegitimacies" dealt with in the two plays: the actual illegitimacy of Pizarro, the masculine mother Antona, the pregnant Penamacor, and Pulida's monstrous offspring. Tirso's intended glorification of Antona and Pizarro in *Antona García* and *Todo es dar en una cosa* is problematized by the gender and sexual trouble he associates with strong women, including the Queen whom both his heroic protagonists served.[19]

---

19   In 1502 Pizarro sailed with Nicolás de Ovando, who served as Governor of Hispaniola until 1509. This began his fulfillment of the pledge he makes to Isabel

Works Cited

Actas de las Cortes de Castilla. Madrid: Sucesores de Rivadeneyra, 1909.

Álvarez Palenzuela, Vicente. *La guerra civil castellana y el enfrentamiento con Portugal (1475-1479)*. Alicante: Biblioteca Virtual Cervantes, 2006.

Azcona, Tarsicio de. *Juana de Castilla, mal llamada La Beltraneja: Vida de la hija de Enrique IV de Castilla y su exilio en Portugal (1462-1530)*. Madrid: La Esfera de los Libros, 2007.

———. *Isabel la Católica: Estudio crítico de su vida y su reinado*. Madrid: Biblioteca de autores cristianos, 1993 [1964].

Bradbury, Gail. "Irregular Sexuality in the Spanish *Comedia*." *Modern Language Review* 76.3 (1981): 566-80.

Caba, María Y. *Isabel la Católica en la producción teatral del siglo XVII*. Woodbridge: Boydell and Brewer, 2008.

Carrasco Manchado, Ana Isabel. *Isabel I de Castilla y la sombra de la ilegitimidad: Propaganda y representación en el conflicto sucesorio (1474-1482)*. Madrid: Silex, 2006.

Covarrubias y Orozco, Sebastián de. *Tesoro de la lengua castellana o española*. Ed. Martín de Riquer. Barcelona: Editorial Alta Fulla, 1989.

Damiani, Bruno. "Tirso de Molina (Gabriel Téllez) (1583?-1648)." *Spanish Dramatists of the Golden Age: A Bio-Bibliographical Sourcebook*. Ed. Mary Parker. Westport: Greenwood Press, 1998. 205-17.

Dellepiane de Martino, Ángela Blanca. "Ficción e historia en la *Trilogía de los Pizarros* de Tirso." *Filología* 4 (1952-53): 49-168.

Dubler, C.E. *La "materia médica" de Dioscórides. Transmisión medieval y renacentista* Vol. 5. Barcelona: Emporium, 1954.

Florit Durán, Francisco. "Tirso de Molina." *Historia del teatro español*. Ed. Javier Huerta Calvo. Vol. 1. Madrid: Gredos, 2003. 989-1023.

———. "El teatro de Tirso de Molina después del episodio de la Junta de Reformación." *La década de oro en la comedia española (1630-1640). Actas de las XIX Jornadas de teatro clásico, Almagro*. Cuenca: Universidad Castilla-La Mancha, 1996. 85-102.

Fothergill-Payne, Louise. "The Pizarro Trilogy and the Question of History: From Ars Historica to New Historicism and Beyond." *Tirso de Molina: His Originality Then and Now*. Ed. Henry W. Sullivan and Raúl A. Galoppe. Ottawa: Dovehouse Editions Canada, 1996. 187-205.

at the very end of *Todo*: "No menos que un orbe nuevo/os ofrezco; prodigiosas/ hazañas me pronostico" (204).

Galar, Eva. "Introduction to *Antona García*." Ed. Eva Galar. In Tirso de Molina, *Obras completas: Cuarta parte de comedias* I. Ed. Ignacio Arellano. Madrid: Instituto de Estudios Tirsianos, 1999. 489-509.

Garber, Marjorie B. *Shakespeare's Ghost Writers: Literature as Uncanny Causality*. New York: Methuen, 1987.

Glaser, Edward. "El lusitanismo de Lope de Vega." *Boletín de la Real Academia Española* 34 (1954): 387-411.

González-Barrera, Julián. "Las *Morales* de Diego Gracián de Alderete, en la estantería: Plutarco en las comedias de Lope de Vega." *Nueva Revista de Filología Hispánica* 59.2 (2011): 467-89.

Guardiola-Griffiths, Cristina. *Legitimizing the Queen: Propaganda and Ideology in the Reign of Isabel I of Castile*. Lanham: Bucknell UP, 2011.

Halkhoree, P.R.K. *Social and Literary Satire in the Comedies of Tirso de Molina*. Ottawa: Dovehouse Editions, 1989.

Hermenegildo, Alfredo. "Funciones dramáticas del personaje ancilar: *Todo es dar en una cosa* de Tirso de Molina." *Criticón* 60 (1994): 77-92.

Kennedy, Ruth Lee. *Studies in Tirso I: The Dramatist and his Competitors, 1620-26*. Chapel Hill: University of North Carolina Department of Romance Languages, 1974.

———. "On the Date of Five Plays by Tirso de Molina." *Hispanic Review* 10 (1942): 183-214.

Lanini Sagrado, Francisco Pedro. *El parto de Juan Rana. The Outrageous Juan Rana Entremeses: a bilingual and annotated selection of plays written for this Spanish Golden Age Gracioso*. Ed Peter E. Thompson. Toronto: U of Toronto P, 2009. 94-114.

Marichal, Juan. "Montaigne en España." *Nueva Revista de Filología Hispánica* 7.1 (1953): 259-78.

McClelland, Ivy L. *Tirso de Molina. Studies in Dramatic Realism*. Liverpool: Institute of Hispanic Studies, 1948.

McKendrick, Melveena. *Woman and Society in the Spanish Drama of the Golden Age. A Study of the "Mujer Varonil."* Cambridge: Cambridge UP, 1974.

Molina, Tirso de (Fray Gabriel Téllez). *Todo es dar en una cosa. Trilogía de los Pizarros*. Ed. Miguel Zugasti. Vol. 2. Kassel: Edition Reichenberger 1993.

———. *Antona García*. Ed. Margaret Wilson. Manchester: Manchester UP, 1957.

Moliner, María. *Diccionario del uso del español*. Vol. 2. Madrid: Gredos, 1975.

Montaigne, Michel de. "On Idleness." *The Essays: A Selection.* Ed. and Trans. M.A. Screech. London: Penguin Books, 2004 [1993]. 9-10.

Ó Tuathaigh, Marie Gleeson. "Tirso's Pizarro Trilogy: A Case of Sycophancy or Lese-Majesty?" *Bulletin of the Comediantes* 38.1 (1986): 63-82.

Pardo de Vera y Díaz, Manuel. "Trasmisión de la nobleza por línea femenina, *Utriusquesexus.*" http://heraldicaynobiliaria.blogspot.com/2011/11/doctrina-nobiliaria_12.html.

Plutarch. *Plutarch's Morals: Ethical Essays.* Ed. and Trans. Arthur Richard Shilleto. London: George Bell and Sons, 1898.

Romanos, Melchora. "Aspectos de la comicidad en la *Trilogía de los Pizarros* de Tirso de Molina." *El ingenio cómico de Tirso de Molina.* Ed. Ignacio Arellano, B. Oteiza, Miguel Zugasti. Madrid: Instituto de Estudios Tirsianos, 1998. 281-90.

Soons, Alan. "Two Historical *Comedias* and the Question of *Manierismo.*" *Romanische Forschungen* 73 (1961): 339-46.

Vázquez Fernández, Luis. "Biografía de Tirso de Molina." *Anthropos* 5 (1999): 14-18.

Velasco, Sherry. *Male Delivery: Reproduction, Effeminacy, and Pregnant Men in Early Modern Spain.* Nashville: Vanderbilt UP, 2006.

Weissberger, Barbara F. *Isabel Rules: Constructing Queenship, Wielding Power.* Minneapolis: U of Minnesota P, 2004.

Wilson, Margaret. "Introduction" *Tirso de Molina: Antona García.* Ed. Margaret Wilson. vii-xxvii.

Wright, Diane. "Projecting Power as Warrior Queens: Representations of Urraca of León-Castile (1109-1126) and Isabel I of Castile (1474-1504) and their Female 'Vassals.'" *Representations of Women Warriors and Female Aggression in the Middle Ages.* Ed. Tracey-Anne Cooper and Christine Senecal. Turnhout: Brepols. Forthcoming.

Zugasti, Miguel. *Estudio crítico. Trilogía de los Pizarros.* Vol. 1. Ed. Miguel Zugasti. Kassel: Edition Reichenberger 1993.

Naturaleza desviada: selvas domésticas y reyes corruptos en *Las paces de los reyes y judía de Toledo* de Lope de Vega

Nuria Sanjuán Pastor
Rider University

EL AFIANZAMIENTO DE LA institución monárquica y la progresiva centralización del poder político, económico y militar en la España de los siglos XVI y XVII debieron de causar un sentimiento cuando menos de inquietud, si no rayano en la angustia, entre quienes trataban a diario y de cerca al beneficiario de tan gracioso privilegio. Un proceso centralizador de tal envergadura necesariamente había de causar ansiedades, pero que fuera precisamente la casa de los Austrias la llamada a representar este papel tuvo que acentuarlas. En un modelo de gobierno en que todo el control jurídico y simbólico sobre el cuerpo del estado emanaba de la corona, la debilidad del monarca dejaba a los demás miembros expuestos. La preocupación por la figura del monarca permea la teoría política y la producción teatral de la época: tanto moralistas como dramaturgos trataron de maneras diferentes de dar expresión y hallar respuestas a la pregunta de qué hacer cuando el poder real lo ostenta un ser humano y, por tanto, imperfecto.

Lope de Vega supo comprender los gustos y las preocupaciones del público en la capital, y contribuyó a dar expresión a la creciente fascinación con la figura del monarca, como ser simultáneamente humano y casi divino. Sus dramas a menudo ponen en escena a reyes, algunas veces como figuras icónicas que restituyen el orden, pero otras muchas como personajes de carne y hueso llenos de imperfecciones humanas. La presencia de un rey sobre el escenario, expuesto a la mirada, los comentarios e incluso las burlas del público, es un acontecimiento extraordinario que ha fascinado a la crítica moderna. Lejos de los corrales, el cuerpo del monarca se consolidaba en el discurso y la escenografía oficiales como un espacio de autoridad simbólica más allá del bien y el mal. Por el contrario, en el escenario se exhibe la naturaleza humana del monarca y la necesidad de controlar su conducta para que sirva como ejemplo de perfección moral. Hasta muy recientemente la tendencia dominante en la crítica siglodorista, influida por el trabajo de José Antonio Maravall, consideraba a Lope como creador de un teatro nacional de difusión de valores totalitarios cómplice en el proceso de manipulación del público.[1] Específicamente la aparición providencial de reyes en sus dramas de villanos se leyó como propaganda celebratoria del régimen absolutista. Más recientemente, una nueva dirección en el hispanismo está reevaluando la obra de Lope prestando atención a sus dramas históricos y políticos. El excelente trabajo de críticos como Melveena McKendrick y Alban Forcione demuestra que Lope perfila monarcas más complejos de lo que tradicionalmente se había considerado, revelando una preocupación por el pensamiento político de su época y un interés por estimular el debate público. No obstante, aunque Lope mostraba reyes viciosos y corruptos, supo ser cauto en sus críticas y a menudo equilibraba todo contenido subversivo con finales que celebraran la ortodoxia ideológica, lo que McKendrick denomina "Lope's favourite double-handed 'give and take' technique" (199). Pero incluso en aquellos dramas donde se restituye el orden y los reyes acaban comportándose como se espera de ellos, la institución monárquica se ve sometida a un examen crítico que no podía pasar desapercibido a un público urbano en sintonía con lo que estaba ocurriendo a su alrededor.

El presente trabajo parte de esta aproximación revisionista de Lope y considera cómo el drama histórico *Las paces de los reyes y judía de Toledo* expone las repercusiones de que un ser humano sea investi-

---

1   Véanse especialmente los trabajos de José Antonio Maravall, *Teatro y literatura en la sociedad barroca* (Madrid: Benzal, 1972), y José María Díez Borque, *Sociología de la comedia española del siglo XVII* (Madrid: Cátedra, 1976).

do con autoridad divina y ejemplaridad moral. Una de las estrategias dramáticas más originales de la obra es el uso del medio natural como paradigma para enfatizar la propia naturaleza compleja de la institución monárquica. La variedad y el contraste de los ambientes naturales, el uso de espacios salvajes y domésticos, bucólicos y rústicos, ayudan a mostrar a un protagonista multifacético poniendo en evidencia el precario equilibrio encarnado en la persona del rey. Los paisajes presentan marcas de género y raza que cuando se interpretan correctamente pueden revelar tanto las cualidades verdaderas de un príncipe como las deficiencias que vuelven vulnerable a todo el cuerpo político. Mediante una elaborada y sugerente red de selvas, jardines y huertos, espacios que invitan al monarca a escapar de la presión pública y guiarse por códigos alternativos, Lope escenifica los peligros que acechan a la nación que exige que un ser humano suspenda sus propios afectos y autonomía en pro del estado.

Escrita probablemente entre los años 1610 y 1612, *Las paces de los reyes* dramatiza una historia que se menciona por primera vez a finales del siglo XIII en un manual de conducta para príncipes, *Castigos e documentos para bien vivir* (circa 1292).[2] Sancho IV de Castilla, hijo de Alfonso X, le dedicó la obra a su hijo, el futuro Fernando IV, para instruirlo en los preceptos fundamentales que debe observar una monarquía cristiana. La obra hace hincapié en la justicia y el mantenimiento de las leyes, la lealtad religiosa, y la moderación. Como ejemplo de la importancia de la castidad real, se describe la relación "prohibida" entre Alfonso el Noble y una mujer judía:

Otrosi para mientes, mio fijo, e toma ende mio castigo de lo que contesçio al rey don Alfonso de Castilla, el que vençio la batalla de Hubeda, por siete annos que visco mala vida con vna judia de Toledo diole Dios grand llaga e grand majamiento en la batalla de Alarcos [1195], en que fue vençido e fuxo, e fue mal andante el etodos los de su regno [...] E demas matol los fijos varones e houo el regno el rey don Fernando, su nieto, fijo de su fija. E se repintio de

---

2   No se conoce la fecha exacta de composición de *Las paces de los reyes y judía de Toledo*, pero Griswold Morley y Courtney Bruerton la sitúan entre 1610 y 1612 (372).

tan mal pecado commo este que auia fecho, por el qual pecado, por emienda, fizo despues el monasterio de las Huelgas de Burgos de monjas de Cistel e el Espital, e Dios diole despues buena andança contra los moros en la batalla. E commo quier que y buena andança houo, muy mejor la ouiera si la desauentura de la batalla de Alarcos non le ouiera contesçido primero, en la qual desauentura el cayo por su pecado.[3]

La *Crónica de Castilla* escrita pocos años después recoge y amplía la historia: se cuenta que el monarca estaba tan obsesionado con su amante que durante siete largos años desatendió su reino y a su mujer, Leonor Plantagenet, hasta que finalmente los nobles castellanos conspiraron para matar a "Rahel la Fermosa". Los historiadores no han logrado verificar si hubo o no tal relación.[4] Sin duda, resulta complicado imaginar que el verdadero Alfonso VIII pudiera abandonar durante siete largos años su intensa campaña para galvanizar la Reconquista. Pero como parábola didáctica esta revisión del mito de la Cava ofrece gran potencial dramático, y los autores del Siglo de Oro y posteriores lo supieron reconocer. Esta historia de filo-judaísmo real llama la atención sobre varios temas que preocupaban a los tratadistas del siglo XIII y que resultan tanto o más urgentes a comienzos del siglo XVII en pleno proceso de centralización del poder monárquico e institucional, cuando el poder político y administrativo frecuentemente se delega a los privados favoritos del rey.[5] En primer lugar, la historia apela a la necesidad de que la monarquía sancione con su ejemplo las normas morales y legales establecidas. En segundo lugar, el efecto debilitador de la judía sobre Alfonso resalta la necesidad de controlar quién accede a la intimidad del rey. Por último, el llamativo final recuerda que al

---

3   *Castigos e documentos para bien vivir ordenados por el rey Don Sancho IV.* Ed. Agapito Rey (Bloomington, IN: Indiana UP, 1952), 133.

4   Para un estudio detallado de las implicaciones de la historia así como de las fuentes historiográficas que han tratado su veracidad, véase David Nirenberg, "Deviant Politics and Jewish Love: Alfonso VIII and the Jewess of Toledo." *Jewish History* 21 (2007): 15-41.

5   Como apunta Ronald Surtz, Lope escenifica episodios históricos de la Reconquista no necesariamente para buscar el realismo histórico sino como trasfondo donde ilustrar los valores y preocupaciones de la sociedad de su tiempo (192).

igual que ocurrió en la España del rey Rodrigo, Dios castiga el pecado
real con caos, y se plantea la posibilidad de que la rebelión de los nobles
sea una medida preventiva necesaria.

Lope recuperó la ambición pedagógica de este ejemplo medieval
convirtiéndolo en un espejo para príncipes de la España de su tiempo.
Su obra presenta un rey que es profundamente humano y por tanto
vulnerable, y plantea la cuestión de qué hacer cuando la institución
monárquica se ve amenazada por esta fragilidad humana. Semejantes
momentos de crisis requieren la ayuda de buenos consejeros que sepan
evaluar los peligros y advertir al rey. Ante tanta responsabilidad, surge
necesariamente la pregunta de cómo garantizar que el consejero real
será capaz de decirle la verdad amarga al rey, y no someterse a su capri-
cho ni aprovechar su debilidad para el beneficio propio. Las numerosas
figuras de consejero, específicamente de mal consejero, que aparecen
en *Las paces de los reyes* invitan comparaciones con los privados que
en la corte rodeaban a Felipe III, y cuya considerable influencia era
fuente de preocupación en la capital. De hecho, el primer consejo que
se escucha en la obra advierte sobre lo que les puede ocurrir a los príncipes jóvenes e inexpertos. Cuando Alfonso niño se dirige a reclamar
Toledo a los defensores de su tío Fernando II de León, el capitán Lope
de Arenas se niega a entregarle las llaves del castillo de Zurita. Arenas
observa la voluntad del rey muerto, quien dispuso legalmente en su
testamento que Alfonso sólo podría proclamarse rey al cumplir quince
años. El niño Alfonso transgrede las normas pero Arenas es el único
que se atreve a desafiarlo a él y a los nobles que lo apoyan:

> Si es testamento del rey,
> su padre, ¿por qué he de dar
> lo que le podréis tomar?
> Guardalle es más justa ley.
> ¿Que sé yo cuál de vosotros,
> si con las fuerzas se ve,
> querrá ser rey? (vv. 91-97)

La inmadurez legal de Alfonso niño tiene un contrapunto simbólico de carácter sexual: el príncipe no puede "entrar" en la ciudad y

tomar posesión de ella porque no tiene la capacidad de hacerlo todavía. Requiere la asistencia de sus hombres como prótesis que supla su
inmadurez anatómica. Los nobles que habilitan al precoz Alfonso para
que pueda hacer su gusto gozan de una intimidad peligrosa con el rey,
y Lope les reprocha que puedan aprovechar su influencia personal para
su propia ambición. Lamentablemente, la ejemplaridad y valentía de
Lope de Arenas no le sirven de mucho, como pronto se verá.

Aunque la obra está dividida en dos secciones claramente separa-
das cronológicamente (en el primer acto Alfonso es menor de edad y
en el segundo y tercero ya es adulto), un tema común unifica la acción:
en ambos casos un gobernante virtuoso permite que el sentimiento y
la confianza exagerada le ofusquen el juicio.[6] En el primer acto, el des-
tinatario de los afectos es un consejero converso y a partir del segundo
acto se trata de la judía Raquel. La obra representa a estos personajes
como fuentes de corrupción que feminizan y judaízan a quien los ama,
y por tanto desafían los principios teológicos de una monarquía cristiana. En ambos casos, la debilidad del gobernante y los efectos de su
transgresión antinatural comienzan a revelarse y se van agravando precisamente a través del contacto con una naturaleza cambiante. Como
figuras dominantes dentro de un jardín domesticado los gobernantes
invariablemente toman decisiones equivocadas, mientras que cuando
son conscientes de su propia pequeñez en una naturaleza salvaje, ac-
túan con mesura. En el primer acto el capitán Lope de Arenas se presenta como doble que prefigura el destino que le espera al rey Alfonso
adulto. Uno de los elementos simbólicos que ayudan a recalcar esta
advertencia inicial es precisamente la oposición de dos visiones de la
naturaleza, un jardín y una selva. El jovencísimo Alfonso tiene sitiado
el castillo que guarda Arenas y compensa su inexperiencia con deter-
minación y con el asesoramiento de nobles leales. En cambio, Arenas
es un soldado con gran madurez y experiencia, pero comete un error
fundamental: no escoge su compañía con cuidado. Mientras que Alfonso hace su deber en el campo de batalla rodeado de hombres de

---

6   La aparente falta de unidad entre el primer acto y el resto de la obra ha
dividido a la crítica (véanse C.A. Soons, F.C. Sainz de Robles y James Castañeda).
En cambio, David Darst, William McCrary, Sturgis Leavitt, Frederick de Armas,
Lilia Strout y Javier Lorenzo consideran que sí hay continuidad entre los tres actos.

fiar, Arenas le hace el amor a su esposa en el jardín acompañado de un consejero corrupto, el converso Dominguillo, quien en lugar de decirle lo que necesita escuchar, se lo guarda para sí:

> ¿Agora en jardines verdes,
> Lope de Arenas, estás? [...]
> ¿Agora estás descuidado,
> cuando Alfonso, cuidadoso,
> con ejército famoso
> hace selva lo que es prado?
> que siembra por su horizonte
> sus lanzas en tanto exceso,
> que no hay bosque más espeso,
> ni más enramado monte. (vv. 458-481)

Los ambientes naturales que cada personaje escoge en tiempo de guerra sirven de advertencia sobre cómo debe comportarse un buen líder militar: mientras que Arenas descansa descuidadamente en su jardín, Alfonso guía un "bosque" de guerreros. Los "jardines verdes" de Arenas tienen el efecto de volverlo incompetente, pues sólo tiene ojos para la belleza y el placer, y desestima los peligros internos y externos que lo acechan. A pesar de los años que lleva al mando de la fortaleza, se muestra inmaduro y "verde" en cuestiones bélicas. En cambio, Alfonso exhibe un comportamiento regio ejemplar al ridiculizar el "prado" domesticado de su enemigo con su viril "selva".

La naturaleza como alegoría de gobierno se intensifica en esta escena porque cada paisaje exhibe propiedades de género y raza. En el jardín, el comandante Arenas queda emasculado cuando escoge el sentimiento frente al deber. En lugar de estar con sus hombres organizando la defensa de la fortaleza, prefiere la compañía de su mujer, y en lugar de elegir un consejero de fiar que le pueda advertir de su error, elige al hombre equivocado por razones sentimentales. El comandante confía en el converso Dominguillo porque siempre ha sido miembro de su casa y no puede concebir que lo traicione. Este primer acto los estereotipos antisemitas para demostrar la debilidad de un líder que no sabe reconocer lo obvio: Dominguillo por ser "hombre mal nacido" no es de fiar. Efectivamente, convencido de que Alfonso va a derrotar a su señor, se ofrece a traicionarlo él mismo para ganarse el favor del nuevo rey. Gracias a la estrecha relación que mantiene con Arenas, Dominguillo puede acercarse con disimulo mientras le afeitan la barba y arrojarle una daga "por la espalda al corazón" (v. 813). El hecho de que un converso le inserte al comandante un "venablo fuerte" (v. 811) por la espalda justo en el momento en que se está recortando su marca de virilidad supone su emasculación definitiva. Por el contrario, el niño Alfonso sabe cómo ponerse a salvo de las maquinaciones del converso al pagarle la deuda que adquirió con él con cruel liberalidad: le arranca a Dominguillo los ojos por traidor y le paga mil maravedís por cada uno.

La lección que se desprende de este episodio es que el sentimiento nubla el juicio a la hora de elegir la privanza, o como explica el propio Arenas ya moribundo, "túvele amor,/ que mira el mal desde lejos" (vv. 827-828). Aunque su propia esposa trató de avisarlo, Lope no la escuchó ("No creístes mis consejos;/ fiástesos de un traidor") y tras su muerte Doña Costanza emite este juicio profético que va a resonar con la audiencia en los siguientes dos actos:

> ¡Con qué justísima ley
> merece un hombre morir,
> que cerca del alma pone
> hombre de vil nacimiento,
> fiado en su entendimiento,
> por más que el amor le abone!
> Don Lope, amigos leales
> grande bien suelen hacer;
> pero éstos se han de escoger
> de personas principales. (vv. 847-856)

Al igual que Arenas es un doble de Alfonso y el converso Dominguillo lo es de Raquel, Doña Costanza actúa como doble de la reina Leonor. Ambas mujeres comprenden la importancia política y moral de su posición y desempeñan su cargo con absoluto profesionalismo, exhibiendo un código de conducta ejemplar: la lealtad conyugal, la fe cristiana, la integridad nobiliaria, y el peligro de proteger a los judíos.

Gracias a esta estrategia de dobles y a la popularidad trágica de la leyenda de la judía de Toledo, Lope establece una complicidad con su público a espaldas del personaje principal. La ejemplaridad monárquica de Leonor, reforzada por su doble Doña Costanza, contrasta con la debilidad de Alfonso, y apunta a un desenlace trágico mientras el rey continúe ignorando a su esposa Leonor, su doble real. Cuando el placer personal de Alfonso prevalezca por encima del deber y prefiera el entorno del jardín al campo de batalla, pagará las consecuencias de no haber sabido elegir buenos consejeros que lo saquen de su error.

El segundo acto comienza con la entrada triunfal de Alfonso VIII ya adulto en Toledo. Durante este intervalo de tiempo, el rey se ha destacado por sus habilidades políticas y militares. Tras unificar a la nobleza castellana y ser coronado rey de Castilla, partió para la cruzada a Jerusalén, donde el rey Ricardo Corazón de León se aficionó a él y "le ofreció a Leonor, su hija" (999). En realidad, Leonor era hermana de Ricardo y ambos, hijos de Enrique II de Inglaterra y Leonor de Aquitania. Es posible que Lope usara de esta libertad histórica para acentuar la conexión con las cruzadas de Ricardo I, así como su notoria valentía y disposición a las armas. Alfonso llega a Toledo con su ejército dispuesto a preparar una cruzada contra los almohades:

> De allí, como ves, Alfonso
> viene a Toledo gallardo,
> en edad que de su nombre
> tiembla el bárbaro africano.
> Aquí pretende juntar
> sus generosos vasallos,
> y ir a Córdoba y Sevilla
> contra Zulema y Bençaido;
> que los caballos que hoy beben
> en las corrientes del Tajo,
> poniente han de beber,
> con sangre mora manchados. (vv. 1009-1020)

Toledo aparece hasta ahora en la obra como escenario de las glorias militares del rey, y la imagen de los caballos bebiendo en el Tajo y la insinuación de que pronto beberán en el Guadalquivir/Betis que baña las ciudades de Córdoba y Sevilla sugiere que la campaña de Alfonso para expulsar a los musulmanes de la península es una realidad inevitable.

Entre el séquito de Alfonso destaca su "amigo leal" Garcerán, cuyo pedigrí nobiliario-militar muestra el buen juicio del rey al escogerlo como consejero. Hijo de un conde que murió luchando en el bando de Alfonso niño, Garcerán, como él mismo explica, se crió junto al rey desde los diez años, no en palacio "como los meninos suelen,/ entre galas y regalos" (vv. 975-976) sino "con las armas en las manos" (v. 978). No hay que esforzarse para establecer un vínculo entre la vida de los meninos en palacio que Garcerán critica y la extraordinaria pompa en la corte de los Austrias. El vigor de Alfonso VIII, presentado hasta este momento como ideal del monarca medieval castellano, es posible, según intima Garcerán, precisamente porque supo mantenerse alejado del poder corruptor de la vida palaciega.

La transformación de Alfonso de valiente soldado en amante ciego sucede justamente en el Tajo, cuando sustituye la selva militar y viril por la selva bucólica del amor.[7] Tras el desfile, el rey deja a Leonor y se dirige a la orilla del río con Garcerán para refrescarse. Allí acude también Raquel con su hermana Sibila para darse un baño que aplaque no tanto el calor estival como la pasión de ver al rey. Cuando los dos hombres ven a Raquel bañándose desnuda, permanecen ocultos observándola lascivamente, en una escena que evoca el baño de Susana en el jardín. Esta conexión es importante porque explica la construcción de Raquel como heroína dramática. Las representaciones literarias y especialmente pictóricas de Susana se caracterizan por su simbolismo múltiple: por un lado, su historia ensalza la castidad y el triunfo de la justicia divina frente a la amenaza de los judíos, pero por otro, gracias al potencial erótico del baño, Susana a menudo es representada como

---

7   Frederick de Armas llama la atención sobre el paralelismo entre Alfonso y Lope de Arenas: "As his soldiers ready for war, the King prepares to indulge his passion. All he cares about is seeing Raquel in the *huerta*, just as don Lope had only cared to see Costanza in the *jardín*" (72).

una *femme fatale* bíblica, especialmente a partir del Renacimiento.[8] El cuerpo desnudo de Susana no sólo seduce a los dos viejos que la observan sino a todos aquellos *voyeurs* que disfrutan del placer escopofílico de mirarla representada en un lienzo o en un drama.[9] La historia de Susana era muy conocida en el Siglo de Oro y varios dramaturgos de éxito, como Diego Sánchez de Badajoz o Luis Vélez de Guevara, escribieron obras que incluyen tanto la escena del baño como la lección final sobre la importancia de la virtud y la intervención divina. Aunque el cuerpo de Susana no se expone sobre el escenario, la tensión sexual se sugiere en su preocupación por no ser vista y en la descripción de su belleza por quienes la espían. Lope recurre a la misma estrategia cuando Garcerán admite "No vi, ¡por Dios! señor, tanta hermosura:/ mirarla sin deseo apenas puedo" (vv. 1241-1242). La fascinación erótica del mirar prohibido aumenta irónicamente porque Raquel y Sibila conversan sobre el peligro de ser vistas.

> RAQUEL: Esta arboleda,
> por cuyas plantas tan leda
> el agua del Tajo pasa,
> pienso que puede encubrirme
> SIBILA: No hay un ave que te vea
> RAQUEL: Como amor lince no sea,
> nadie podrá descubrirme.
> SIBILA: El amor dicen que es ciego.
> RAQUEL: No para ver lo que ama.
> SIBILA: Pues ¿qué?
> RAQUEL: El honor, tiempo y fama
> que pierde. Mira, te ruego,
> no se escondan por ahí

---

8   Véase Erika Bornay, *Mujeres de la Biblia en la pintura del Barroco* (Madrid: Cátedra, 1998). Para un estudio de las comedias españolas del Siglo de Oro que representan la historia de Susana, véase Rina Walthaus, "Representaciones de Susana" en *Actas del VI Congreso de la Asociación Internacional Siglo de Oro*, eds. María Luisa Lobato y Francisco Domínguez Matito (Madrid: Iberoamericana Vervuert, 2004), 1827-39.

9   Barbara Weissberger analiza detalladamente dicho placer escopofílico en el contexto de la *Farsa de Santa Susaña* de Diego Sánchez de Badajoz.

los amantes de la hebrea
Susana, y como ella sea.

SIBILA: Fía tu cuidado en mí. (vv. 1182-1195)

El público sabe que la aprensión de Raquel es correcta y que no debería fiarse de la falsa seguridad que le ofrece su consejera. Al ser testigo de su error de juicio y deleitarse en el placer prohibido de mirarla sin hacer nada, el público se convierte en cómplice moral de su caída.

En la obra de Lope el propósito didáctico de la historia de la judía de Toledo coexiste en tensión con una conciencia del impacto puramente dramático de la obra que se pone en escena. Lope responde a esta tensión creando una heroína trágica que sufre el conflicto entre dos nociones del deber: la ley que el amor establece y la ley de la monarquía cristiana de la que Alfonso es cabeza visible.[10] Para reforzar la dualidad Lope recurre a la conexión con la virtuosa-seductora Susana, cuya notoria inocencia final ayuda a revestir de dignidad a la judía Raquel. Lejos de los estereotipos antisemitas que caracterizan al converso Dominguillo, Raquel es un personaje mucho más amable. Según María Rosa Lida de Malkiel, el éxito de la Raquel de Lope se debe a que está influida de una "extrema tensión vital" (93) que logra ganarse el favor del público, lo cual contrasta con otras versiones de la historia. Desde su primera aparición, Raquel apela a la simpatía de la audiencia presentándose como "española" de nacimiento (al contrario que la reina extranjera, "aquella nieve del Norte") y atribuyéndose cualidades positivas como "brío", "gracia", "fuego", "sol", y "encendida de pasión" que hacen que se merezca el amor de Alfonso más que Leonor. La única culpa de Raquel es amar intensamente al rey, e incluso de este amor prohibido es en cierta medida víctima, pues como ella misma explica, el amor es ciego y puede destruir a una persona al hacer perder "honor, tiempo, y fama". Esta sentencia encierra toda la moralidad de la historia, y establece una conexión entre el amor ciego que mató/deshonró a Lope de Arenas y el destino que les espera a ella y a Alfonso.

---

10   María Rosa Lida de Malkiel considera que la Raquel de Lope es una heroína infundida de "dignidad trágica" (93). Catherine Diamond coincide con Lida de Malkiel al considerar al personaje de Raquel como heroína trágica. Según Diamond, "her loyalty to Alfonso and her unfaltering love expiate her" (139).

Tras ver a Raquel en el río por primera vez, el rey queda igualmente cegado de amor e interpreta su visión idealizándola en términos poéticos, donde el entorno natural es un jardín idílico, la joven una "ninfa del Tajo" y las riberas de Toledo una nueva Arcadia. Su consejero Garcerán lo reprende:

> ¡Qué! ¿Quisieras roballa como a Europa,
> o que por esta selva se anduviera,
> como el tiempo de Adán, el viento en popa? [...]
> Así miró David otra hermosura,
> que estaba haciendo cristalina esfera
> las claras aguas de una fuente pura,
> que le costó después fuentes de llanto. (vv. 1252-1259)

Aunque Garcerán avisa al rey de las nefastas consecuencias de este amor prohibido y le pone ejemplos de otros reyes poderosos que lo perdieron todo por enamorarse de la persona equivocada, Alfonso se niega a escucharlo:

> Garcerán, el servir tiene dos caras,
> verdad, y gusto del señor. Agora
> ponte en la de mi gusto. (vv. 1273-1274)

A partir de este momento, Garcerán deja de decirle al rey lo que no quiere oír y se convierte en encubridor y cómplice de su transgresión. La relación del monarca con su consejero se echa a perder, lo cual es más notable dada la perfección meticulosa con que se había descrito hasta ahora. El cambio en la representación del entorno natural del discurso épico al lírico acompaña la transformación del rey y su nuevo modelo de privanza con Garcerán. Durante los siguientes siete años, mientras Alfonso permanezca encerrado en la Huerta del Rey, Toledo y el Tajo van a permanecer estancados en el género bucólico. No es de extrañar que la primera vez que el rey se ausenta de palacio para estar con su nueva amante, su mujer y sus nobles asuman que habrá ido "bosques abajo" o "habrá por dicha subido a los montes" (v. 1497, v. 1501). El entorno natural donde le correspondería al rey estar es áspero y salvaje, no una huerta domesticada a orillas del río para el placer personal. El enorme contraste entre las expectativas y la realidad intensifica el descenso moral del rey.

La economía simbólica de *Las paces de los reyes* exalta la naturaleza salvaje como expresión de unos valores arcaicos de reyes medievales y guerreros épicos, y expone la amenaza de un proceso civilizador que somete las fuerzas naturales y la potencia viril al espacio controlado y cultivado del jardín. Los paisajes artificiales evidencian el progreso de una monarquía cortesana que exalta la posesión material y el consumo de los recursos. En este cuento didáctico el jardín representa la corrupción sensual y el engaño de los sentidos. El monarca tiene la falsa impresión de ser señor de todos sus dominios, y que por el mero hecho de ordenar y disponer las normas que gobiernan este espacio domesticado puede considerarse a sí mismo por encima de todas las leyes. En cambio, en la naturaleza salvaje el rey debe reconocer que lo gobiernan las mismas leyes naturales que a cualquier otra persona. Sólo al reconocer su limitada libertad podrá aceptar su deber. Lope expone una dinámica que sigue caracterizando la relación entre los humanos, la naturaleza, y la modernidad, precisamente lo peligroso que resulta creerse por encima de las leyes naturales. La naturaleza puede dar una lección de modestia porque está por encima del dominio humano, mientras que un jardín ofrece una sensación desmesurada de la importancia del individuo al representar una naturaleza simulada que se encuentra siempre a disposición de quien la ocupa.

Durante la reclusión del rey, cuatro personajes solamente osan contrariarlo. El primero es un villano humilde pero digno, un motivo predilecto en los dramas de Lope. La primera vez que este hortelano ve a Alfonso no reconoce su identidad y le advierte con llaneza que una relación entre un noble cristiano y una judía es "tan gran error" (v. 1444). Cuando Alfonso lo corrige por usar el término "judía" en lugar del más elegante "hebrea", el villano responde con un alegato a favor de la sinceridad y en contra de "las quimeras" en que emplea el tópico del mundo al revés. La sorprendente franqueza con que le habla al rey da a entender que se considera su igual, noción que el propio villano confirma:

Debajo desta pelleja
puso Dios alma también,
como a vos, con tres potencias. (vv. 1417-1419)

Lope desarrolla aquí el tipo genérico del villano "gracioso" que sirve como referencia cabal y puente entre el dramaturgo y su público. En su fundamental trabajo sobre el desarrollo del teatro castellano, Ronald Surtz catalogó una serie de convenciones teatrales para involucrar a los espectadores en la obra, como interpelaciones directas al público o la permanencia de pastores-presentadores en escena para ofrecer un comentario sobre la acción. Surtz demostró que Lope y otros dramaturgos coetáneos asimilaron estas convenciones del teatro del siglo XVI (181-98). En esta escena, el villano describe la realidad tal y como es, llamando a las cosas por su nombre. Cuando le habla al rey sobre el escenario, sus palabras están cargadas de significación y van dirigidas directamente al público que lo escucha. El villano ofrece una atrevida declaración de principios morales: se desnuda a sí mismo figurativamente ("debajo desta pelleja"), y por extensión al rey, para revelar que son iguales ante Dios. Lope aprovecha la aparente simplicidad del hortelano para articular para su audiencia las mismas cuestiones que se trataban en la teoría política de su tiempo. Por ejemplo, el hortelano explica con cierta nota irónica:

Puesto que soy labrador,
ya sabéis que sé leer,
y un libro me dio a entender
(que era de un discreto autor)
que eran los reyes deidades
hasta llegarlos a hablar,
que después suele humillar
el trato las majestades." (vv. 2173-2180)

Algunos años más tarde Diego Saavedra Fajardo expresa el mismo sentimiento en su *Idea de un príncipe político christiano* (1640): "Si no se conserva lo augusto de la Magestad, no havrá diferencia entre el Príncipe, y el vasallo" (Empresa XXXIX). De la misma manera que el hortelano ve al rey y no logra reconocer su dignidad real, el público de Lope participa en un proceso similar de desmitificación. El rey que ven sobre el escenario se comporta con la misma locura que cualquier otro loco enamorado. Curiosamente, el intercambio entre Alfonso y el villano se produce en el Huerto del Rey, el cual la mente enamorada del monarca ha transformado en un jardín poético habitado por ninfas y amantes mitológicos, y en cambio el labrador que trabaja la tierra sólo puede apreciar su potencial hortícola. A sus ojos simples pero cuerdos, no es un "jardín", sino una "huerta".

Durante la dilatada fase pastoral de Alfonso, la reina y el príncipe Enrique, figuras reales por derecho propio, reconocen la necesidad de intervenir contra el monarca en beneficio de la república. Hay una diferencia sutil y muy peligrosa entre oponerse al rey como institución o al rey como persona. Lope deja claro que la reina y el príncipe respetan la institución, y su única motivación es apuntalarla para que no la destruya la "hazaña tan loca" (1959) de Alfonso el hombre. Cuando la reina insta a los nobles a rebelarse, diferencia bien entre su humillación como esposa y su preocupación como reina. La relación matrimonial de Leonor y Alfonso es un tema central en la obra y, como el título indica, esta relación está siempre determinada por la consideración de su cargo público. La joven esposa siente absoluta devoción por Alfonso pero, en contraste con la pasión exaltada de Raquel o el amor ciego de Alfonso y Lope de Arenas, ella muestra un modelo alternativo: una pasión moderada, compatible con la conciencia del honor y la dignidad real. Cuando la reina se queja a los nobles y llama a Raquel la "segunda Cava de España" (1962), enfatiza que la ofensa de Alfonso no es una mera cuestión matrimonial sino que constituye un problema de estado pues una mujer judía "tiene de Castilla la corona" (1968). Como explica Leonor:

> Lo que me mueve es mirar
> que Dios se ofende y se enoja
> de suerte deste pecado,
> que ya la venganza toma. (vv. 1990-1993)

En la teología política cristiana, Dios castiga las transgresiones del rey en los cuerpos del estado. Este es el mensaje que se trasluce del mito de la Cava: el pecado sexual de Rodrigo ocasionó el castigo divino y España sólo la podrán recuperar monarcas virtuosos y castos. El comportamiento de un rey se refleja en el equilibrio político de su reino, y cuando dicho comportamiento deja de ser ejemplar, la nación queda desprotegida y expuesta a amenazas internas y externas. En la obra la conciencia del peligro es especialmente real dadas las porosas fronteras con los reinos musulmanes. Al humillar a Dios con una mujer considerada enemiga de Cristo, no sólo Alfonso sino la nación entera se expone a su castigo. Lejos queda el recuerdo de Garcerán jactándose de que pronto los caballos castellanos dejarían el Tajo para ir a beber en el Betis manchados "con sangre mora". Como advierte Leonor, lo contrario parece ahora mucho más probable:

> A este paso, castellanos,
> presto del Tajo en las ondas,
> por dicha con sangre vuestra,
> beberán sus yeguas moras (vv. 2002-2005)

Curiosamente, los caballos castellanos han sido remplazados/humillados por yeguas moras, lo cual promueve la sensación de que el orden natural del reino está siendo subvertido/feminizado. Al nombrar este peligro externo que amenaza con invadir Toledo se deshincha la ilusión de que el río Tajo sea un nuevo Jardín del Edén y que no esté expuesto a las mismas leyes bélicas que los otros territorios del reino. Viéndose cara a cara con esta realidad, los nobles acaban cediendo a la reina y traman la rebelión. Bajo un pretexto falso, consiguen que Alfonso salga para Toledo y deje sola a su amante. Cuando el hortelano descubre que los nobles armados han entrado en el Huerto del Rey, avisa a Raquel e interpreta para ella las señales del peligro inminente:

> No hay árbol donde no hagan
> consejo; y es bien que adviertas
> que consejo, y en el campo,
> siempre es consejo de guerra. (vv. 2381-2384)

Se ha roto el ensueño y el jardín bucólico vuelve a ser campo de guerra. Los hombres matan a Raquel y a su hermana, y restauran la ley natural del reino.[11]

Aquí radica precisamente una de las cuestiones clave del drama que los espectadores de Lope habrían reconocido inmediatamente: ¿pueden las imperfecciones humanas del rey justificar e incluso exigir un levantamiento de los nobles? Al responder afirmativamente, Lope toma partido en un debate espinoso. Todos sabían que más allá del teatro, en los pasillos del palacio la debilidad del rey Felipe y su dependencia de los privados significaba que un puñado de favoritos increíblemente influyentes gobernaban en su lugar, pero no era fácil oponerse abiertamente al rey.[12] En una muestra del instinto dramático de Lope y de su pericia política, es precisamente el heredero al trono quien se enfrenta a su padre:

> Padre, el haberme engendrado
> es para que, si faltáis
> del mundo, dejar podáis
> otro vos en vuestro estado.
> Pues si a mí me ha hecho Dios
> otro vos, que es hoy tan cierto,
> ¿por qué, después que sois muerto,
> no tengo de hablar por vos? (vv. 2513-2520)

El príncipe, como personificación de su padre, o mejor dicho, de su padre como institución hereditaria, es el mejor espejo posible. Este

---

11   Lorenzo considera que la muerte de Raquel cumple la función de chivo expiatorio que describe René Girard al permitir la reconciliación de los reyes y "el relanzamiento de la política de guerra santa y 'sangre limpia' que define la identidad del reino de Castilla" (26). Según Lorenzo, la muerte de la judía funciona como emblema del modelo dramático e ideológico de Lope cuyos "finales conciliatorios" restituyen el orden social y político (26).

12   McKendrick: "It would be going too far, perhaps, to see the beautiful, tragic Jewess Raquel as a deliberate, if incongruous, cipher for the greedy self-serving Duke of Lerma, but the relevance of a king allowing himself to be distracted of his duties by an attachment to a subject so great [...] could not have been lost on the audience" (46).

hábil giro dramático tiene además el efecto mucho más prosaico de limitar el alcance subversivo de este episodio. El príncipe habla como versión duplicada del rey, ambos son expresiones equivalentes de un mismo arquetipo real. Según Enrique, no se enfrenta a su padre porque quiere ser un nuevo contendiente al trono sino como garante de la línea sucesoria y del equilibrio monárquico. Le preocupa que si su padre concibe un hijo bastardo con Raquel, éste trate de matar al heredero legítimo y provocar una guerra civil. La solución que el príncipe y la reina proponen no pone en peligro la institución sino que busca perpetuarla.

No obstante, ni el sensato villano ni los persuasivos argumentos de la reina o el príncipe convencen al rey. Su amor por Raquel le ha cegado el entendimiento y hace caso omiso de todo consejo y ni siquiera sabe interpretar las señales naturales y sobrenaturales que Dios le envía (tormentas, fantasmas, voces, augurios). Siguiendo el esquema de la historia medieval, el rey únicamente escucha a un ángel que le anuncia que Dios está ofendido y ha mandado que no le herede ningún hijo varón (vv. 2627-2628). Alfonso entonces se arrepiente y al igual que San Pablo "derribado del caballo" (v. 2653), experimenta un proceso de conversión a los valores monárquico-cristianos: hace las paces con la reina, se reconcilia con Dios, y reanuda la guerra contra los musulmanes. Aunque esta conclusión reinstaura la armonía y celebra el sentimiento monárquico, no logra borrar la imagen de vulnerabilidad que la obra hasta este momento ha presentado. Una naturaleza decorativa compuesta a la medida del rey sirvió de testigo y cómplice de su corrupción moral. Esta misma imagen se puede aplicar a los espacios tanto naturales como urbanos donde se estaba imponiendo el impulso estatalista del nuevo régimen. Rodeado de huertos y jardines figurados, ¿podrá el rey resistirse al amor ciego?

Obras citadas

Bornay, Erika. *Mujeres de la Biblia en la pintura del Barroco*. Madrid: Cátedra, 1998. Castañeda, James A. *A Critical Edition of Lope de Vega's Las paces de los reyes y judía de Toledo*. Chapel Hill, NC: U North Carolina P, 1962.

Darst, David. "The Unity of *Las paces de los reyes y judía de Toledo.*" *Symposium* 25 (1975): 225-35.

de Armas, Frederick A. "Passion, Treason, and Blindness in Lope's *Las paces de los reyes*" en *Studies in the Spanish Golden Age: Cervantes and Lope de Vega*. Ed. Dana B. Drake y José A. Madrigal. Miami: Ediciones Universal, 1978. 65-75.

Diamond, Catherine. "The Redemption of Raquel, the Restoration of Leonor: Sexual Politics and Religious Controversy in Lope de Vega's *Las paces de los reyes y judía de Toledo.*" *Journal of Theater and Drama* 5.6 (1999-2000): 127-47.

Díez Borque, José María. *Sociología de la comedia española del siglo XVII*. Madrid: Cátedra, 1976.

Forcione, Alban K. *Majesty and Humanity: Kings and Their Doubles in the Political Drama of the Spanish Golden Age*. New Haven, CT: Yale UP, 2009.

Leavitt, Sturgis E. "The Composition of Lope's *Las paces de los Reyes y judía de Toledo.*" *Romance Notes* 14 (1972): 139-40.

Lida de Malkiel, María Rosa. "Lope de Vega y los judíos." *Bulletin Hispanique* 75 (1973): 73-113.

Lorenzo, Javier. "Chivo expiatorio, nación y comedia en *Las paces de los reyes y judía de Toledo* de Lope de Vega." *Bulletin of the Comediantes* 61.1 (2009): 25-34.

Maravall, José Antonio. *Teatro y literatura en la sociedad barroca*. Madrid: Benzal, 1972.

McCrary, William C. "Plot, Action, and Imitation: The Art of Lope's *Las paces de los reyes.*" *Hispanófila* 48 (1973): 1-17.

McKendrick, Melveena. *Playing the King: Lope de Vega and the Limits of Conformity*. London: Tamesis Books, 2000.

Morley, S. Griswold, y Courtney Bruerton. *Cronología de las comedias de Lope de Vega*. Madrid: Gredos, 1968.

Nirenberg, David. "Deviant Politics and Jewish Love: Alfonso VIII and the Jewess of Toledo." *Jewish History* 21 (2007): 15-41.

Rey, Agapito, ed. *Castigos e documentos para bien vivir ordenados por el rey Don Sancho IV*. Bloomington, IN: Indiana UP, 1952.

Saavedra Fajardo, Diego. *Empresas políticas: Idea de un príncipe político-cristiano*. Ed. Quintín Aldea Vaquero. Madrid: Editora Nacional, 1976. 2 vols.

Sainz de Robles, Federico Carlos. *Obras escogidas de Lope de Vega Carpio.* Madrid: Aguilar, 1958.

Soons, C. A. *Ficción y comedia en el siglo de oro.* Madrid: Artes Gráficas Clavileño, 1966.

Strout, Lilia. "Psicomaquia o el conflicto de Eros y Logos en *Las paces de los reyes y judía de Toledo*" en *Studies in Honor of William C. McCrary.* Ed. Robert Fiore, Everett W. Hesse, John E. Keller, y José A. Madrigal. Society of Spanish and Spanish-American Studies. Lincoln: U of Nebraska P, 1986. 77-90.

Surtz, Ronald. *The Birth of a Theater: Dramatic Convention in the Spanish Theater from Juan del Encina to Lope de Vega.* Princeton, NJ - Madrid: Castalia, 1979.

Walthaus, Rina. "Representaciones de Susana" en *Actas del VI Congreso de la Asociación Internacional Siglo de Oro.* Eds. María Luisa Lobato y Francisco Domínguez Matito. Madrid: Iberoamericana Vervuert, 2004. 1827-39.

Weissberger, Barbara. "El 'voyeurismo' en el teatro de Diego Sánchez de Badajoz." *Criticón* 66-67 (1996): 195-215.

El saber pragmático y las estrategias de la identidad en *Viaje de Turquía*

Victoria Rivera-Cordero
Seton Hall University

N SU CÉLEBRE ENSAYO *Erasmo y España* Marcel Bataillon califica *Viaje de Turquía* (c.1557) de obra maestra y de ejemplo paradigmático del erasmismo en la literatura humanista del siglo XVI español.[1] El hispanista francés, uno de los primeros estudiosos interesados en esta obra inédita y prácticamente desconocida hasta principios del siglo XX,[2] trata de desentrañar el enigma de la autoría del texto y después de un minucioso análisis concluye que su autor es el célebre médico humanista Andrés Laguna y no Cristóbal de Villalón, como proponía el primer editor de la obra, Manuel Serrano Sanz. Dejando de lado la incógnita aparentemente irresoluble en torno a su autor, en lo que están de acuerdo todos los críticos es en la envergadura de *Viaje de Turquía* y en su hibridez genérica al ser mucho más que uno

---

1   En esta misma línea Joseph Pérez escribe: "El *Viaje de Turquía* recoge las aportaciones más importantes del humanismo cristiano en lo que se refiere a la exigencia de tomarse en serio las enseñanzas evangélicas y de practicar de manera auténtica la religión de Cristo" (186). Por su parte, Marie-Sol Ortolá ("La tendencia utópica") muy acertadamente sitúa *Viaje de Turquía* dentro de los relatos utópicos al estilo de Tomás Moro o Erasmo aun siendo consciente de que no se trata de una utopía en sentido estricto.

2   La obra conoce la imprenta por primera vez en 1905 gracias a Manuel Serrano y Sanz quien la incluye en su edición de *Autobiografías y memorias*. Hasta entonces solamente había circulado en forma manuscrita (existen cinco manuscritos conservados).

de los primeros y brillantes ejemplos de literatura de viaje en la tempra-
na edad moderna española.[3]

La preposición "de" en el título es clave para la interpretación del
texto como viaje no hacia un lugar sino *desde* un lugar: de Turquía a
España. Como Odiseo en el poema homérico que vuelve a Ítaca desde Troya, recorriendo el Mediterráneo y superando difíciles pruebas,
Pedro de Urdemalas, un nuevo Ulises (Bataillon lo bautiza "el Ulises
español" [*Erasmo y España*, 671]), regresa a España colmado de un saber adquirido en tierras extranjeras. En su relato de vuelta de Turquía
el lector puede descubrir que al igual que el propio héroe griego, Pedro
urde las más increíbles artimañas para regresar a su destino.

Las palabras del personaje y su propia experiencia en tierras lejanas
revelan una valoración del saber, una defensa a ultranza de la razón y
de un método empírico de conocimiento en consonancia con los valores humanistas de su época. Este pensamiento crítico permite al autor
demoler mitos nocivos y preconiza una apertura hacia la diferencia que
posibilita un mejor conocimiento de sí mismo. Lejos de proferir una
letanía de ataques hacia el otro temido y hacer eco de los estereotipos
de sus contemporáneos, el autor anónimo ofrece al lector una nueva
visión de Turquía a través de una lente racionalista, desprovista de los
prejuicios que imposibilitan el acceso al conocimiento. De este modo,
se trata de un mensaje de tolerancia en directa oposición a la política del imperio español que culminó con la expulsión de los judíos en
1492, la obligación para los musulmanes a convertirse en 1501 y la im-
posición del catolicismo como única religión. No obstante, esta tolerancia está apoyada por un discurso de autonomía y pragmatismo que
la revela como un medio no una meta.

---

3   Por sus numerosas peripecias en tierras lejanas *Viaje de Turquía* se acerca
a la literatura de aventuras (de entretenimiento con tonos humorísticos) y por su temática a los relatos de cautivos, a la crítica social del imperio y a la literatura de curiosidades o saberes enciclopédicos, en la línea de *Silva de varia lección* de Pero Mexía.
Por la forma del texto estamos ante un diálogo de carácter erasmista tan popular en
el renacimiento. Asimismo, se aprecian características autobiográficas propias de la
novela picaresca y elementos de la literatura de avisos sobre el imperio otomano.

El presente ensayo se propone analizar el papel esencial del saber en *Viaje de Turquía*[4] partiendo de la valoración del conocimiento empírico y pragmático frente al saber meramente teórico. El deseo de saber a nivel individual aparece en la obra como una forma de superarse a sí mismo y una estrategia de supervivencia, pero también a nivel nacional el saber pragmático se opone al aislamiento nocivo que conduce a la decadencia y al rechazo de la diferencia. El saber y el conocimiento forjan la identidad, por ello viajar implica un cierto modelo de saber empírico frente a los conocimientos adquiridos en los libros precisamente por el contacto directo con el otro. Este ensayo analiza el papel del saber empírico en la construcción de la identidad. En defensa de un pensamiento analítico (acompañado de una valoración del trabajo como forma de superarse y de inventarse una nueva identidad), el autor anónimo se propone desentrañar ideas falsas sobre el turco así como indagar en lo que sería la auténtica religión cristiana. La premisa es que el conocimiento verdadero del otro nos proporciona un saber que por un lado nos hace auténticos y tolerantes y por otro nos confiere la fortaleza para competir con ese otro. Por ende, lejos de ser un peligro para la autenticidad, el encuentro con la alteridad la refuerza.

Viaje de Turquía es una obra íntimamente ligada a su época puesto que refleja con acierto un momento de graves conflictos internos y externos para España. En la dedicatoria el autor indica una fecha de composición de la misma, el 1 de marzo de 1557. España se encuentra ante un cambio de monarca, Carlos V abdica en su hijo Felipe II en enero de 1556, quien hereda de su padre un imperio abocado a la bancarrota y una política de afianzamiento de los valores católicos, caracterizada por una doble cruzada contra el protestantismo y el imperio otomano. Por otro lado, es una época de esplendor para el imperio otomano bajo el sultán Solimán el Magnífico (1520-1566) que representa una amenaza para Europa no solamente ideológica sino sobre todo económica al poner en peligro las rutas marítimas en el Mediterráneo. Efectivamente, las galeras europeas sufren constantes ataques de corsarios al servicio de Solimán y las prisiones turcas desde Argel hasta Constantinopla

---

4   Todas las citas de la obra provienen de la edición de Fernando García Salinero aunque también he consultado la más reciente de Ortolá cuyos comentarios introductorios citaré.

se llenan de cautivos cristianos (como el ficticio Pedro de Urdemalas). Esta amenaza real constituye para el imaginario europeo una fuente rica de inspiración y se comienza a explotar el tema turco en la literatura colmando al enemigo de rasgos negativos.

Asimismo, ante la apertura cultural que trajo el renacimiento, el decadente imperio español se rige ahora por el ambiente contrarreformista que surge en el Concilio de Trento. Felipe II hereda de su padre lo que Joseph Pérez denomina "un rigor nuevo, una intolerancia feroz" (155) que se traduce por una lucha violenta contra todo aquello que difiere de la ortodoxia católica. Uno de los efectos más perniciosos de esta ideología para la cultura es la prohibición por decreto de los estudios en el extranjero y la dificultad de importar libros del resto de Europa sin previa autorización.[5] Paradójicamente, al mismo tiempo las corrientes extranjeras, sobre todo a través de Erasmo no dejan de influir en los autores más osados e innovadores como el autor de *Viaje de Turquía*.

El texto, que se inicia con una dedicatoria al monarca español, se compone de dos partes en forma de diálogo entre Pedro de Urdemalas y sus dos interlocutores, Juan de Voto a Dios y Mátalascallando.[6] La primera parte comienza con el diálogo entre Juan y Mata, quienes probablemente estén en Valladolid comentando el espectáculo de peregrinos que se dirigen a Santiago de Compostela. Entre estos peregrinos se encuentra Pedro de Urdemalas, a quien dado su aspecto de extranjero no reconocen en un primer momento. En esta primera parte Pedro na-

---

5   En *Imperial Spain* J.H. Elliott hace referencia a este aislamiento intelectual producto de la Contrarreforma (225). Sin embargo, el historiador británico matiza la envergadura de la prohibición de estudiar en el extranjero ya que se dan casos todavía a mediados del siglo XVI de españoles estudiando en Italia, Flandes o Francia. En cualquier caso la oposición a las ideas del exterior es evidente en cuanto se oponen al nuevo celo católico (227).

6   A partir de ahora aparecerán en este ensayo como Juan y Mata. Las intervenciones a lo largo del texto de estos personajes sirven para aclarar ciertos puntos y permiten al autor disertar sobre cuestiones esenciales como la corrupción en España, el estado del saber y el sistema universitario al mismo tiempo que estos personajes añaden comentarios positivos de Turquía a modo de conclusión. Juan aparece como un ingenuo hipócrita mientras que Mata es el cínico escéptico que busca ante todo revelar la falsedad dentro de la realidad y duda de todo como su primera intuición. De ahí que al comienzo dude de la veracidad del relato de Pedro.

rra de forma ordenada las diferentes etapas de su experiencia en el extranjero, desde su captura en las islas de Ponza a manos del gobernador Zinán Baxá[7] (cuyo hermano, Rustán Baxá, es visir y yerno del Sultán al estar casado con su hija) a su periodo de cautiverio en Turquía, pasando por sus artimañas para escaparse de Turquía, su estancia en Grecia e Italia y su llegada a España. La segunda parte describe las costumbres y la forma de vida de los turcos y concluye con una descripción de Constantinopla. En esta parte la objetividad prima (a excepción de unos cuantos comentarios de los interlocutores valorando Turquía por encima de España) y las aventuras episódicas de la primera parte ceden el espacio a las curiosidades locales, aunque todavía encontramos algunas digresiones y anécdotas personales. Pedro invita a sus interlocutores a conocer un espacio turco tanto público como privado, desconocido para ellos.

LA DESTRUCCIÓN DEL MITO TURCO

Viaje de Turquía está considerado como la obra en castellano más importante sobre el tema turco de la primera mitad del siglo XVI.[8] La representación del imperio otomano ha interesado a la crítica que ha visto en ella una visión muy diferente a la que ofrece la mayoría de los textos de la época. Por ejemplo, Marie-Sol Ortolá interpreta el texto como una utopía en la que Turquía es una sociedad idealizada opuesta a la española lo cual le permite al autor anónimo criticar, como Tomás Moro, los valores cristianos de su época y las estructuras de poder ("La tendencia utópica", 218).

Algunos críticos han tomado como punto de partida las palabras introductorias del autor en la dedicatoria para contrastarlas con la

---

7   El personaje participa en la batalla real que se produce en Ponza y que enfrenta a Andrea Doria y Zinán Baxá. Bajo las órdenes de Doria, Pedro parte de España para luchar contra los turcos. Carlos V acude a Doria, célebre comandante genovés para combatir el poder otomano (Eugene Rogan 53).

8   Aunque el primer texto en castellano dedicado al tema turco es la *Palinodia de los turcos* de Díaz Tanco de Frexenal de 1548, como apunta Encarnación Sánchez García (133-5). La autora atribuye al texto de Mexía, *Silva de varia lección* (1540) la propagación del mito de los turcos como fuerza de la ira divina contra los cristianos (135).

ideología desprendida del texto mismo. Ya sea por complacer el celo de poder del monarca o por crear ambigüedad en su obra, el autor presenta como propósito de su narración la defensa de la fe cristiana[9] y concluye con un canto a la destrucción del imperio turco por el emperador español como única esperanza para ese gran número de cautivos en Turquía:[10] "Çésar invictíssimo, que con el poder de Vuestra Magestad, aquel monstruo turquesco, vituperio de la natura humana, sea detruido y anichilado de tal manera, que torne en livertad los tristes christianos oprimidos de grave tiranía [...]" (94). En este primer momento la representación del turco como ser monstruoso no se aleja de la imagen apocalíptica divulgada por el discurso oficial. La conclusión de la dedicatoria podría interpretarse como una llamada a las armas, a la cruzada contra el imperio de Solimán, con el fin de alentar al emperador Habsburgo a extender su ya vasto territorio y advertir de los peligros que lo acechan: "para con felices victorias conquiste la Asia, y África, y lo poco que de Europa le queda" (94). Este pasaje sugiere una visión imperialista junto con la idea de la superioridad del cristianismo encarnado por el emperador y su misión providencial.[11] Es cierto que si bien el espíritu de cruzada y conquista está presente en la dedicatoria y

---

9   Aquí el autor pone su experiencia directamente al servicio de la ideología imperialista española: "Çonosciendo, pues yo, christianíssimo prínçipe, el ardentíssimo ánimo que Vuestra Magestad tiene de ver y entender las cosas raras del mundo con sólo zelo de defender y augmentar la santa fe cathólica, siendo el pilar de los pocos que le han quedado en quien más estriba y se sustenta, y sabiendo que el mayor contrario y capital enemigo que para cumplir su deseo Vuestra Magestad tiene (dexados aparte los ladrones de casa y perros del ortolano) es el Gran Turco, he querido pintar al bibo en este comentario de manera de diálogo a Vuestra Magestad el poder, vida, origen y costumbres de su enemigo y la vida que los tristes cautibos pasan, para que conforme a ello siga su gran propósito" (89). El autor presenta el texto como herramienta para la reconstrucción del imperio y defiende además el valor inigualable del testigo ocular. Pero si bien el autor se propone romper con viejas y falsas nociones de Turquía todavía en la dedicatoria se sirve de ellas estas.

10   En su edición al texto Ortolá apunta que las últimas líneas de la dedicatoria están tomadas del texto de Bartolomeo Giorgievits: "La miseria così deprigioni, come anche de christiani, che vivono sotto il tributo del turco, insieme co i costumi & cerimonie di quella natione" (1551) (168).

11   Como apunta Joseph Pérez "Felipe II cree que España está llamada a una misión providencial en defensa de unos ideales universalistas: afirmación de la Cristiandad, unidad religiosa de Europa, espíritu de cruzada" (156).

parece destinado a complacer el celo católico del monarca, el texto que sigue propone, muy al contrario, un acercamiento al turco desde una perspectiva casi de admiración y una visión muy diferente del cristianismo al servicio del imperio.

¿Cómo resolver la aparente contradicción entre la introducción y el texto que sigue? Ángel Delgado-Gómez subraya el carácter belicista de la introducción que solamente una lectura superficial del texto podría corroborar ya que la representación del imperio turco se revela superior al español en muchos aspectos. Se fija, por ejemplo, en la justicia turca más equitativa, en la corrupción en España y en la presencia constante de Solimán en todo lo referente a su imperio. Asimismo, el crítico destaca el orden y el buen funcionamiento del imperio en todos los sentidos, por ejemplo la mesura de los turcos en la mesa contrasta con el desenfreno español. Estas actitudes se traducen en una superioridad turca, un mejor gobierno y saber vivir ("Una visión comparada", 47-8).

Mar Martínez-Góngora también resalta la comparación entre España y Turquía que se desprende del texto y se fija en la contradicción aparente entre la introducción y el resto del texto dada la visión positiva de Turquía que ofrece. La contradicción radica, para esta autora, en que el texto que sigue a la dedicatoria pone de manifiesto la imposibilidad por parte del imperio español de conquistar al turco y subraya que la superioridad del imperio turco radica en poseer sujetos capaces de gobernarse en beneficio de un proyecto imperial mayor.[12] Al igual Delgado-Gómez hace alusión a la superioridad del imperio por su orden y disciplina. Otro crítico que sigue la línea de los anteriores es Natalio Ohanna para quien la dedicatoria posee una "función irónica" puesto que se trata de argumentar precisamente lo opuesto a lo que inicialmente expresa (429).

---

12   Para Martínez-Góngora la superioridad del turco en la obra radica en la valoración del domino de sí mismo. Entre los ejemplos que destaca está la moderación de los turcos a la hora de comer. Pedro ofrece ejemplos de ello: "En todas las naciones que hoy viben no hay gente que menos tarde en comer, ni que menos guste dello" (455). Asimismo, el personaje señala toda una serie de ejemplos de austeridad de los turcos, la valoración del trabajo y el desprecio del juego y otras formas de entretenimiento (28-9, 456).

Por su parte, Jeremy Lawrance también afirma que el autor anónimo subvierte de manera ejemplar las imágenes negativas y exóticas de los otomanos sin aportar información nueva. Sin embargo, Lawrance difiere de la interpretación de los críticos antes mencionados para quienes *Viaje de Turquía* ofrece una visión positiva del adversario y concluye de forma radical al sugerir que el objetivo del autor no era infundir amor hacia el otro sino más bien odio (29). Para ello nos advierte que el lector no debe tomarse al pie de la letra las palabras del narrador. Por lo tanto, según el crítico, cuando Pedro hace alusión a las prácticas homosexuales de los turcos el autor estaría lanzando una crítica al imperio turco (31). Si bien Pedro resalta su mesura en la alimentación y en su buena organización administrativa, el ejército, el comercio y otros ejemplos, esto queda socavado para el crítico por estas otras dos prácticas sexuales. Sin embargo, en mi opinión, el texto, pese a servirse de uno de los estereotipos más comunes sobre el hombre musulmán, no despliega ninguna crítica abierta hacia estas prácticas. La alusión a la homosexualidad se encuentra en varios puntos del texto, pero la más significativa está en la segunda parte cuando Pedro hace referencia al ejército turco. Pedro, respondiendo a la pregunta de que si los ejércitos llevan prostitutas como en España afirma: "En todo el exérçito de ochenta mill hombres que yo vi, no había ninguna. Es la verdad que, como son buxarrones y llevan pajes hartos, no hacen caso de mugeres" (421). La homosexualidad se presenta aquí como hecho natural que de ningún modo daña el funcionamiento del ejército, muy al contrario. La representación del turco posee aquí un objetivo claro: desmitificarlo y demostrar la importancia de observar al otro con una mirada tolerante y pragmática sin realizar juicios de valor. Aunque es verdad que, en este caso, al afirmar como generalización que "son buxarrones", el autor no parece seguir su propio consejo de apertura, sí cree hacer muestra de tolerancia. Se aprecia este esfuerzo de tolerancia al no incluir el texto crítica alguna de la homosexualidad afirmada sino como una simple observación.

Pedro goza de una situación privilegiada primero como cautivo y luego como médico. Desde el mundo privado del imperio otomano Pedro tiene otra visión del turco que contrasta con una infundida por el odio o el miedo. De esta manera el personaje se distancia de los cautivos que simplemente dan una visión negativa del imperio otomano teñida de rencor por haber sufrido el cautiverio. Paradójicamente, en la dedicatoria al monarca el autor parece ofrecer el testimonio de este tipo de cautivo: "Como los marineros, después de los tempestuosos trabajos, razonan de buena gana entre sí de los peligros pasados [...], ansí a mí me ayudará a tornar a la memoria, la cautividad peor que la de Babilonia, la servidumbre llena de crueldad y tormento, las duras prisiones y peligrosos casos de mi huida" (89).[13] Es decir, en este primer momento el autor presenta su escritura como mecanismo para aliviar el trauma de un cautiverio inhumano.

Sin embargo, la visión que ofrece Pedro en la segunda parte del libro contrasta radicalmente con las palabras de la dedicatoria:

No os quebréis la cabeza sobre eso ni creáis a esos farsantes que vienen de allá, y porque los trataban mal en galera dizen que son unos tales por quales, como los ruines soldados comúnmente dizen mal de sus capitanes, y les echan la culpa de todo, que pocos esclavos destos pueden informar de lo que por allá pasa, pues no los dexan entrar en casa, sino en la prisión se están. En lo que yo he andado, que es bien la terçera parte del mundo, no he visto gente más virtuosa y pienso que tampoco hay en Indias, ni en lo que no he andado dexado aparte el creer en Mahoma, que ya sé que se ban todos al infierno, pero hablo de la ley de natura (456-7).

---

13   Si bien los estereotipos del turco violento y cruel no los deja pasar Pedro. Así al principio nos describe las prácticas crueles cuando son capturados: "al uno cortaron los brazos, orejas y narizes y le pusieron un rótulo en la espalda, que decía: Quien tal haze tal haya; y al otro empalaron" Lo cual explica como: "Toman un palo grande, hecho a manera de asador, agudo por la punta, y pónenle derecho, y en aquél le espetan por el fundamento, que llegue quasi a la boca, y dexánsele ansí vibo que suele durar dos y tres días (131). Esta crueldad excesiva después, al hablar de la justicia turca, aparece dentro de un sistema lógico de retribución. En el contexto de la época el lector español no puede olvidar las prácticas inquisitoriales, las torturas y las ejecuciones públicas donde se queman vivos a los herejes. Sin embargo, aquí no se está ejecutando a luteranos o judíos sino a los capitanes del ejército contrario que han sido capturados. No obstante, durante su cautiverio Pedro encuentra crueldad en los renegados y en los cautivos más veteranos que delatan a sus camaradas porque quieren demostrar su lealtad a su amo. Estos esclavos son los escribanos y los guardianes que carecen totalmente de compasión por los demás cautivos (163).

Pedro utiliza su razón (su capacidad de análisis crítico) para proyectar una imagen diferente a la que pinta en la dedicatoria ya que como vemos su sufrimiento se aleja de "una cautividad peor que la de Babilonia" y de una "servidumbre llena de crueldad y tormento". Vemos que su texto diverge del modelo trazado al comienzo del mismo para romper con la imagen del monstruoso adversario. Con estas palabras más que ensalzar al turco, el autor busca enfatizar la oposición entre un sujeto pasivo (a quien le *ocurre* algo tan doloroso como la "cautividad peor que la de Babilonia") y otro activo (el que *hace* algo para sobrevivir en ese cautiverio); este segundo sujeto es el que el autor valora. De modo que el narrador destruye la imagen de cautivo víctima del odio y resentimiento que de sí mismo proyecta al comienzo. Siendo consciente de la superioridad del cristianismo ("ya sé que ban todos la infierno...") más adelante Pedro presenta al turco bajo una lente libre de estos prejuicios iniciales porque ha logrado forjarse a sí mismo. El relato de Urdemalas se caracteriza por ofrecer una visión completa del adversario (justamente lo contrario que hace el autor al comienzo) al narrar desde la razón, no desde la emoción, los relatos provenientes de cautivos que solamente han sufrido están llenos de exageraciones que pintan al turco como "vituperio de la naturaleza humana". Pedro, a diferencia de los demás cautivos, ha penetrado el interior de las casas turcas y no se siente traumatizado por el cautiverio precisamente porque ha podido superarlo. Esto le permite ser más racional y analítico y así admirar al pueblo turco como virtuoso pese a que también comete errores, como por ejemplo su religión. El conocimiento de primera mano es clave para las conclusiones a las que llega Pedro:

> [H]echa comparaçión a Roma, Veneçia, Milán y Nápoles, París y León, no solamente es mala comparaçión compararla a éstas, pero parésçeme, vistas por mí todas las que nombradas tengo, que juntas en valor y grandeza, sitio y hermosura, tratos y probisión, no son tanto juntas, hechas una pella, como sola Constantinopla; y no hablo con pasión ni informado de una sola parte, sino oídas todas dos, digo lo que dicho tengo, y si las más particularidades os hubiese de dezir, había neçesidad de la vida de un hombre que sólo en eso se gastase (498).

El elogio de Constantinopla es fruto de un proceso analítico basado en la comparación con otras ciudades. Pedro habla desde su experiencia personal y desprovista de emoción porque como él mismo dice "no hablo con pasión ni informado de una sola parte, sino oídas todas dos".[14] Aquí el énfasis en el aspecto personal es parte de su proyecto de afirmar su propia agencialidad. Cuando repite lugares comunes se ve justificado porque son sus propias observaciones, no meras reiteraciones de comentarios ajenos.

Pedro se defiende del cinismo de Mata, quien pone en duda su relato: "Lo que habéis oído es verdad, sin discrepar un punto" (122). El que ha estado allí en calidad de cautivo y médico es un testigo fiable puesto que ha experimentado en sus propias carnes el poder del enemigo y su testimonio es además un camino hacia la superación del trauma causado por ese cautiverio.

El saber y la búsqueda de la autenticidad

La tensión entre la falsedad y la autenticidad se encuentra presente en todo el texto y sirve de hilo conductor que revela un mundo de apariencias y engaños. Desde la dedicatoria el autor escondido en su anonimato lanza una muy dudosa llamada a las armas. El protagonista, Pedro, se presenta en España como un falso monje griego disfrazado para camuflar su identidad. De este modo, la idea de que el saber se encuentra oculto y debe descubrirse mediante el esfuerzo intelectual se desprende del propio personaje de Pedro quien oculta su identidad bajo apariencias engañosas. Busca un lugar oculto para hablar con sus interlocutores: se esconde durante dos días en casa de sus amigos Mata y Juan para narrarles su periplo. En Turquía finge ser médico y gracias a su estudio y dedicación termina por curar a la misma hija del sultán e incluso adquiere el título de médico *honoris causa* de la universidad de Bolonia.

---

14   El lector puede observar aquí que lejos de ser objetivo, se trata de una observación basada en experiencia subjetiva, lo cual permite al narrador sentirse superior no solamente a los otros cautivos carentes de su iniciativa, inteligencia y motivación, sino especialmente de sus compatriotas quienes probablemente desconozcan estos lugares. Su lista tan ostentosa de ciudades realza su superioridad.

Por su parte, a diferencia de Pedro, Juan finge ser devoto y buen cristiano para conseguir beneficios, también finge haber viajado por el mundo y conocer muchos idiomas. El texto se presenta como un relato veraz y genuino, pero se encuentra lleno de referencias a otros libros.[15] Este "préstamo" podría dejar en entredicho la autenticidad tan deseada, sobre todo ante un lector letrado.

No obstante, contra la adulteración el autor presenta el saber y el conocimiento empírico. En la dedicatoria al monarca el autor anónimo pone de manifiesto el papel clave del viaje como forma de conocimiento no solamente muy superior al saber letrado sino sobre todo a la literatura:

Aquel insaçiable y desenfrenado deseo de saber y conosçer que natura puso en todos los hombres, Çésar invictíssimo, subjetándonos de tal manera que nos fuerza a leer sin fructo ninguno las fábulas y fictiones, no puede mejor executarse que con la peregrinación y ver de tierras estrañas, considerando en quánta angustia se enzierra el ánimo y entendimiento que está siempre en un lugar sin poder extenderse a especular la infinita grandeza del mundo (87).

En esta cita podemos observar que la tensión radica en la fuente de conocimientos. Para poder demostrar su teoría de que la vida nos enseña lecciones que la literatura no es capaz, el autor se sirve de fuentes textuales que pide que el lector rechace. El viaje proporciona un conocimiento empírico y el análisis crítico que complementa al saber letrado o conocimiento teórico[16] ("especular la infinita grandeza del

---

15   Los críticos han visto en esta obra de ficción huellas más o menos directas de otras obras de la época publicadas en Italia como *La miseria cosí deprigioni ...* de Bartholomeo Giorgievits, 1551, *I costumi et la vita de Turchi* de Giovanni Antonio Menavino (1551) Belon 1555 o *Costumi et i modi particolari della vita de* Turchi de Luigi Bassno, 1545 o en Francia como *Les Observations de plusieurs singularitez & choses me'morables trouve'es en Grèce, Asie, judée, Egypte, Arabie et autres pays etranges* de Pierre Belon *1555* (Sánchez García 138). Por lo tanto todo este amalgama de fuentes y de puntos de vista de los interlocutores, hacen de la obra una original como es el propio mundo de Constantinopla, una especie de mosaico multicultural.

16   Críticos desde Bataillon a Delgado-Gómez (entre otros) han señalado como fuente de *Viaje de Turquía* la obra del médico francés Pierre Belon quien alaba

mundo"). De esta manera, en la dedicatoria el autor arremete contra el saber letrado y específicamente contra la literatura ("fábulas y ficciones") para defender el viaje a tierras lejanas en particular a aquellas que guarden menos relación con la propia. Este último detalle se opone directamente al proceso de aislamiento ideológico que España experimenta en esos momentos.[17]

Antes de la llegada de Pedro al comienzo de la novela el lector se encuentra con la mirada crítica de Mata y de Juan sobre los penitentes y el espectáculo de gentes diversas que tienen frente a ellos. El propósito del diálogo inicial entre estos dos amigos es mostrar el paradigma del español ignorante cuyas opiniones sobre el extranjero están basadas en meros prejuicios y en el desconocimiento. Pedro se opone al español recalcitrante e intolerante que por ignorancia y sin haber salido de su país rechaza lo que viene de fuera.

El personaje de Juan puede interpretarse como el doble adulterado de Pedro puesto que asegura conocer otras tierras y lenguas, sin embargo, los diálogos iniciales dejan ver una actitud ignorante e incluso ridícula. Un ejemplo ilustrativo podemos encontrarlo en el tercer capítulo en el cual sus viajes a Jerusalén se revelan una farsa de la que se sirve para engañar al vulgo. Así cuando Pedro le pregunta detalles sobre su supuesto viaje a estas tierras responde que llegó hasta Jerusalén (una ciudad sin acceso al mar) en barco (123-4). Mata comenta irónicamente la superioridad de Pedro como viajero frente al aislamiento y provincianismo de ellos: "Gran ventaja nos tienen los que han visto el mundo a los que nunca salimos de Castilla" (116). Por ello, la autenticidad del relato de Pedro se opone a la falsedad de Juan quien elabora un ficticio viaje a Jerusalén sin haber salido de España. El autor hace contrastar el saber letrado (muchas veces falso) con la experiencia testimonial de primera mano. En el caso de Juan, para engañar al pueblo dice haberse

---

las riquezas del saber obtenido del viaje a tierras turcas.

17   Si bien el erasmismo (como las corrientes extranjeras) es aceptado incluso bien visto hasta la tercera mitad del siglo XVI, a partir de los años treinta se endurece su condena. Ejemplo de ello es el exilio del humanista Juan de Valdés, quien tras la acogida negativa de su *Diálogo de la doctrina cristiana* de carácter erasmista se refugia en Italia no volviendo más a su país natal. Felipe II prohíbe los estudios en el extranjero cuando con anterioridad era frecuente ir a estudiar a Italia o a Francia. Este contexto es esencial para comprender *Viaje de Turquía* y sus referencias al saber y al viaje.

servido de la información proveniente de un texto sobre el peregrinaje a Jerusalén escrito por un fraile, a lo que Urdemalas responde: "¡Mas de las cosas que no vio! ¡tan grande modorro era ese como los otros que hablan lo que no saben, y tantas mentiras como diçe en su libro!" (125). Al falso viaje de Juan basado en las enseñanzas engañosas de este libro se oponen los viajes auténticos de Pedro.

Entre españoles ignorantes Juan es capaz de mantener esta ficción de sí mismo hasta que Pedro, al llegar de otras tierras, descubre la verdad y le hace admitir su farsa: "[T]eniendo tan familiar entrada en todas las casas de illustres y ricos, ¿con qué vergüenza podré agora yo dezir públicamente que es todo burla quanto he dicho, pues aun al confesor tiene hombre empacho de descubrirse?" (124). En el relato de Pedro Juan percibe su propia imagen distorsionada, lo cual le lleva a admitir su mentira y reconsiderar su vida llena de engaño. Por ende, Pedro cumple la función de revelar la verdad oculta.

Desde el primer capítulo se establece un contraste entre lo español y lo extranjero. Estando pues en el Camino de Santiago, ante el espectáculo de gentes muy diversas, los dos amigos se topan con Pedro, un antiguo camarada a quien no han visto en más de ocho años. Sin reconocer a su antiguo compañero de estudios Mata lo tilda de diablo: "¿Vistes nunca al diablo pintado con ábitos de monje? [...]. El mesmo hábito y barba que en el infierno se tenía debe de haber traído acá, que esto en ninguna orden del mundo se usa" (106). La ignorancia de Mata (al juzgar sin saber) revela un pensamiento irracional y supersticioso, primero un desconocimiento de lo extranjero ya que como se trata de un aspecto diferente a lo español no puede existir, y segundo una asociación directa de lo extranjero con lo diabólico. Las palabras de Mata tienen varias implicaciones, por un lado, revelan el éxito de la transformación de Pedro (ya han pasado ocho años y Pedro está irreconocible), y por otro, una actitud ignorante del español que no ha salido de su tierra y no conoce más que lo que en ella ha visto al asociar al supuesto monje griego con el diablo. De ahí que Juan (que pasa falsamente por viajero) le increpe: "Si hubieses andado tantas partes del mundo como yo, no harías esos milagros. Hágote saber que hay mil quentos de invenciones de fraires fuera d'España, y este es Fraire estrangero" (106).

A la actitud de sus compatriotas se opone Pedro, quien se ha ido adaptando a las costumbres de los distintos países donde ha vivido hasta tal punto que su identidad española ha sido suplantada por una identidad nueva fruto del contacto con el otro. Sin embargo, podría decirse también que Pedro al regresar a su país continúa representando el papel que le permitió pasar por griego en Turquía y luego en Grecia, engañando por su aspecto y su manejo de la lengua. Esto le permite aparecer ante sus antiguos camaradas –a quienes reconoce inmediatamente– como una ficción o adulteración y reírse de ellos. De ahí que el primer encuentro entre Pedro y sus dos interlocutores a quienes se dirige en griego ("Metanina" o penitencia) resulte una escena claramente cómica en la que se trata de mostrar la superioridad del protagonista frente a la ignorancia de sus antiguos camaradas. Juan ni siquiera reconoce en qué lengua está hablando Pedro, si bien como teólogo debería comprender sus palabras. Sin llegar a dominar ninguna lengua Juan se dirige a su antiguo amigo en una mezcolanza de idiomas provocando la risa del sabio Pedro, quien sabe perfectamente quiénes son ellos. Juan carece de saber letrado (desconoce el griego, utiliza fuentes dudosas para sus sermones) y de saber empírico (no ha viajado) por lo tanto no está capacitado para descubrir por sí mismo la verdad que oculta la apariencia de este monje extranjero.

Pedro se opone a Juan precisamente porque posee conocimientos letrados y empíricos ya que ha viajado, sus acciones lo definen no las apariencias falsas. Asimismo, Pedro "urde" una narración personal en la que va a presentarse como el auténtico cristiano que no teme morir a manos del enemigo por defender sus propias convicciones. Al revelar la falsedad de sus compatriotas y mostrarles la manera de enmendar el curso de su vida, Pedro se presenta también como un evangelizador, una suerte de San Pablo hablando con los corintios para guiarles hacia una vida menos alejada de los principios cristianos. En este sentido la enmienda significaría vivir con la verdad por delante, de la misma manera que el autor se propone hacer con su texto. La ironía radica en que el portador de un mensaje de autenticidad es un hombre disfrazado que finge ser quien no es. Sin embargo, Pedro es el ejemplo mismo de

que la autenticidad radica en lo que permanece oculto[18] por ello todo
lo externo del individuo (la ropa y su barba) carece de valor profundo.
La transformación que lleva a cabo Pedro le lleva a afianzar su fe:

> yo fui cautivo y estube allá [en Turquía] tres o cuatro años. Des-
> pués salvéme en este ábito que aquí veis, y agora voy a cumplir el
> voto que prometí y dexar los ábitos y tomar los míos propios, en
> los quales procuraré servir a Dios el tiempo que me diere de vida:
> esto es en conclusión (121).[19]

Pedro tiene como destino final Santiago de Compostela y es allí
solamente cuando va a cambiarse de traje, dejar su apariencia extranjera para recuperar sus hábitos e integrarse de nuevo en la sociedad
española. Por ello, este destino final es esencial a la hora de interpretar
la obra como una reflexión sobre el cristianismo y los valores cristianos auténticos frente a la corrupción de dichos valores. Si bien Pedro
aparece como una suerte de 'evangelizador' para Juan, el texto desem-
peñaría el mismo papel para un lector del siglo XVI. Bataillon apunta
con acierto que "todo el libro respira fe robusta en Cristo salvador, en
el Dios de los Evangelios y de San Pablo" (*Erasmo y España*, 686) y un
poco más adelante nos recuerda que el texto comienza con una cita de
Homero y termina con otra de San Pablo (*Erasmo y España*, 691), la
una en griego y la otra en castellano. No olvidemos tampoco el epígrafe
con el que se abre el capítulo primero: "Initium sapientiae timor Do-
mini," proveniente de los *Salmos*[20] –Salinero en una nota a su edición

---

18   En este sentido Urdemalas se libera de su propio nombre, de su "déter-
minisme onomastique" como muy bien apunta Claude Allaigre (91). Es decir, este
personaje defiende la verdad, tiene un apellido que según la tradición folklórica correspondería a un mentiroso. Es decir aquí el autor pone de manifiesto que la identidad del individuo no viene determinada por su linaje sino por sus obras. Pedro es el
ejemplo evidente de la capacidad de transformación del individuo contra cualquier
adversidad.

19   Más adelante dirá lo mismo al hablar del doctorado honoris causa que le
otorgaron en la universidad de Bolonia: "con el qual estos pocos días que tengo de
vivir pienso servir a Dios" (369).

20   Esta preferencia por el *Nuevo Testamento* y por las enseñanzas de Cristo,
así como el interés por practicar la caridad está muy acorde con los principios eras-

explica que esto sería debido al deseo de imitar los diálogos de Luis Vives (504).

La primera lealtad de Pedro es el auténtico cristianismo (antes que su país de origen) por ello puede permitirse el criticar la hipocresía religiosa y el imperio español mostrando el carácter superior del imperio turco, más eficaz en su funcionamiento y también más tolerante en cuanto a la diversidad religiosa y cultural. Es decir, los "pecados" de España han sido rechazar la diversidad y embarcarse en guerras entre cristianos, esencialmente Pedro rechaza la mala interpretación de los valores cristianos.[21]

La corrupción religiosa y política que aparece en el texto está vinculada al proyecto imperial y se opone a la noción de autenticidad. Una forma de corrupción religiosa es el engaño de los falsos predicadores, entre los que se encuentra el propio Juan. El doble adulterado de Pedro menciona las falsas reliquias de santos y las ficticias peregrinaciones a Jerusalén de las que se sirven los predicadores (125). Un ejemplo de corrupción política lo encontramos en la alusión al ejército español. No solamente critica a los soldados por su cobardía y su falta de ánimo (145, 424) sino sobre todo la corrupción que existe entre los superiores quienes roban y falsean cifras. Con el fin de ganar más dinero alegan poseer más hombres de los que en realidad tienen a su mando (144). Si entendemos que el texto va dedicado al monarca español, la intención del autor parece clara: hacerle saber los excesos y crímenes cometidos dentro de su propio ejército. A la pregunta de por qué el rey no resuelve el problema, Pedro en un tono conciliador afirma que porque no lo sabe: el rey desconoce la corrupción y el robo dentro de su ejército. Sin embargo, la ignorancia del monarca no es en ningún modo una disculpa sino una debilidad que critica el autor de forma indirecta al mostrar

---

mistas como apunta Francisco Rico (117).

21   Delgado-Gómez observa con acierto que el autor se opone abiertamente desde la dedicatoria a las guerras entre cristianos ("Una visión comparada). Al exhortar al monarca a que combata al turco, el autor expone que uno de los problemas es "estar empedido en estas guerras de acá, que no le dexan executar su deseo" (424). La defensa de la ortodoxia católica se presenta como una lucha ineficaz, como un derroche de energía. Como se verá más adelante esta preocupación es profunda en toda la novela. Ante una visión imperialista de la Cristiandad se opone la realidad de la desunión y falta de solidaridad entre cristianos.

después el control que ejerce el sultán en su ejército.[22] Este desconocimiento de monarca español es revelador de una mala administración, de una falta de lealtad por parte de los que se encuentran al mando y de una falta de implicación del gobernante que contrasta con la eficacia y pragmatismo del imperio turco y la implicación del visir y del sultán. Un ejemplo de ello es cuando el Sultán parte para Persia para luchar contra el Sophí y deja a su visir Zinán Baxá al mando de Constantinopla, quien se enferma por rondar él mismo la ciudad de noche (208). En efecto, Pedro va a exponer el buen funcionamiento de la gestión militar del lado turco, así como el conocimiento profundo por parte del sultán de su imperio. La comparación entre los dos gobernantes es evidente al igual que la crítica indirecta que se puede extraer. Por ello, el éxito español estará lejos de ser alcanzado como deja entender el comentario de Juan tras escuchar el testimonio de Pedro: "Buena va la guerra si todos son ansí" (145).[23]

Siendo Pedro cristiano se ve legitimado para criticar la versión del cristianismo practicada no solamente en España sino en la cuna de la cristiandad, basada en la hipocresía, en la falsa caridad, en la corrupción y en la intolerancia. Al afirmar que "mi romería va por otros nortes" el personaje quiere diferenciarse de estas prácticas y enfatizar su independencia y agencialidad (119). Es decir, el celo cristiano del monarca español al que parecería apelar en la dedicatoria, se yuxtapone radicalmente a la concepción de religión que trae Pedro de vuelta de Turquía al igual que se opone a la falsedad de sus dos compatriotas. La auténtica fe cristiana frente a las prácticas hipócritas de falsa generosidad está a la base de la transformación de Pedro. Como recuerda Francisco Rico, el humanismo cristiano surge para contrarrestar los excesos del catolicismo medieval, para "privilegiar una religiosidad más vuelta a la sinceridad de la actitud interior y hacia el testimonio sólido,

---

22   El control como elemento fundamental de la superioridad del turco se aprecia en el ejército. De los jenízaros, parte esencial del ejército turco, dice Pedro que al estar sujetos y no libres son más eficaces: "y no creo que les haze cosa ninguna ser fuertes sino el estar subjetos y no regalados" (421).

23   Delgado-Gómez subraya el análisis comparativo que realiza el autor anónimo quien presenta la superioridad y eficacia de Solimán no como una excepción dentro de los sultanes turcos sino como la norma ("Una visión comparada, 47-8).

en la conducta, en las obras, de un auténtico espíritu de caridad" (150). Este es el cristianismo que propone el autor en *Viaje de Turquía* y que aparece reflejado en la transformación de Pedro.

Pedro engaña a Mata y Juan con su vestimenta y su lengua para ponerlos a prueba y comprobar la eficacia de su transformación, del mismo modo que el autor engaña al lector perezoso con el propósito del texto que expone en la dedicatoria.

A diferencia de Juan, quien también estudió en la universidad de Alcalá, Pedro abandona la vida académica y, alentado por un deseo de cambio, sale de España como soldado. Por ello su transformación empieza *antes* de caer a manos de los turcos:

[C]omo la muerte jamás nos dexa de amenazar y el demonio de acechar y cada día del mundo natural tenemos veinticuatro horas de vida menos y como el estado que nos tomare la muerte según aquél ha de ser la mayor parte de nuestro juicio, parescióme que valía más la emienda tarde que nunca y ésa fue la causa porque me determiné a dexar la ociosa y mala vida (123).

La palabra clave de este pasaje es "enmienda", la que lleva a cabo Urdemalas con su propia vida y la que llevará Juan tras escuchar el relato de su amigo.[24] La enmienda, la corrección de un error, significa saber encauzar la vida hacia un fin más auténtico. Pedro toma la iniciativa para enmendarse, es decir dejar su vida anterior de Alcalá. El viaje es un periplo que le permite abandonar esa vida ociosa. Como se verá más adelante en el relato de su regreso a España la capacidad de acción de Pedro junto con su empeño por superarse a sí mismo le otorga la calidad de sujeto libre. De hecho Pedro valora la libertad por encima

24   Pedro muestra a Juan el camino hacia la virtud. Juan aprende los verdaderos valores de la vida y su personaje evoluciona al final acercándose a la autenticidad: "[E]n recompensa de la buena obra que al prinçipio me hizistes de apartarme de mi vida pasada, quiero representando la venidera, que hagáis tal fin quales principios abéis llevado, y todo se hará fáçilmente menospreciando los regalos de acá que son muy venenosos y inficionan más el alma que todas las prisiones y ramos de infieles" (502). La historia de Pedro le ha servido como lección para abjurar de su vida pasada y le invita a dedicar su vida a Dios. De esta forma el final del libro remite al epígrafe con el que se inicia el primer capítulo de la obra.

de todo: "y es que por la libertad que tengo, que es la cosa que más en este mundo amo" (128). Se trata no solamente la libertad física sino también la libertad de pensamiento.

A diferencia de Pedro, Juan es un ejemplo de cristiano hipócrita, su materialismo lo corrompe al aprovecharse del dinero de la caridad. Graduado de teología por Alcalá, llena sus sermones de falsas narraciones de viajes y de palabras que ni él mismo entiende. Es corrupto pues junto con Mata se beneficia del dinero destinado a los hospitales de caridad que debería construir. Pedro critica la falta de caridad hacia los pobres cuando Juan le habla del proyecto de construir un hospital suntuoso para el que se traen mármoles de Génova y que dado su envergadura está resultando un desastre financiero. Pedro hace hincapié en la debilidad de tales proyectos tan vanos como hipócritas:

> La mayor [vanidad] del mundo universo si han de ser como ésos [los hospitales ostentosos], porque el cimiento es de ambición y soberbia, sobre el qual quanto se armase se caerá. Buen ospital sería mantener cada uno todos los pobres que su posibilidad livianamente pudiese sufrir acuestas, y socorrer a todas sus necesidades, y si no pudiese dar a cuatro, contentásese con uno (113).

La crítica hacia las falsas prácticas religiosas basadas en meras apariencias y ostentación revelan un nivel de corrupción y engaño frente a una auténtica religiosidad basada en la fe,[25] en la caridad y el amor al

---

25   Además del derroche en lo externo y el descuido de lo interno, Pedro también apunta a la corrupción de los que gestionan dichas empresas que se quedan con todo sin dejarle a quienes lo necesitan: "la mitad se toma el patrón, y lo que queda, parte toma el mayordomo, parte el escribano; al cozinero se le pega un poco, al enfermero otro; el enfermo come sólo el nombre que le dieron gallina y oro molido si fuese menester. De modo que ciento que estén en una sala comen con dos pollos y un pedazo de carnero" (115). Pedro no solo critica a las autoridades sino también a sus propios amigos, quienes también usan de estas limosnas destinadas a hospitales como dejan ver por sus manjares pese a que la casa aparentemente no sea lujosa por dentro no les falta una muy buena mesa. El mismo Mata afirma primero que "quasi todo lo que nos dan nos comemos y aún no nos basta" (113) más adelante "que estamos en una casa, qual presto veréis muy ruin, pero como comemos tan bien que ni queda perdiz ni capón ni trucha que no comamos, no sentimos la falta de las paredes por de fuera, pues dentro ruin sea yo si la despensa del rey está ainsi" (116).

prójimo. La ambición y la soberbia son dos pecados capitales a los que el autor se refiere como características del imperio español, los cuales lo conducen a su pérdida. La advertencia es evidente, si no cambia de rumbo el imperio está destinado al fracaso.

La utilidad del saber

Pedro representa la capacidad de enmienda y la transformación del sujeto a través del trabajo, el esfuerzo y el análisis crítico. Es además un autodidacta (un *self-made man*) que forja su propia identidad y que goza de agencialidad al lograr ascender con éxito asombroso en la escala social turca por su propio esfuerzo y no por su nacimiento. El saber es la clave para mejorar la vida del cautivo, así lo afirma Pedro que en el cautiverio: "todos procuran de saber hazer algunas cosillas de sus manos, como calzas de aguja, almillas, palillos de mondar dientes [...] lo qual todo lo venden" (150-1). Por ello, el conocimiento es un arma de supervivencia que Pedro valora por encima de cualquier tipo de riqueza: "¿Qué más dineros ni riqueza quiero yo que saber?" (246). El autor enfatiza también la confianza en el ser humano, en la libertad de cada individuo para aprender y para fraguar su propio destino, así como el método científico de análisis opuesto a la superstición: "¿Por qué tengo yo de creer cosa que primero no la examine en mi entendimiento?" (146). Por ello, sitúa el saber por encima de todo: "Nunca os pese de saber, aunque más penséis que sabéis, y hazed para ello que esta quenta, que sin comparaçión es más lo que no sabéis vos y quanto hay que lo que saben, pues quando os preguntan una cosa y no la sabéis olgaos de deprenderla, y hazed quenta que es una de las que no sabíais" (363-4).

El esfuerzo y el estudio se presentan como el método más eficaz para ascender en la sociedad turca: estando en el cautiverio el personaje aprende que para tener una vida mejor debe conseguir un oficio. Así que en solo tres meses adquiere el "oficio de médico" gracias a un libro que milagrosamente cae en sus manos al comienzo de su cautiverio:

> Vínome a la mano un buen libro de medicina con el qual me vino Dios a ver, porque aquel contenía todas las curas del cuerpo humano, y nunca hazía sino leer en él; y por aquél comenzé a curar unos cautibos que cayeron junto a mí enfermos, y salíame bien lo que

experimentaba; y como yo tengo buena memoria, tomélo todo de coro en poco tiempo, y cuando después me vi entre médicos, como les dezí de aquellos textos, pensaban que sabía mucho (146).

Para la medicina, Pedro defiende el saber letrado en el campo de la medicina. Su superioridad radica en la adquisición de este saber: "Turcos y griegos no saben letras, sino los médicos que hay todos son echizeros y supersticiosos" (171). Gracias a este libro compilatorio de todas las enfermedades, así como a su capacidad de memorizar su contenido, Pedro alcanza una posición superior a la de los demás cirujanos y barberos de la galera. De modo que rápidamente gana fama de buen médico. El saber médico, siendo a la vez teórico y práctico, permite conjugar saber y vivir para volverse literalmente aquello que ayuda al narrador a sobrevivir. El ascenso social se produce cuando Pedro pasa a ser el médico de su amo Zinán Baxá (168) y culmina al tener a su cargo a la hija del sultán.[26] Sin embargo, su inmediato ascenso en la escala social es debido a su esfuerzo personal y a su estudio; Pedro "urde" así su propio destino. Por lo tanto, aquí no se trata de un mundo fijo regido únicamente por las leyes de la sangre y del origen étnico.

Los conocimientos lingüísticos le son también útiles. Al aprender turco puede adaptarse mejor en Constantinopla y después se sirve de sus conocimientos de la lengua griega para huir de allí y convertirse en monje ortodoxo. Sin ser griego ni médico logra aparentar serlo gracias al estudio, a la práctica y a la repetición, no al nacimiento ni al linaje. Dentro de la defensa humanista del saber se encuentra la idea de que lo que hace humano al individuo es precisamente el esfuerzo para alcanzar dicho saber (opuesto a la "oçiosidad" de la que Pedro dice escapar en España).

Urdemalas elabora toda una teoría sobre el aprendizaje de la lengua y la importancia del conocimiento de lenguas extranjeras. De sus aptitudes señala: "que hay pocos en Greçia que hablen más elegante y cortesanamente su propia lengua que yo, ni aun mejor pronunciada" (319). Pedro subraya la importancia de la pronunciación como parte

---

26   Entre tanto hay un período de interrupción de privilegios al negarse a abandonar su identidad de cristiano y renegar de ella como su amo le pide y pasa a ser un obrero de la construcción (180).

de su nueva identidad. La transformación en el otro se lleva a cabo no solamente por el aprendizaje de la medicina o la religión griega, sino en primera instancia a través del aprendizaje del idioma y una pronunciación exacta. Ahora entre los griegos Pedro se vanagloria de pasar por uno de ellos, e incluso de ser superior a ellos. Como es el caso de otras materias, el saber de la lengua no se adquiere simplemente con los libros, aquí el autor nos ofrece una visión muy moderna de la importancia del contacto empírico con la lengua, el carácter oral y vivo de la misma solo es posible adquirirlo en el viaje. Esto le permite asimismo criticar el sistema educativo español y al proprio Nebrija: "No puedo dexar de daros a entender por solo eso la grandíssima falta que todos los bárbaros d'España tienen en lo que más haze el caso en todas las lenguas" (319). Los españoles como apunta Pedro no pasan nunca desapercibidos por su estrambótica pronunciación de las lenguas extranjeras siendo el hazmerreír allá donde van. Para Pedro es esencial la pronunciación que no se aprende en España ni en libros, sino al entrar en contacto directo con el habla de la calle que tanto difiere de la de Demóstenes, Homero, Platón o Esquilo.

Por consiguiente, el ascenso social del personaje está directamente vinculado al éxito profesional, a su saber médico y al conocimiento profundo de la lengua.

La ignorancia intolerante

En la defensa a ultranza del saber y el rechazo de la ociosidad que forma parte del carácter didáctico de la obra se solapa una crítica a la situación en España, donde el pensamiento crítico se encuentra bajo sospecha. Precisamente, para Urdemalas la inferioridad militar del turco no solamente es debida a las guerras inútiles en Europa, sino a la ignorancia y a la falta de información sobre el ejército enemigo que les lleva a temerlo injustificadamente:

> si nuestro invictíssimo Çésar tubiese tiempo de poder ir contra este exército [...], parte también nuestra cobardía y poco ánimo, por las ruines informaçiones que los de allá nos dan sin saber lo que se diçen, les da a ellos ánimo y victorias; de manera que el miedo que nosotros tenemos los haze a ellos balientes, que de otra manera

más gente somos de guerra sesenta mil de nosotros que seisçientos mill dellos, y más son diez mill caballos nuestros que çien mill de los suyos (424).

La falta de información junto con la cobardía de los soldados españoles les lleva a malinterpretar al enemigo y a no enfrentarse a él. Una consecuencia de la ignorancia sería el fracaso cristiano y el desconocimiento de uno mismo. La superioridad cristiana no sirve de nada si los cristianos desconocen sus propias fuerzas. Por el contrario, el poder del turco radica en sentirse superior, se trata de una superioridad psicológica, mediante la cual siembran miedo en su enemigo para vencerlo. Además Pedro explica la buena financiación del imperio turco, al recibir grandes tributos de cristianos y utilizar el saber de los judíos, de quienes aprenden técnicas bélicas: "hasta que echaron los judíos de España, los quales se lo han mostrado, y el tirar d'escopetas, y hazer de fuertes y trincheras y todos quantos ardides y cautelas hay en la guerra, que no eran antes más que unas bestias" (428). El error de expulsar a los judíos de España tiene entre otras consecuencias que el saber militar de estos sirve para luchar contra la fuerza cristiana y dar más poder al turco. Esta expulsión es criticada aquí de forma indirecta, ya que la superioridad del turco es en parte causada por los españoles, primero dándole fuerza moral y psicológica y después ofreciéndole el saber militar que les faltaba gracias a los judíos. Pedro expone aquí las consecuencias negativas de la expulsión de los judíos, mientras muestra el pragmatismo turco por encima del fanatismo religioso español.[27] Estos

---

27   Curiosamente este tipo de tolerancia era practicado en España hasta la victoria de los Reyes Católicos y la creación del imperio español. Así lo afirma Joseph Pérez: "Durante la Edad Media, en España, se practica, en efecto, la tolerancia en el sentido que se le daba entonces a la palabra y que se le sigue dando hasta una fecha muy reciente: no se respetaba al disidente, ni se le reconocían derechos: lo que se tolera no es en ningún modo un derecho; simplemente no se les perseguía ni se les expulsaba porque los reinos cristianos de España consideraban que la presencia de moros y judíos en medio de los cristianos podía serles útil" (151-2). Para Pérez, el tipo de tolerancia que se practica en España hasta finales de la Edad Media se basa no en valorar y el respeto de la diferencia sino en servirse de ella. Se trata de un final pragmático por encima del celo dogmático que impera después. Vemos una tolerancia semejante en el caso de los turcos que se sirven del saber de los judíos para solidificar

elementos confieren al imperio turco fuerza y eficacia y superioridad
frente al imperio español en decadencia.

Al denunciar las consecuencias militares de la expulsión de los judíos en España, el autor vincula otro error español a la superioridad
militar del turco: "él trae la mejor artillería que prínçipe en el mundo,
y mejor encabalgada en sus carretones y con todo el artifiçio neçesario.
Teniendo tantos renegados, por nuestros pecados, que son mucho más
que los turcos naturales" (434). Pedro explica a sus interlocutores que
lejos de llevar una artillería defectuosa, el turco se sirve de un ejército
multiétnico compuesto por gentes de varias naciones, muchos renegados, y así puede ser superior, precisamente por "nuestros pecados"
culpando a los propios españoles de la superioridad del turco.[28]

A través de su relato el autor anónimo defiende el pragmatismo del
saber útil[29] para la supervivencia en el sentido individual y colectivo
al mismo tiempo que constituye una advertencia y una recriminación
por haber perdido la hegemonía internacional. La clave es la tolerancia
pragmática y así lo pone de manifiesto Pedro cuando habla de la costumbre turca de hacerse "hermanos de sangre" las personas amigas "y
esto no sólo turco con turco, sino turco con christiano y judío" (499).[30]
No parece casual que esta sea una de las últimas costumbres turcas con
las que concluye el narrador su relato. Aquí radica la verdadera hermandad, el pacifismo y la reconciliación que se opone radicalmente a

su imperio. En cuanto al uso de los extranjeros en el ejército turco véase el ensayo de
Paula Sutter Fichtner (23-4).

28   Esta alusión a la expulsión de los judíos no ha pasado por alto a la crítica.
En su artículo Ohanna cita a Delgado-Gómez quien resalta los beneficios prácticos
de una política tolerante: "La convivencia es de este modo más fácil y lucrativa para
el estado" (429).

29   Al perder el favor del Baxá por no renegar de su fe cristiana un cortesano
turco le pregunta: "Di, christiano, aquella philosophía de Aristótil y Platón, y la me-
diçina del Galeno, y eloquençia de Çiçerón y Demósthenes, ¿qué the han aprovechado?" A lo que Pedro responde: "Hame aprovechado para saber sufrir semejantes días
como éste" (188). Tras las palabras sabias de Pedro logra el perdón de Zinán Baxá.
Estamos de nuevo ante un ejemplo de la utilidad del saber, en este caso adquirido por
el estudio para la supervivencia.

30   Sobre la tolerancia turca respecto a otras religiones especialmente la cristiana véase el texto de Javaid Rehman (63).

la llamada a las armas y a la aniquilación de "aquel monstruo turquesco, vituperio de la natura humana" con la que comenzaba (94).

Viaje de Turquía es un diálogo entre dos mundos aparentemente opuestos (dos imperios, el español y el turco) que el autor acerca de manera magistral. A nivel nacional, la experiencia obtenida fuera sirve a los personajes en primer lugar para trazar una comparación entre España y Turquía, y revelar los defectos del propio país y en segundo lugar, para demostrar el éxito del imperio turco y extraer de él lecciones dignas de imitación. El viaje a nivel individual significa también la transformación del sujeto y su capacidad de autonomía así como la revelación de su autenticidad basada en parte en la capacidad de cambiar y rechazar la vida pasada. El autor nos propone una solución para la decadencia del imperio que es cambiar de rumbo en cuanto a la interpretación de la doctrina cristiana. No se trata de una lucha violenta contra la diferencia sino de una apertura hacia una tolerancia útil, una apertura hacia el exterior.

El libro concluye con una visión de Constantinopla que resume la actitud de Pedro hacia el imperio que lo capturó pero que en cierta medida lo cautivó. Esta ciudad es superior a todas las que ha visitado, es un ejemplo multicultural que funciona. Para Pedro, la superioridad del turco se basa en saber servirse de las diferentes naciones, en otras palabras, todos tienen su lugar en la ciudad si demuestran que valen para algo. En este ambiente no importa el origen ni la sangre sino el saber y la capacidad de cambiar y evolucionar en la vida.

El periplo de Pedro le ha permitido conocer otras tierras, costumbres, religiones y le ha dado la ocasión de relacionarse con personas de origen muy diverso. Si bien nunca reniega de su "linaje cristiano" y decide volver a sus orígenes para "servir a Dios" sin desprenderse de los hábitos de monje griego hasta llegar a Santiago, no deja de señalar la superioridad en muchos casos del turco. Lo que empieza pareciendo un mensaje puramente bélico se revela como un manual para reforzar y reformar el imperio español con la ayuda de una apertura intelectual estratégica.

La tolerancia no es un peligro para la autenticidad, en este caso su autenticidad cristiana sale reforzada por el contacto con el otro. En una época de intolerancia religiosa el autor anónimo lanza un grito de paz en el vacío para advertir que el peligro radica en el desconocimiento y la desconfianza. El verdadero cristiano es quien ha viajado y lleva en él la huella del otro. Volver a un mundo más tolerante y a una España abierta al exterior es lo que busca este autor, quien muy consciente de las implicaciones de su mensaje se esconde en el anonimato.

Obras citadas

Allaigre, Claude. "Mucho va de Pedro a Pedro. Aspects idéologiques et personnages exemplaires du *Viaje de Turquía*." *Bulletin Hispanique* 90.1 (1988): 91-118.

Bataillon, Marcel. "Andrés Laguna, auteur du *Viaje de Turquía*, à la lumière des recherches récentes." *Bulletin Hispanique* 58.2 (1956):121-81.

———. *Erasmo y España. Estudios sobre la historia espiritual del siglo XVI.* Trad. Antonio Alatorre. México D.F.: Fondo de Cultura Económica, 1950.

Bunes Ibarra, Miguel Ángel de. "La irrupción turca: La llegada de los turcos al Mediterráneo." *El Mediterráneo plural en la Edad Moderna. Sujeto histórico y diversidad cultural.* Eds. José A. González Alcantud y André Stoll. Barcelona: Anthropos, 2011. 115-31.

Delgado-Gómez, Ángel. "Una visión comparada de España y Turquía: El *Viaje de Turquía*." *Cuadernos Hispanoamericanos* 444 (1987): 35-64.

———. "Viaje como medio de conocimiento en *Viaje de Turquía*." *Actas del VIII congreso de la Asociación Internacional de Hispanistas* 1.1 (1986): 483-9.

Elliott, John H. *Imperial Spain 1469-1716*. London: Penguin, 2002.

Ferreras, Jacqueline. "*Diálogo de la lengua* y *Viaje de Turquía*: problemas de estructura." *Cahiers d'**Études Romanes*** 15.15 (1989): 7-25.

Lawrance, Jeremy. "Europe and the Turks in Spanish Literature of the Renaissance and Early Modern Period." *Culture and Society in Habsburg Spain.* Eds. Nigel Griffin, Clive Griffin, Eric Southworth y Colin Thompson. London: Thamesis, 2001. 17-33.

Martínez-Góngora, Mar. "Las tecnologías de poder del Otro Imperio: Disciplina e identidad masculina en el *Viaje de Turquía*." *Crítica Hispánica* 24 (2002): 25-40.

Ohanna, Natalio. "Lecciones de allende la frontera: el *Viaje de Turquía* y su propuesta de apertura social." *Bulletin of Hispanic Studies* 88.4 (2002): 423-36.

Ortolá, Marie-Sol. "Los personajes [en el *Viaje de Turquía*]." *Estudios sobre el diálogo renacentista.* Eds. Asunción Rallo Gruss y Rafael Malpartida Tirado. Málaga: Publicaciones de la Universidad de Málaga, 2006. 191-225.

———. "Introducción". *Viaje de Turquía.*

———. "La tendencia utópica en el *Viaje de Turquía.*" *Neophilologus* 70.2 (1986): 217-27.

Pérez, Joseph. *Humanismo en el Renacimiento español.* Madrid: Gadir, 2013.

Rehman, Javaid. *Islamic State Practices, International Law and the Threat of Terrorism: A Critique of the 'Clash of Civilizations' in the New World Order (Studies in International Law).* Oxford: Hart Publishing, 2005.

Rico, Francisco. *El sueño del humanismo. De Petrarca a Erasmo.* Madrid: Alianza, 1993.

Rodríguez-Rodríguez, Ana María. *Letras liberadas. Cautiverio, escritura y subjetividad en el Mediterráneo de la época imperial española.* Madrid: Visor Libros, 2013.

Rogan, Eugene. *Los árabes. Del imperio otomano a la actualidad.* Trad. Tomás Fernández Aúz y Beatriz Eguibar. Barcelona: Crítica, 2010.

Sánchez García, Encarnación. "El mundo femenino turco en la literatura castellana del siglo XVI." *El Mediterráneo plural en la Edad Moderna. Sujeto histórico y diversidad cultural.* Eds. José A. González Alcantud y André Stoll. Barcelona: Anthropos, 2011. 132-67.

Sutter Fichtner, Paula. *Terror and Toleration: The Habsburg Empire Confronts Islam, 1526-1850.* Chicago: U Chicago P, 2008.

Viaje de Turquía. Ed. Fernando G. Salinero. Madrid: Cátedra, 1986.

———. Ed. Marie-Sol Ortolá. Madrid: Castalia, 2000.

Juan de Grajales's *El bastardo de Ceuta*: A Wife-Murder *Comedia* Gone Wrong?[1]

Gwyn E. Campbell
Washington and Lee University

A FORMER SUITOR, A jealous husband, and an allegedly unfaithful wife, often in an arranged marriage to an older husband, constitute the inexorable amorous triangle that taints the *caballero*'s honor to the degree that only the stain of blood—his wife's, if not her alleged lover's as well—will purify the offense.[2] The sources of the wife-murder plot—"moral *exempla*, Italian *novelle*, romances (ballads), and early-sixteenth-century drama" (Stroud 34)—are perhaps as documented as have been scrutinized by the four canonical plays of this *comedia* subgenre: Pedro Calderón de la Barca's trilogy *El médico de su honra* (1635), *A secreto agravio, secreto venganza* (ca. 1637), and *El pintor de su deshonra* (ca. 1640), together with Lope de Vega's earlier *El castigo sin venganza* (1631). While Lope's lascivious Casandra is a rare example of a wife who pays the brutal price because her tryst is witnessed, Calderón's three wife-murder plays sensationalize the tragic spectacle of the innocent wife who becomes the victim of a violent murder. What then to make of a *comedia* with all the trappings of a wife-murder play—not one, but two wives who are also the

---

1   This essay was first published in *Bulletin of the Comediantes* 66.2 (2014): 93-108.

2   In his seminal study, in which he argues for a pluralistic perspective of the wife-murder plays, which defy a single socioliterary meaning or one sole truth, Stroud documents 31 plays in this category.

sacrosanct figure of the mother and each technically guilty of adultery—where she is ultimately spared the fate of death at her husband's hand or decree?

Admittedly, upon initial consideration, any examination through the filter of a wife-murder play of a *comedia* in which no uxoricide occurs would seem to have little purpose. Thematically, of course, the wife-murder play properly belongs to those plays dealing with conjugal honour in particular, to be distinguished from the multitudinous *comedias de capa y espada* and *de enredos* of a far less fatal tenor, in which the amorous *galán* suffers some form of affront to his *fama* and that "con[cern] themselves primarily about love," not honour (Larson 2). The visibly darker tone occurs, of course, when the husband perceives the threat to his honour—his social esteem with respect to the power he exercises over his domain, his spouse, and the legitimacy of his progeny—as real; the *caballero*'s emotional fear, the passion of his irascible appetite, or "a movement away from an imminent evil," takes precedence over a more fully rational intellect (Hildner 20). For this reason, dating from the closing decades of the sixteenth century,[3] with few exceptions,[4] even the chaste wife suspected of dishonouring her husband with another man must fall victim to cold-blooded murder, methodically calculated to preserve the secrecy of the threatening affront itself.

But considered in another light, the murder of the wife suspected of adultery, guilty of the intent, or guilty of actual infidelity, is but an *outcome* of the conjugal honour play. Needless to say, the scales of justice (or vengeance) all but topple over on the side of uxoricide as the

---

3   For Larson, Lope creates the format and ethical standard of the conjugal honour plays in the closing decades of the sixteenth century, "the period when Spanish drama discovered both Seneca and the Italian *novellisti*, and as the century wore on, [the] blood flowed more freely" (21).

4   Stroud signals a number of non-tragic *comedias* in which the wife is in fact innocent, including Claramonte's *Desta agua no beberé*, the source play for Calderón's *El médico* (74). Among the 10 such examples in Lope's theater, Fichter notes that two become full-fledged comedies "by introducing the farcical device of having the lovers escape while the husband is tricked" (68), as well as the husband necessarily "assum[ing] responsibility for his wife's wrongdoing" (70), so as not to portray a violation of the honour code proper.

benchmark outcome of this category of *comedia,* hence the wife-murder moniker, regardless of the fact that it is a punishment frequently undeserved in the binary paradigm of adulteress/faithful wife. But this does not mean that no additional consequences or possible punishments exist for the alleged adulteress.[5] Indeed, one can plot two axes of range of punishment befitting the real crime, although admittedly efforts to classify the offense lend themselves to questionably gray areas. Along the one axis stands the actual adulteress whose retribution for the dishonour she brings can range from her "justified" death at the one end, to forgiveness and the sparing of her life at the other end; along the second axis is the innocent wife, the victim of homicide on the one end of the scale, to fully exonerated at the other. Despite the overwhelmingly prevalent dénouement, this additional consideration nonetheless allows us to expand the traditional horizons of the wife-murder plays, "a disparate and often contradictory group of plays" (Stroud 141), including Juan Grajales's thought-provoking *comedia, El bastardo de Ceuta,* a wife-murder play "gone wrong" from the standpoint of the commonplace moral honour code of conduct in the *comedia* of similar gravity and circumstances.

Little is known about the Castilian dramatist, Juan de Grajales (ca. 1570? – ca. 1633), although further details have surfaced since Ramón de Mesonero Romanos's initial reference to him as one of Lope's contemporaries, perhaps alluded to in the eighth *loa* of the first book of Agustín de Rojas Villandrando's hybrid miscellany *El viaje entretenido* (1603). Here, as Rojas's *loa* draws near its conclusion, *Viaje's* eponymous character catalogues the history of national dramatic writers, beginning with Juan de la Cueva through Lope and his contemporaries:

> De los farsantes que han hecho
> farsas, loas, bailes, letras,
> son; Alonso de Morales,
> *Grajales,* Zurita, Mesa,
> Sánchez, Ríos, Avendaño,

---

    5   Most critics now concur that despite the juridical evidence and examples of true-life husbands who killed their wives in Medieval and Renaissance Spain, such bloody events were few and far between.

> Juan de Vergara, Villegas,
> Pedro de Morales, Castro,
> y el del *Hijo de la tierra*,
> Caravajal, Claramonte,
> y otros que no se me acuerdan,
> que componen y han compuesto
> *comedias* muchas y buenas.
>
> (Rojas 149-51; emphasis added)

Although chronologically, based on the date of printing of *El bastardo*, the life of Juan de Grajales coincides with that of Rojas (1572 - ca. 1635), a soldier turned writer turned actor, and one intimately familiar with the development of the early Spanish stage (Rennert, *Stage* 150-4) and types of theatrical companies (Rojas 152-6), Mesonero nonetheless dismisses the likelihood that Rojas's dramatist and *El bastardo*'s author are one and the same, merely because Grajales identifies himself as a *licenciado*.

Hugo Albert Rennert notes that, in fact, Grajales and his wife, Catalina de Peralta, "were in a joint company in March, 1604" (*Actors* 69). Grajales—on occasion spelled Graxal or Graxales, and more commonly with the "de," not used by Mesonero—and Peralta then subsequently joined the troupe of Alonso de Villalba, followed by that of Andrés de Claramonte (1614-1615). Grajales later participated with the company of Juan de Morales Medrano in 1626, while both husband and wife appeared in the 1628 performance of Lope's *La conpetencia en los nobles* (Rennert, *Actors* 69). Legal documents also reference a suit brought against *El bastardo*'s author in 1633, while he lived in Granada, "as is shown by a power of attorney executed by the distinguished dramatist Juan Ruiz de Alarcón to D. Diego Castroverde, to recover from Juan Grajales, actor, the sum of 500 *real[es]* which the latter had owed since July 17, 1616. This sum may well have been the price of a comedia" (Pérez Pastor, 3: 465; cit. in Rennert, *Obras* 449). The evidence thus appears conclusive that the *licenciado* Grajales is the actor by the same name, and the contemporary of Lope de Vega referred to by Rojas.

Born in Utrera (*Enciclopedia universal* 26: 967) during the closing decades of the sixteenth century, Juan de Grajales likely penned two additional *comedias*—"*La próspera [fortuna* ... and *La] adversa fortuna del caballero del Espíritu* Santo ... con bien escaso mérito," according to Mesonero (Grajales xxxiv). Schaeffer, nonetheless, offers favourable comments on the versification and interest of these two Grajales's plays about the Roman tribune, Nicolao Renni (1: 267-8). A fourth play, *Rey por semejanza*, likely belongs to Lope instead (Rennert, *Obras* 448), while *La sangre encontrada* (Barrera 580) appears to be an alternate title to the *comedia* at hand, *El bastardo de Ceuta*, which first appeared in 1616, in Cormellas's edition of *Flor de las comedias de España de diferentes autores.*

The precise date of composition of this early wife-murder play remains uncertain, although the play's historical setting provides at least one parameter. Like the Luso-Hispanic setting of Calderón's *A secreto agravio*, the action of *El bastardo* takes place on the eve of King Sebastián of Portugal's ill-fated crusade to Africa, amidst the internal Moroccan civil war between Muhammad al-Mutawakkil (whose cause Sebastián used as the pretext to invade) and his uncle, the sultan Abd al-Malik, who had usurped the reign from his nephew with Ottoman assistance. Sebastian's death in 1578 at the Battle of Three Kings, of course, led to Portugal's annexation by Spain, not to mention the near extinction of the Portuguese nobility, as well. So great was the Portuguese despair that one of the victorious Ahmad al-Mansur's contemporary "Arab chronicler[s] ... wrote at the time, not without sarcasm, that the bishops of Portugal had been forced to consider the possibility of sanctioning polygamy, so scarce was the number of men left" (García-Arenal 7), an intriguing observation in light of the issues of dishonour and bastardy at play in Grajales's *comedia*.

Almost certainly Grajales penned *El bastardo de Ceuta* after Philip II's annexation of Portugal in 1580, given that the playwright was likely but a boy when the events took place. Neither the prefatory *loa* and *Baile del Sotillo de Manzanares*, the latter perhaps a source work for Tirso,[6] nor any contextualized references within the play narrow down

---

6   Two verses of Grajales's "*Baile*"—"Asentéme en un formigueiro, / Decho a demo lo asentadeiro" (vv. 71-72)—are identical to those sung, with a similar overall meaning, by Dominga in Tirso de Molina's later play, *La gallega Mari-Hernández* (ca. 1631). Verse numbers are mine.

the date of composition which I suggest as the 1590s or the opening decade of the seventeenth century. In his *Loa famosa*, Grajales chronicles Spain's glorious history, beginning with Moses's delivery into the Promised Land, Pelayo's battles, and up through the *Cid*'s conquest of Valencia, a setting much like the historical frontier of sixteenth-century Ceuta and the events of this *comedia* at large. The *loa*'s verses also reference more personal elements that include the essence of wife-murder plays:

> Enemistades y bandos,
> pendencias y disensiones
> afrentas y desafíos,
> destierros, persecuciones,
> adulterios, homicidios
> y casamientos disformes (vv. 9-14)[7]

In the closing verses of the *loa*, the actor presents the perspective of performance, referring to "... todos los presentes, / mujeres, niños y hombres, / hidalgos y cuidadanos, / príncipes, duques y condes," although no evidence exists of *Bastardo*'s performance in a *corral* (vv. 131-134). Distinct from the *admiratio*, in the sense of "an emotional reaction: shock, even moral outrage," of the Calderonian wife-murder plays (Cruickshank 39), the *loa* highlights the entertainment value of a *comedia* in general, which belies the serious tone of the Grajales play at hand. "Salimos aquí nosotros / por dar gusto a quien nos oye, / o quizás por nuestro gusto, / que aquesto mueve a los hombres" (vv. 111-114) announces the actor, who limits the theatrical elements that might take aback the spectator to the wild animals (monkeys, lions, tigers, horses, and camels) that might grace a stage (vv. 121-122).

Nonetheless, much like the way in which *El médico de su honra* closes with a startling discovery scene of Mencía's corpse, *El bastardo de Ceuta* opens with a rather shocking confessional. The curtain draws back to reveal Elena Meléndez, wife of the garrison's commander,

---

7   All citations (page number, verse[s]) of the *Loa famosa* and *El bastardo* are from the Mesonero Romanos edition, volume 43, Biblioteca de Autores Españoles. All verse numbers are mine.

restlessly sleeping in a chair. Evidently suffering from the memory—whether real or imaginary—of a nightmarish event, she seems intent on baring her soul of her adultery and the illegitimate son she bore: "Ya sé que en vano me canso; / yo, yo diré la verdad / ... / Digo pues que no es tu hijo" (vv. 12-13, 17). In her dreaming state, the Augustinian moment when memories are not tempered by reason, the troubled figure nevertheless recognizes the imminent repercussions for what has transpired. In her dream, akin to what David Hildner terms a *memoria aestitimativa* or the human instinct "which perceives sense objects as immediately helpful or harmful" (17), she cries out—"No es justo, deten la mano" (v. 21)—pleading for her life to her husband-executioner.[8] The mitigating circumstances, she utters, are that hers was not the transgression: "advierte, esposo y señor, / que no estuvo en mi el error; / suspende el acto inhumano" (vv. 22-24).

Fortunately for Elena, only her daughter, Petronila, overhears the shocking declaration of her child's alleged bastardy. As Elena recounts the dream to her daughter, a startled audience hears her life story: her widowhood with young child; an arranged marriage to Captain Meléndez, by Elena's account a happy one, despite the difference in age alluded to in the play; the attention that she attracts, much as Helen of Troy (v. 530), from her husband's frequent guest and younger *alférez*, Gómez de Melo; his dark passion, "lengua escura, y diferente / de la que enseña el honor / y sabemos las mujeres" (vv. 74-76); her avoidance of his gaze, indeed his very presence, which only serves to deepen the *galán's* mad despair. As she retells the dream, Gómez de Melo lay in wait until her husband left on a routine nocturnal skirmish with the Moors, and entered the darkened chamber where she slept. Believing that her husband had returned safely, she reciprocated his ardour. Upon finally recognizing the man at her side, only a divinely sent angel, significantly in this play "la razón ..."—reason itself—stayed Elena from emulating Lucrecia's suicide (v. 134). To add to the offense, so Elena's dream continues, she found herself pregnant, but fortunately

---

8   Citing the specific example of Mencía's first reaction of alarm, upon seeing the injured Enrique, Hildner notes Calderón's penchant to have "characters first experience a negative instinctive presentiment which is then confirmed later in the play by reason [or lack of the faculty of reasoning, I note] or destiny" (17).

that very same night her husband was captured and held captive for ten months by the *alcalde* of Tetuán, Muley Hamete, during which time she gave birth early to Petronila's half-brother, Rodrigo. But as her son grew, Captain Meléndez began to suspect the truth until, finally, overcome by rage, he held a dagger to her breast and demanded to know whether Rodrigo was truly his son, hence the confession in her dreams, the now awakened Elena explains. She knows her own prudent fear of her husband—"que al marido con razón / enojado, no temerle, / es la falta en la mujer / que más al honor se ofende" (vv. 181-184)—which brings us full circle to her stunning opening profession, as well as to her gratitude to Petronila for saving her both from the terrible weight of her dream and the murderous end she envisioned therein.

The vehicle of this dream, the eighth of Augustine's activities of the imagination (Hölscher 49), introduces from the play's beginning the central leitmotif of *memoria* that will be evidenced in the *comedia* through the references to images, specifically paintings, portraits, and those reflected in a symbolic mirror. For Augustine, *memoria*, here in the sense of the faculty of memory, constitutes "[u]na de las tres potencias del *alma*" (*Diccionario* 2: 517; emphasis added), along with *entendimiento* (understanding) and *voluntad* (will, or desire), although Albertus Magnus, Aquinas's teacher, offered his subsequent solution to the Aristotelian theory of memory, "liken[ed] to a kind of painted portrait," by drawing the distinction between a "reminiscence and memory used to draw useful lessons from the past [which] is a part of Prudence" (Yates 33, 62). In Thomistic doctrine, Prudence, a practical wisdom or a "right reasoning," becomes the highest of the Virtues and implicit in this virtue is the good counsel that depends upon the intellect, man's most important cognitive faculty. The concomitant activity of reasoning naturally includes reference to past experiences and the images stored in one's memories, and ideally, it leads to the understanding of truth, the ultimate end of the soul's intellect. When exercised with the will, whose "proper object of desire ... is called in Scholastic terminology *beatitudo*" or the understood good, the cognitive and appetitive facets of the soul lead to correct action that considers not only the universal good but "the appraisal of concrete, contingent circumstances" of the particular situation (Hildner 21, Hibbs 92). In Thomism, then, not only is memory a faculty of the soul along with cognitive understanding and appetitive will, but it also constitutes the highest excellence upon which prudence, therefore acting in a morally appropriate way, hinges, as shall be evidenced in the dénouement of Grajales's play.

To return to Elena's remembered adultery, Petronila believes it naught but a chimera, all the while recognizing her mother's danger had the captain overheard her. Elena's asides, however, reveal the bitter truth of her dream and the outrage in fact committed by Gómez de Melo: an affront more sinful than the conquest by the lustful King Rodrigo of *romance* legend. Although, on the one hand, in this analogy Elena likens herself to La Cava of historical ballads, on the other, she also subtly underscores her unwilling union with the *alférez*. But the irony of her son's name, Rodrigo—that of the last Visigothic king—is not lost; it is as if Elena had transposed the violation committed by Gómez de Melo to him. As for the conflicted mother, tears naturally spring to Elena's eyes when she sees her son, who has arrived at the captain's bidding to inform her that the *alférez* will dine with them this evening. Rodrigo is, for Elena, not just her son, but also a flesh and blood reminder of the illicit secret she has so long guarded within. Too, he constitutes an *espejo de desengaño*, far more intimate and personal than the archetypical metaphor of the *comedia*, given that "[l] a analogía del espejo, por extensión, se refería al alma del Hombre; la conducta de uno revelaba o la virtud o el vicio" (Johnston 305). The primary reflection that Elena observes in Rodrigo, truly "una imagen obscura y deformada del objeto original" (Johnston 304), is here, her guilt: "Veo, mirándome en él, / como en espejo mi afrenta, y de mi culpa violenta / lo piadoso y lo cruel" (vv. 309-312).

As Elena attempts to account for her tears—she is offended that Rodrigo refers to her husband as captain instead of "...padre / siéndolo ..." (vv. 286-288)—the strained relationships among not just husband, wife, and *alférez*, but between erstwhile father and son as well, clearly surface. While Rodrigo suspects that he carries some defect of character that his mother hides from him, the captain reaches a different conclusion as to why his obedient, virtuous, and devout wife takes pains to avoid the presence of his *alférez*. Elena cannot but boldly declare, "yo le quiero mal" (v. 445), to which her husband concludes that she is but a woman after all, "... de natural escasa" (v. 468); she is jealous of the friendship that Gómez enjoys with father and son.

Rodrigo's excitement that the captain now wishes to reconcile the *alférez* and his mother provides a subversive twist to the role of *tercero*. Meléndez even goes so far as to imply his wife's greed, since "hacienda, Elena, tenemos / para todo ..." (vv. 520-521). Her rhetorical reply— "¿Eso un hombre cuerdo dice?" (v. 522)—is lost on her husband, but not on Gómez de Melo, whose *aparte* reconfirms that Elena's dream was not at all the terror of a wandering mind: "Mal le pagué y mal lo hago; / ya la razón me convida. / Quité a mi amigo el honor, / forcé a la mujer más buena" (vv. 526-529). Although he envisions himself as the victim of love's forces, Gómez de Melo knows well his sinful transgression. He remains yet unaware that he has sired Elena's child, despite his natural attraction ("... adulación" [v. 562]) for Rodrigo. As Rodrigo leaves, primarily on an errand for his father, although the *alférez* requests a favour as well, in an aside Elena confirms the natural affinity between biological father and son: "Es tu hijo, no me espanto" (v. 567).

The tension between father and son increases as a second facet of Meléndez's dishonour, made complete by the conclusion of Act 1, surfaces in the form of Rodrigo's disregard for his filial duty. Rodrigo returns from the *marqués*'s residence with a message for the *alférez* and the personal *memorial* that Gómez forgot there. However, Rodrigo has neglected to convey the captain's important military query, the central objective of his mission, and he is further caught in a lie. An irate *capitán* chastises his son's evident pattern of irresponsibility in following his orders, much as Elena caustically reminds Gómez that Rodrigo never seems to forget his request, a subtle yet dangerous hint at her son's true heritage. As we shall see, Rodrigo's forgetfulness, notably the polar opposite of the activity of *memoria* and what Augustine considered as "a cognitive and volitional reflection of the fall from Paradise" reflects the nature and unreasoned reactions of his true father, Gómez de Melo (Vaught 28). The little esteem that Rodrigo receives, except from the *alférez*, even extends to his beloved's father, who is spiriting Juana off to Lisbon in search of a more appropriate husband.

As the first act draws to a close in Tetuán, the *comedia*'s second mother will not forget her own scandalous past. Fátima Lela plans to decorate the walls of one room with a series of panels, and to this end her son, Celín Hamete, the second and titular bastard of the play, returns with the Moorish Apelles. The ekphrastic object of Fátima's memory stands as a bold choice: the story of Celín's birth and heritage. This selective perspective establishes the power that Fátima tries to command in the recalled images, not to mention in the very act of undertaking such a commission. Panel one, she describes, will portray a handsome valorous Christian captain "un otro Cid Campeador" (v. 746), who captures a young married Moor and takes her hostage. The eyes of the beautiful *mora* declare, in panel two, her love for him, followed by the reciprocal love of this gallant Christian and the "... correspondencia / [que] suele darle atrevimiento / al más cuerdo pensamiento" (vv. 766-767). In the middle panel of seven, while the captain seems to be the central focus, he has been unjustly "... olvidado" (v. 770) by the Moorish lady. The closing three scenes of the epic-like mural focus on the "... perpétua querella" (v. 781) with the Christian of the now pregnant girl, and her cruelty to him in order to hide her condition by gaining her freedom. The day of Celín's birth highlights the penultimate scene, which also remembers her deceived husband who raises the child "... por suyo, / siendo buen cristiano el tuyo / contra su mismo decoro" (417, vv. 787-789). In the closing panel of Fátima's own adultery, in which *memoria* takes on the additional senses of *gloria* and infamy alike, the *mora*'s husband is dead, her son is grown, and his real father, now an older man, appears bereft of reason and good counsel ("sin razón y sin consejo" [vv. 796]). These scenes, Fátima advises her son, are both an "... histori[a] grav[e]" (v. 821) told by her great-grandparents, and more cryptically, a personal example "[p]ara tener que llorar; / que obra más lo que se ve" (vv. 816-17), as if the higher external sense of sight stirred *memoria* most strongly. Fátima, nonetheless, both despises and loves the father of her child, none other than Captain Meléndez, much as Elena struggles with the same passions towards her son.

Celín can ponder the intriguing subject of the mural no more for Hiza, *moro gracioso*, informs him of the Christians foraying for wood, an expedition perhaps delayed by Rodrigo's failure to remember the captain's bidding. Fátima's vengeful wish that Meléndez die at her son's hands, despite her unsettling concern that she wishes him "... tanto mal" (v. 846), spurs Celín to the battlefield. By the time he arrives, however, Gómez de Melo has already called for a hasty retreat, a prudent choice given the number of attacking Moors, but one that he tarnishes by believing "... que el honor es ciego" (v. 855), as he metaphorically closes his eyes to his cognitive faculties and literally does not see that his captain fights on alone. Meléndez calls out to his only hope, Rodrigo, who feigns blindness to his father's dire plight.

What the attacking Moorish soldiers cannot manage, Rodrigo's actions achieve. Meléndez is all but vanquished, were it not for a scene reminiscent of the chivalry between Rodrigo Narvaez and the Abencerraje, albeit with the roles reversed. Celín, strangely and immediately moved to pity, fights off his own men. In repayment for his generosity, Celín demands to know his enemy's sadness. The captain's great weight of shame, further augmented by the reality that a young *moro* came to his aid is, of course, Rodrigo's cowardice, an act unworthy of a son, let alone a true Christian he declares.

The adulation with which Meléndez praises Celín recalls Gómez de Melo's earlier appreciation of Rodrigo, in implicit spirit of the refrain "*De tal padre, tal hijo.*" For his part, the valiant Moor explains his actions as the result of, and in terms of, Christian virtue: "... Piedad, / deseo de tu amistad. / Cóbrete, en viéndote, amor" (vv. 960-962). It is as if his soul held some shared memory of the truth of its source, much as the human soul mirrors the creation and love of God's divinity. Celín grants Captain Meléndez his liberty, but not before planting the seed of Elena's infidelity. The young Moor knows intuitively that given his new friend's courage and Rodrigo's cowardice, no biological relationship exists between the two: "No es hijo tuyo ese hombre; / yo te digo la verdad, / no es tu hijo ..." (vv. 1037-1039). Meléndez is willing to lend credence to such a scenario, were it not for one important factor, as he ironically confides to the warrior who is actually his son. "... [T]engo honrada la mujer, / de prendas y calidad" (vv. 1040-1041), the *capitán* firmly believes from all he knows and remembers.

So strong is the bond between captain and gallant Moor that the second act of *El bastardo* begins with Celín's presence as an ambassador in Ceuta. While he attempts to seek a temporary truce between his mayor, Aben Sultan, and the Christians, Celín's real hope is to see the captain again. The Marqués de Villareal[9] treats the Moor with befitting courtesy, but he raises the theme of political treachery that serves to echo the more personal treason of Rodrigo Meléndez, not to mention the *alférez*, and closes any further discussion. The Portuguese king, the *marqués* explicates, enjoys an alliance with the "... Jarife despojado" (v. 1085),[10] whom he wishes to restore to the throne. No pact can be had with an infamous one "... quien niega a su rey ..." (v. 1109). Celín cannot dispute the legitimacy of the *marqués*'s words, but his honour demands that he remain loyal to Aben Sultan, even though the latter might support a usurper for his personal gain.[11] Nonetheless, this unswerving allegiance does not prevent Celín from warning the captain, overjoyed to see the *moro* again, to advise the *marqués* of the folly of Sebastián's invasion in light of Maluco's[12] superior forces and the affront of such an aggression to Allah.

Meléndez desires no conflict with Celín Hamete and so he opts to change the conversation, as certain as he is of the Christian king's victory. Celín will stay as his honoured guest, an invitation to which Elena raises no objections. Indeed, upon meeting him she immediately recognizes his innate worth: "¡Qué cuerdo! ¡Qué varonil" (v. 1519). Meanwhile, in the reverse of their previous roles, Meléndez now insists that the Moor share the troubles he so plainly carries with him. Celín, it transpires, has fallen in love at first sight with a beautiful Christian

---

9   Villareal was the historical Duke/Marquis of Ceuta at the time of King Sebastián's invasion (Bacaicoa Arnaiz 28).

10   Grajales refers to Muley Muhammad, rightful sultan of Morocco, as *Jarife*, or "*sharif* ... the descendant of the Prophet Muhammad" (García-Arenal 4).

11   Celín comments that "al Marqués invencible le parece / que seguir al Maluco es acertado" (vv. 1111-1112). Likely, *alcalde* (of Tetuán) should replace *Marqués*, be it an error in transcription or an oversight on Grajales's part.

12   Abd al-Malik—here *Maluco*—is the reigning usurper of the sultanate of Morocco, at the time of Sebastián's invasion. Al-Malik, along with the Portuguese King and the rightful pretender, Muley Muhammed al-Mutawakkil, died in their epic battle.

lady on a balcony near the *marqués*'s palace. Although the captain
stands eager to help his guest find this lady whose image Celín carries
stamped in his mind, the *dama* is none other than Meléndez's step-
daughter, the virtuous Petronila. For Elena, her children could not be
more different, because the particular human version of Original Sin
clearly taints Rodrigo; "... el pecado natural / de los padres [que] suele
ser / en los hijos al nacer" (vv. 1303-1305), she observes to herself.

In juxtaposition to Celín's love interest, the end of Rodrigo's desire
is at hand, which subtly underscores the difference in their characters.
Juana's departure for Portugal is imminent, Rodrigo assumes, and he
will gift her with a likeness of him, a portrait from more joyful times
since she takes his happiness with her, after all. Rodrigo, however, will
have no chance to give his lady this final painted memory along with a
written *memorial*. His *alcahuete*, Brito, has just observed Juana's marriage to a wealthy merchant from Lisbon. In telling fashion, Rodrigo's
response is base, and his own anger and madness take hold: may the
newlyweds' ship sink before reaching port.

While Petronila, whom Celín now recognizes as the beauty that
he saw earlier, prepares her own sleeping chamber for their guest, the
two exchange veiled words of mutual attraction. Alone, Celín eroti-
cizes the furnishings of Petronila's chamber because they embrace her
every day, only to have his carnal desires interrupted by the Moorish
gracioso's equally passionate lament about the Islamic dietary restric-
tions that will prevent them from sampling much of the banquet fare.
The comic Hiza, nonetheless, has quietly tasted a few forbidden bites
in a dark corner where he thinks himself invisible to Allah. Celín
quickly ends his own daydreams when he encounters an image under
Petronila's pillow. This miniature portrait, of whose novelty Brito has
reminded us (vv. 1452-1456), serves as a key actant in *El bastardo*. As
Celín describes the image in the portrait—"tan perfeto y acabado!" (v.
1939)—he concludes rather logically that the *galán* must be Petronila's
suitor because it is wrapped in a love letter for protection. Celín cannot know, however, that Rodrigo earlier penned the amorous *memorial* to Juana before he learned of her wedding. Nor does he recognize
the likeness of *San Salvador*, a gift to the devout Petronila from the
Marquesa de Villareal. Shaken by Petronila's apparent deceit, the agi-

tated Celín experiences jealousy's flames although he still appreciates the fact that his lady enjoys love: "Mas no hay mujer sin amor; / que el amor en la mujer / alma también suele ser, / que le da forma y valor" (vv. 1926-1929). Despite Captain Meléndez's plea that he stay, Celín will return to Tetuán, to thereby "[h]uir de la muerte ..." (v. 1972), a more noble decision in comparison to Rodrigo's cowardly flight near the conclusion of Act 1 and his wish for Juana's demise. The *capitán*, who feels Celín's passions in his soul and whom he wishes were his heir, can only surmise that some old memory, "... el reloj de la vida" (v. 2024), has rekindled within his Moorish friend.

As Act 2 ends, Rodrigo's vicious behavior provides the captain further opportunity to reflect upon his own memories. Blinded by drink and his gambling losses, Rodrigo, self-identified as a coward, threatens his own half-sister with bodily harm if she does not relinquish the ring she protects in her clenched fist: "de mi temor amarillo, / que te he de cortar la mano" (vv. 2032-2033). Overcome by his vicious passions, Rodrigo neither obeys nor respects his father's authority when the captain tries to intervene. Only Elena's judicious reasoning, foreshadowing her arguments in Act 3, prevents her husband from drawing his sword. A hasty decision made with sword in hand, she reminds him, "... en el tiempo del enojo / sube ... a venganza" (v. 2154-2155).

In a closing scene largely comprised of *apartes*, husband and wife, alone on stage, stand apart as if alienated by their own memories. As Elena revisits the fears of the play's opening dream sequence, she repeats the image of Rodrigo's evil inclinations as the mirror of her past secret, although she declares herself "[s]in culpa ..." (v. 2264). Her husband must see something in her that offends him, much like Rodrigo earlier sensed in his mother. Her death, she surmises, stands close at hand. Meléndez, for his part, recalls Celín's determination that Rodrigo was a bastard born. The captain's questions to himself are rhetorical ones: How could his wife have taken another man into his bed? Did she truly allow his dishonour to be imprinted in the soft white wax of her soul? Notably, when he uses his sense of sight to truly look at her in the moment, without the machinations of his imagination, a pause he twice takes according to the *acotaciones*, he sees nothing but her beauty and experiences memories of her saintliness. He must, Meléndez concludes, suffer from the "... terrible disparate! / [¡de mi] imaginación tan loca!" (vv. 2270-2271). No present *reason* (v. 2207) can convince him otherwise.

As the final act commences, a turn in the Moroccan civil war on the one hand suggests the perfidy of the Moorish soldiers, but on the other hand blurs the delineation between right and wrong, good and bad, loyalty and treason. The forces earlier fighting alongside Celín have declared their allegiance to the "... jarife Muley" (v. 2288), the rightful pretender to the sultanate. Celín, yet firmly loyal to his lord, Maluco, suppresses the mutiny, although not without the miniature that he wears providentially deflecting an otherwise mortal blow.

Fátima, however, recognizes the image of Christ around Celín's neck. Enraged by her son's apparent conversion, Fátima threatens to kill him by her own hand, while she suspects that Celín's natural inclination must derive from the Christian blood he, still unknowingly, carries. Fátima's emotions further overcome her when she learns that her son not only has spared her enemy's life, but reveres the captain as well. Such is Meléndez's unnamed offense against her that Celín must kill him or be disowned, although her inner conflict remains evident. Only Christ, the Moorish lady somewhat surprisingly remarks, can watch over father and son, perhaps reminded of His power by the miniature she just saw.

When Celín and Meléndez meet in hand-to-hand battle, reason and bloody retribution wage war. Unable to process the Christian's words of friendship, Celín is nonetheless overcome by emotion—whether fear or love, he is uncertain—and falls to the ground, so powerful is the effect of the Christian's voice: "Como el áspid al encanto, / a tus voces adormido, / perdí la fuerza y sentido" (vv. 2538-2540). In an effort to understand his mother's command that he slay the Christian, Celín probes the captain's memory of Tetuán's great lady, Fátima Lela, in pointed detail. Meléndez can now regret the follies of his youth, and he acknowledges that they consummated their love. Celín largely overlooks the captain's role in his own father's dishonour, for a *caballero*'s amorous conquests are never condemned in the *comedia* tradition. Fátima will bear the brunt of Celín's vengeful ire: "Aguarda, enemiga madre; / que al *espejo* de mi espada / verás la venganza honrada / de la ofensa de mi padre" (vv. 2685-2688; emphasis added). Alone with his mother, dagger in hand, Celín is set to kill her for dishonouring both her husband and him, by lying with the Christian Meléndez. Although Celín has no desire to hear Fátima's words, his mother simply states that his father is not who he thinks. Searching through his own memories, Celín is quick to understand that Meléndez is the man who sired him because of the natural love he feels toward him. This delight with his real father allows the Moor to pardon his mother's lascivious past, the ironic cause of his added honour: "porque a trueco de buen padre, / quiero tener mala madre; / que el padre es solo el que engendra" (vv. 3246-3248). He and his mother will return to Ceuta, taking all the Christian captives with them, to be baptized as Christians. If Meléndez holds faith in God, this offers sufficient proof to Celín, who apologizes to the miniature he wears for his earlier jealous pangs.

Whether awake or not—the soul never sleeps—Elena's fear of the consequences of her husband discovering the truth allows her no respite. She again rests when her husband returns home from battle, further incensed by Rodrigo's latest affronts. As Meléndez gazes at his wife, the Moor's words return to him, and he rhetorically reflects, in a lengthy monologue, about the treason, deceit, or bad habits that he has never discerned in his wife. This time, however, a sleeping Elena unwittingly asks out loud how her husband can question her behavior so. When the captain voices his own confusion about his alleged son, his sleeping wife confesses: "No es tu hijo..." (v. 2948), but she adds that she erred "... sin voluntad" (v. 2957). As she pleads for her life, Meléndez awakens her and demands the truth. "Siempre está el alma despierta, / despierta en ella me hablabas" (vv. 2971-2972), he insists.

This desire for truth, whether Meléndez truly wishes to know it or not, will save Elena's life. Her full confession of the memories past begins with the exemplum of Lucrecia and Tarquino, a necessary step to allow Elena time to elucidate the full story and the mitigating circumstances so that her husband might not react imprudently, based solely on the adulterous fact. When she finally names Gómez de Melo as the one who deceived her, Meléndez only wants "...*Circe*..." (v. 3050) to confirm than Rodrigo is not his son. Elena acknowledges the long-kept secret and, bluntly, how it transpired: "... fui forzada" (v. 3053).

Trying to assimilate the facts, Meléndez requires a testifier to his wife's memories of that night, and God serves as the only proof that Elena requires. Using rhetorical arguments—the medieval art of rhetoric depends upon the craft of memory, we recall (Carruthers and Ziolkowski 2)—and juridical language, both arenas typically beyond the woman's command, Elena elucidates that Meléndez must accept her divine witness, if he presumes true the crime. If her husband is unwilling to believe the truth of that one night, she argues the "... ley forzosa" (v. 3072) that then requires he suspect and doubt all during their married life. Her husband, Elena continues, need only open "... el libro de memoria" (v. 3084). If her life therein reflects a tale of lies, Meléndez is free to conclude that she readily surrendered to his *alférez*. Tired of his seeming unwillingness to listen, Elena bravely requests her death, even though her husband will bring on his own dishonour by making public her murder. As she kneels before him, she affirms her single fear, notably for her own reputation: "... mi infamia huyo; / mátame por gusto tuyo, / y no me mates por mala" (v. 3129-3131).

As Meléndez processes his wife's reasoned discourse, searching the countless memories of their life together, the arrival of Gómez de Melo and Rodrigo restrains his hand from taking Elena's life, a prudent act of justice when juxtaposed to the vengeance the captain plans to seek. It is as if Meléndez now clearly saw before his eyes the very images of his dishonour, in the form of Gómez and the *alférez*'s son. A gentleman's honour is his second soul, Meléndez explains when he is alone with Rodrigo; his reputation is that of his son's "porque el padre es como espejo / ... / [donde] alcanza el hijo el reflejo" (vv. 3184, 3187). A seemingly contrite Rodrigo vows to avenge the affront to his father, be the offender a friend or, in ironic foreshadowing, even his very own father. While Rodrigo hides in the shadows, the captain waits for Gómez to leave the gaming house in search or more money, much like Rodrigo earlier on. For once Rodrigo obeys the captain's call to arms, leaping out to strike the fatal blows of the bloody sacrifice to "... el dios de honor" (v. 3336). Rodrigo recognizes his friend too late, but on this occasion he will not abandon the dying man, as Gómez wishes he do before the night watch arrives. This inability to forsake him is all the proof that Gómez needs that Rodrigo is his son, as he now reveals to the young man.

Final justice remains yet to be rendered, as *El bastardo de Ceuta* draws to a close. The *marqués* arrives to arrest Rodrigo, and the captain advises the youth not to flee. Although the *marqués* assures the captain that he will remember their friendship, in truth, Meléndez, still unaware that Celín is his son, hopes for Rodrigo's death, so that he no longer pass as his son nor inherit his estate. Just as Fátima and Celín arrive in Ceuta, the *marqués* reveals that, under torture, Rodrigo implicated Meléndez in the murder of Gómez de Melo, to which the captain cryptically comments, "Al fin hijo de mal padre" (v. 3478), while Elena views the act as the "[e]nmienda...de mi yerro" (v. 3479). The vengeance no longer private, before all these witnesses Meléndez reveals his dishonour: Rodrigo is the son of his wife, whom he now accepts was violated by his *alférez*. Perhaps remembering his wife's honesty about her error, the captain acknowledges his instigation of the plot. As he kneels before the *marqués*, much as Elena did before him, Meléndez accepts whatever just punishment he deserves

The Marqués de Villareal bases his decision to spare the captain's life and not sanction him at all on two factors: his memory of Meléndez's loyal service to King Sebastián, and the crucial mitigating circumstance. The captain's dishonour at the *alférez*'s hands allowed him to avenge the affront. The *márques* will but banish Rodrigo, the unwitting pawn, to permanent exile. Civic justice now rendered, Elena and her husband give Petronila's hand in marriage to the gallant Celín. But justice for Elena is outstanding yet. Ultimately, the captain now firmly understands Elena's true lack of blame in the rape, and because of this particular factor—her mitigating circumstances—he pardons his wife, with one *caveat*: she must enter a convent forthwith. Whether Fátima joins Elena there or is free to live her life, perhaps even return to the love of her handsome Christian captain, remains, intriguingly, uncertain.

As Elena herself earlier cautioned, "La verdad, Señor, desnuda / nunca los ojos la ven" (vv. 3102-3103). It is perhaps ironic, then, that Meléndez has arrived at a prudent and appropriate justice for his technically adulterous wife, as the result, in large part, of the memories he recalled of her virtuous life, particularly when gazing upon her form. For Meléndez, the sight of Elena's face triggered the memories in his mind, and these memories allowed for the necessary suppression of reactive passions—at least with respect to his wife—so that truth be served, virtuous prudence triumph, and appropriate good action reign: vengeance against Gómez de Melo and his son and justice, as problematic as it might appear from a modern perspective, for his unfaithful wife. The closing apology, fittingly in the voice of the play's figure of human justice, the Marqués de Villareal, gives additional credence to the role that caution and reason, fortified by the doctrine of *memoria* I posit, played in the *dénoument*. "[L]a venganza del discreto" (v. 3552), as the *marqués* suggests, appropriately designates this early wife-murder *comedia*, a play gone "wrong" from the perspective of the traditional conjugal honour play.

Works Cited

Bacaicoa Arnaiz, Dora. "Notas hispano-marroquíes en dos comedias del Siglo de Oro." Tetuán: Majzen, 1950. 9-28.

Barrera y Leirado, Cayetano Alberto de la. *Catálago bibliográfico y biográfico del teatro antiguo español desde sus orígenes hasta mediados del siglo XVIII*. Madrid: Rivadeneyra, 1860.

Carruthers, Mary, and Jan M. Ziolkowski, eds. *The Medieval Craft of Memory: An Anthology of Texts and Pictures*. Philadelphia: U of Pennsylvania P, 2002.

Cruickshank, D. W. *Critical Guides to Spanish Texts*, 62. *El médico de su honra*. London: Grant and Cutler, 2003.

Diccionario de autoridades. Ed. fac. 3 vols. Madrid: Gredos, 1990.

Enciclopedia universal ilustrada europeo-americana. 70 vols. Barcelona: Espasa Calpe, 1908-30.

Fichter, William L. *Lope de Vega's* El castigo del discreto *together with a Study of Conjugal Honor in his Theater*. New York: Caranza, 1925.

García-Arenal. Mercedes. *Ahmad al-Mansur: The Beginning of Modern Morocco*. Oxford: Oneworld, 2009.

Grajales, Juan de. *Baile del Sotillo de Manzanares*. Ed. Ramón de Mesonero Romanos. Biblioteca de Autores Españoles, 43. Madrid: Sucesores de Hernando, 1924. 412.

———. *El bastardo de Ceuta.* Ed. Ramón de Mesonero Romanos. Biblioteca de Autores Españoles, 43. Madrid: Sucesores de Hernando, 1924. 413-36.

———. *Loa famosa.* Ed. Ramón de Mesonero Romanos. Biblioteca de Autores Españoles, 43. Madrid: Sucesores de Hernando, 1924. 411.

Hibbs, Thomas. *Virtue's Splendor: Wisdom, Prudence, and the Human Good.* New York: Fordham UP, 2001.

Hildner, David Jonathan. *Reason and the Passions in the Comedias of Calderón.* Amsterdam: Benjamins, 1982.

Hölscher, Ludwig. *The Reality of the Mind: Augustine's Philosophical Arguments for the Human Soul as a Spiritual Substance.* London: Routledge, 1986.

Johnston, Robert. "Ideología estética de Calderón: La comedia como *espejo* de los dramas de honor." *Calderón y el pensamiento ideológico y cultural de su época: XIV Coloquio angloamericano sobre Calderón.* Stuttgart: Steiner, 2008. 299-315.

Larson, Donald R. *The Honor Plays of Lope de Vega.* Cambridge: Harvard UP, 1977.

Pérez Pastor, Cristóbal. *Bibliografía madrileña.* 3 vols. Repr. 1660. Madrid: De los Huérfanos, 1907.

Rennert, Hugo Albert. Review of *Obras de Lope de Vega. Publicadas por la Real Academia Española (Nueva Edición). Obras Dramáticas.* Tomo II. *Modern Language Review* 14 (1919). 439-51.

———. *Spanish Actors and Actresses between 1560 and 1680. Revue Hispanique* 16. Paris: Revue Hispanique, 1907.

———. *The Spanish Stage in the Time of Lope de Vega.* New York: Hispanic Society of America, 1909.

Rojas de Villandrando, Agustín de. *El viaje entretenido.* Ed. Jacques Joset. Madrid: Espasa-Calpe, 1977.

Schaeffer, Adolf. *Geshichte des spanischen Nationaldramas.* 2 vols. Leipzig: BrockHaus, 1890.

Stroud, Matthew D. *Fatal Union: A Pluralistic Approach to the Spanish Wife-Murder Comedias.* Cranbury: Associated UP, 1990.

Tellez, Fr. Gabriel. *La gallega Mari-Hernández.* Ed. Juan Eugenio Hartzenbusch. Biblioteca de Autores Españoles, 5. Madrid: Sucesores de Hernando, 1924. 109-27.

Vaught, Carl G. *Access to God in Augustine's* Confessions: *Books X-XIII.* Albany: SUNY P, 2005.

Yates, Frances A. *The Art of Memory.* Chicago: U of Chicago P, 1966.

Moriscos y cristianos
viejos después de la expulsión

Christina H. Lee
Princeton University

> [...] Luis Gómez, hijo del dicho Francisco Gómez, trataba de casar como se había casado con Juana Florín, hermana de las partes contrarias, sin gusto ni voluntad; ofendidas de lo susodicho [que] había dicho y publicado en muchas y en diferentes ocasiones que el dicho Luis Gómez y sus partes no eran limpios, y que eran moriscos, y descendientes de tales. Diciendo que su hermana con el casamiento que trataba hacer procuraba manchar su sangre, siendo como era gente limpia; que una gota de sangre suya se podía calificar sus partes. Y para dar a entender lo susodicho habían dicho las partes contrarias en otras ocasiones que a la dicha su hermana la habían engañado sus partes con el cuz-cuz que la traían, a ello por ser como era comida de moriscos, como era notorio.[1]
>
> ~ Pleito contra Fabiana e Isabel Florín, 1632.

L A EXPULSIÓN DE LOS moriscos de España se justificó con la explicación de que éstos no se habían aculturado y que no valía la pena tratar de integrarlos al resto de la sociedad verdaderamente cristiana, porque seguían siendo "moros" de corazón y enemigos de la corona.[2] Felipe III, persuadido de que no había otra forma de resolver

---

1 Este artículo está basado en la discusión sobre los moriscos que presento en mi *Anxiety of Samenes in Early Modern Spain* (Manchester: Manchester University Press, 2015), 151-183. *Archivo de la Real Chancillería de Valladolid*, Registro de Ejecutorias, caja 2566, 14. 1632, imagen 7d.

2 Henri Lapeyre calcula que él número de expulsados fue 275.000 (*Geografía de la España morisca*, Trad. Luis Rodríguez García [Valencia: Diputación Provincial de Valencia, 1986], 220); Julio Caro Baroja estima el número entre 250,000 y 300,000 (*Ciclos y temas de la historia de España: los moriscos del reino de Granada* [Madrid: Istmo, 1976], 84). Fernand Braudel piensa que Felipe III utilizó la expul-

"el problema morisco," declaró en su primer edicto, con fecha de 9 abril de 1609: "assigurandome que podia sin ningun escrupulo castigarlos en las vidas y haziendas, porque la continuacion de sus delitos los tenia conuencidos de hereges apostatas, y proditores de lesa Magestad diuina y humana".[3] La orden inicial de expulsión eximió a los descendientes de los mudéjares castellanos y a los "buenos cristianos" que pudieran conseguir cartas de apoyo de autoridades religiosas.[4] Como se hubiera esperado, el número de moriscos que reclamó esta exención fue demasiado grande y, para el 22 de marzo de 1611, la corona había decidido que no había que hilar demasiado fino: todos los moriscos debían de ser desterrados.[5] Tres años más tarde, el 22 de febrero de 1614 para ser exacta, se cerró la expulsión y se declaró completa.[6]

---

sión como parte de una estrategia política para divagar la atención del armisticio con los holandeses de abril de 1609 (Fernand Braudel, "Conflits et refus de civilisation: espagnols et morisques au xvi siècle." *Annales ESC* [1947]: 397-410).

3   Cit. en Mercedes García-Arenal, "Bando de Expulsión de los Moriscos de Valencia." *Los moriscos* [Madrid: Editora Nacional, 1975], 252).

4   Los edictos de expulsión fueron ejecutados en varias etapas: el 22 de septiembre de 1609 en Valencia, el 18 de enero de 1610 en Andalucía, Murcia, y Villa de Hornachos, el 17 de abril de 1610 en Cataluña, el 29 de mayo de 1610 en Aragón y el 10 de julio de 1610 en Castilla la Vieja, Castilla la Nueva, Extremadura y la Mancha.

5   Los moriscos de Murcia eran en su mayoría descendientes de mudéjares que habían vivido pacíficamente con cristianos viejos desde la edad media alta y no fueron implicados en la expulsión hasta finales de 1613 (Charles Lea, *The Moriscos of Spain*, Vol. 3 [London: Bernard Quaritch, 1901], 356). Los moriscos que quedaron exentos de la orden fueron sacerdotes, monjas y las esposas de cristianos viejos y sus hijos (Lea, *The Moriscos of Spain*, 352). Los niños que no habían cumplido cuatro años podían quedarse si su padres así lo deseaban (Lea, *The Moriscos of Spain*, 321).

6   El 20 de febrero de 1614, el consejo de estado decidió que la expulsión había sido completa y en no prestar más atención a los casos de moriscos que todavía residían en España. La explicación fue que "conviene al servicio de Dios y de V. Md. que cesen ya las delaciones y juridiciones que ay en esta materia de espulsion y que teniendola por concluyda se trate solamente de que no buelban los que han salido y castigar a los que lo hizieren por medio de las justicas ordinarias, poniendoles por capitulo de residencia la omision que en esto se tubiere, y que se ordene al conde de Salazar que alce la mano desta negociacion, y a todas las justicias que no admitan ninguna delacion de Moriscos, si no fuere de los que huvieren buelto o bolvieren, como esta dicho, para castigarlos conforme a los bandos, y que los que el dia de oy no hoviesen salido de España, aunque esten sus causas pendientes, no sean molestados ni se hable en ello, porque si esto no se ataja, es cosa que nunca tendra fin, ni

Los apologistas de la expulsión, tal como Jaime Bleda, declararon exuberantemente que de una vez por todas los moros habían sido vencidos.[7] Pero exageraba tanto Bleda como el duque de Lerma que había asegurado que la expulsión iba a dejar el reino "tan limpios de Moriscos que en ellos no hubiese memoria de esta gente."[8] Este proyecto imposible no llegó nunca a completarse. Un año después de que el proyecto de expulsión se cerrara oficialmente, el conde de Salazar—Bernardino de Velasco y Aragón, que había estado a cargo de echar a los moriscos de Extremadura, Andalucía y Murcia—escribió dos cartas al rey de España afirmando que el plan había fallado desastrosamente. Salazar sostuvo que muchos moriscos se habían escondido de las autoridades reales y habían evadido ser expulsados, o de alguna forma consiguieron regresar a sus tierras de sus exilios forzados. Un muy perturbado Salazar le dijo al rey que el problema principal era que las personas de las localidades donde residían los moriscos se resistían a cumplir con las órdenes de las autoridades reales. En una carta escrita al rey en 1615, le dice Salazar:

> En el Reino de Murcia, donde con mayor desvergüenza se han vuelto cuantos moriscos salieron, por la buena voluntad con que generalmente los reciben todos los naturales y los encubren los justicias [...]. [E]n toda Andalucía por cartas del Duque de Medina Sidonia, y de otras personas se sabe que faltan por volverse solo los que han muerto en todos los lugares de Castilla la Vieja y la Nueva y la Mancha y Extremadura, particularmente en los de señorío se sabe que vuelven cada día muchos y que las justicias los disimulan [...]. [L]as islas de Mallorca y de Menorca y las Canarias tienen muchos moriscos así de los naturales de las mismas islas como de los que han ido expelidos, en la corona de Aragón se sabe que fuera de los que se han vuelto y pasado de los de Castilla hay con permi-

los agravios y ynconbenientes que dello resultarian [...]" (Lapeyre, *Geografía de la España morisca*, 329).

7   Jaime Bleda, *Defensio fidei in causa neophytorum sive Morischorum Regni Valentiae, totiusq. Hispaniae* (Valencia: Juan Crisóstomo Garriz, 1610), 595-596.

8   Cit. en Trevor J. Dadson, *Los moriscos de Villarrubia de los Ojos (Siglos XV-XVIII)* (Madrid: Iberoamericana, 2007), 395.

so mucha cantidad de ellos y la que con las mismas licencias y con pruebas falsas se han quedado en España [...].[9]

Tres años más tarde, Bleda publicó su voluminosa *Coronica de los moros en España* (1618). Esta obra pretendía justificar los edictos de expulsión proveyendo una revisión histórica de la presencia de musulmanes en la península ibérica desde la Edad Media. Lo que realmente sorprende de la obra de Bleda es que, después de un intento no muy convencedor de razonar la expulsión en términos teológicos y después de realzar el coraje del rey por tal difícil decisión, confiesa que el resultado dejaba mucho que desear. Los moriscos seguían en España. Y entre ellos resaltaban los moriscos de edad avanzada que habían sido protegidos por compasivos cristianos viejos. Para Bleda, estos ancianos eran los más peligrosos, ya que podían corromper a los niños moriscos que teóricamente habían quedado bajo el cuidado de familias cristianas viejas. Estos niños con el potencial de ser buenos cristianos, ahora corrían el riesgo de terminar siguiendo los pasos de sus padres y hacerse enemigos del rey. Con tono exasperante, se lamenta el Padre:

Y yo [...] moriré sin ver mi tierra limpia desta mala semilla. No soy tan inhumano, que me pese, se ayan quedado tantos niños de Moriscos, ni que aya jamas pretendido, los echen a tierras de infieles: lo que yo he sentido mucho, es que tantos Moriscos grandes esten entre estos pequeños: porque les seran maestros de la secta, y les acordaran de como a sus padres los echaron, y les quitaron las casa, y campos: y que estan en Argel, llorándolos a ellos. Y su naturaleza es tan fragil, y malingna en esto, que con un silvo los tornaran Moros sus padres facilmente.[10]

Siete años después del cierre de la expulsión morisca, un solicitador del Real Patrimonio de Cataluña llamado Pedro Alós, llegó a la misma conclusión que Bleda años antes. En un memorial elevado a

---

9   Mercedes García-Arenal, *Los Moriscos* (Madrid: Editora Nacional, 1975), 268.

10   Bleda, *Corónica de los moros de España* (Valencia: Felipe Mey, 1618), 1022-1023.

Felipe IV le aseguró que un gran número de los moriscos expulsados estaba viviendo en Aragón. Además de reiterar lo que ya se sabía, que los moriscos continuaban volviendo de Berbería y que estaban protegidos por los señores de sus villas, le informa Alós al rey que los cristianos viejos vivían en paz con los primeros.[11]

Es importante dejar por entendido que a pesar de que sí hubo un número de moriscos que llegó a evadir el exilio permanente, ellos formaban parte de una gran minoría.[12] Los informes de Salazar, Bleda, y Alós sobre el fracaso de los esfuerzos de la expulsión no deben de ninguna forma tomarse como nada más que sus prejuiciadas opiniones sobre el tema. Pero es también cierto que sus opiniones son representativas de la frustración que los oficiales de la expulsión experimentaron en áreas en las que los moriscos se encontraban protegidos por los oficiales y miembros de sus comunidades locales. De hecho, los historiadores Henri Lapeyre, Antonio Domínguez Ortiz, Carla Rahn Phillips, y Mercedes García-Arenal han apuntado en sus investigaciones de archivo sobre la expulsión, que en ciertas zonas, los cristianos viejos de todas las esferas sociales—aristócratas, eclesiásticos, y oficiales municipales—habían protegido a los moriscos de sus localidades, fueran vasallos o vecinos del destierro. En algunos casos, encontraron evidencia de que los moriscos que volvieron lo hicieron gracias a los esfuerzos de los cristianos viejos que los patrocinaron.

Muchos de los moriscos que se quedaron vivían en Villarrubia de los Ojos; una localidad manchega en la que más o menos la mitad de la población (de aproximadamente seiscientas familias) era morisca antes de la expulsión. Trevor Dadson llega a esta conclusión después de haber descubierto que el número de bautizos y casamientos de personas

---

11   La idea de Alós, que fue descartada por el Consejo de Aragón, fue el de sacarle aproximadamente doscientos mil ducados de los moriscos "ilegales," y mandárlos a éstos a remar en las galeras (Joan Reglá Campistol, *Estudios sobre los Moriscos* [Barcelona: Ariel, 1964], 74, 111).

12   Lapeyre, *Geografía de la España morisca*, 235-240; Antonio Domínguez Ortiz y Bernard Vicent, *Historia de los moriscos: Vida y tragedia de una minoría* (Madrid: Alianza Editorial, 1985), 177-200; Carla Rahn Phillips, "The Moriscos of La Mancha, 1570-1614." *The Journal of Modern History* 50.2 (1978): D1067-D1095; Mercedes García-Arenal, "Los moriscos del Campo de Calatrava después de 1610, según algunos procesos inquisitoriales." *Les cahiers de Tunisie* 26 (1978):173-196.

con nombres moriscos aumentó entre 1611 y 1615.[13] Dadson piensa que los cristianos viejos de Villarrubia protegieron a los residentes moriscos de su villa porque los moriscos se habían asimilado de manera tal que su vida diaria no era diferente a la de ellos. La mayoría de los moriscos de Villarrubia parece haberse dedicado a la agricultura y a la ganadería. Había entre ellos también maestros, clérigos, médicos, soldados, y oficiales del municipio, entre los cuales muchos eran bachilleres o licenciados. Un número considerable vivía en el "barrio nuevo," o sea la sección de la villa que se destacaba por sus residentes moriscos. No obstante, según el Conde Salinas Don Diego de Silva y Mendoza, el barrio nuevo no era sinónimo de "barrio apartado," ya que los moriscos de Villarrubia no vivían segregados de los cristianos viejos, hecho que estaba probado en el número de casamientos mixtos. Salinas también explicaba que la cristiandad de los moriscos se evidenciaba en el hecho de que la iglesia principal se encontraba mucho más próxima al barrio nuevo que a la zona más cristiana vieja.[14]

Es difícil no estar de acuerdo con Dadson de que los moriscos de Villarrubia se habían aculturado mucho más que los moriscos, por ejemplo, de Granada o Valencia. Dadson deja claro que en su habla, vestimenta, y devociones religiosas ellos no se diferenciaban demasiado de la población principal. Pero el presumir que a los moriscos se les consideraba igual que a los cristianos viejos es exagerar. Si los moriscos vivían en una área separados de los cristianos viejos es porque probablemente ellos no se sentían seguros viviendo dispersos entre una mayoría de cristianos viejos. La realidad es que los moriscos, salvo unos pocos, continuaron casándose entre ellos y viviendo con otros moriscos, y sepultando a sus difuntos en sus propios cementerios.[15] Si había un número superior de moriscos en profesiones superiores, era probablemente porque la población morisca necesitaba de sus servicios. Los moriscos deberían de querer tener relaciones con doctores, profesores, y líderes religiosos que los trataran sin prejuicios. Claro que queda por investigarse si los cristianos viejos eran también clientes de profesio-

---

13   Dadson, *Los moriscos de Villarrubia de los Ojos,* 560-576.

14   Dadson, *Los moriscos de Villarrubia de los Ojos,* 362; la carta se encuentra transcrita en 954-955.

15   Dadson, *Los moriscos de Villarrubia de los Ojos,* 272-273, 53.

nales de linaje morisco. El simple observar las colonias de minorías de nuestros tiempos, sin embargo, nos lleva a suponer que, dada la opción, los moriscos preferían ir a un médico morisco y los cristianos viejos actuaban de igual forma. Si fuera ése el caso, cristianos y moriscos hubieran servido diferentes clientelas y los primeros no hubieran competido con los segundos. El hecho de no tener a los moriscos como oponentes económicos hubiera servido para fomentar una relación más o menos cordial entre ellos. Es entonces posible que los cristianos viejos no se sintieran en peligro alguno por el mero hecho de que hubiera moriscos en su villa. Por una parte, en las palabras de Dadson, "[c]oexistence, assimilation, toleration and acceptance of *difference*, of the other, were possible even in the most hostile environment that early seventeenth-century Spain often was."[16] Por otra parte, vale la pena indagar por el tipo de *difference* que los cristianos viejos encontraban aceptable. ¿Cuál era el contrapeso ideal entre *difference* y *sameness* que se precisaba para que un morisco pudiera evadir el exilio o la delación? Los casos jurídicos que presento abajo sugieren que los moriscos presentían que para su supervivencia era necesario aculturarse pero no tratar de asimilarse por completo a la cultura dominante. O sea que, para poder mantenerse en una situación tranquila y harmoniosa, los moriscos se sentían obligados a tratar de hablar, comer, vestirse, y hacer devociones como lo hacían los cristianos viejos, pero sin nunca atreverse a equipararse a los cristianos viejos, o peor, a expresar su superioridad hacia éstos.

El caso de la morisca María López

El caso de la morisca María López de Villarrubia de los Ojos valida la hipótesis de Dadson de que algunos moriscos pudieron evadir la expulsión y vivieron sin mayores disturbios gracias a que podían convivir con cristianos viejos. Dentro del contexto de este estudio, sin embargo, el caso es significativo porque muestra que un/a morisco/a podía deslizarse de ser un/a residente aceptable a una amenaza para la comunidad cristiana. A María López la delataron a la inquisición de Toledo en 1628 junto con otras cuatro moriscas por participar en rituales

---

16   Trevor Dadson, "The Assimilation of Spanish Moriscos: Fiction or Reality." *Journal of Levantine Studies* 1.2 (2011): 25. Énfasis añadido.

musulmanes durante el velorio de su difunta hermana. Previo al pleito contra las moriscas, no había habido mayores problemas entre ellas y las cristianas viejas que las acusaron, y hasta parece ser que se juntaban para pasarse chismes sobre la gente del pueblo. Es notable que ninguno de los cristianos viejos involucrados en el caso menciona que la villa contenía una colonia de moriscos que continuaba desarrollándose aún catorce años después de que se cerrara la expulsión. Podríamos así deducir que los cristianos viejos no pensaban que tener a moriscos en sus alrededores era extraño o problemático, a menos que cometieran el error de comportarse de alguna forma que pudiera ser percibida como soberbia o impertinente. Con tal de que los moriscos se comportaran como "buenos cristianos," es decir, que no fueran a desafiar o a salirse de su estatus social inferior al de los cristianos viejos, se encontraban más o menos seguros.

Los detalles del caso de López, el cual Dadson ha transcrito en su integridad en el apéndice de su libro, nos trae a colación más precisamente el tipo de conducta que no se toleraba de los moriscos.[17] A López la atacaron dos cristianas viejas, María Lozana e Isabel de Ortega, por amortajar a su hermana, Ana Yébenes, como musulmana y no verdadera cristiana. Tres de las cuatro testigos que se contrapusieron a López—María Lozana, Catalina Martínez, y Catalina de Ortega—mencionaron en sus testimonios que los rituales sospechosos realizados por la morisca tuvieron lugar durante la víspera o en el día de la fiesta de Santa Lucía. Tal vez valga la pena mencionar que Santa Lucía es la patrona de la vista, y que sus devotos le hacen devoción por su capacidad de restaurar la visión a aquéllos que se encuentran ciegos simbólica o literalmente.[18] Puede ser que María Lozana y sus amigas, de alguna forma, quisieron vincular la fiesta de la sanadora de ciegos con su "descubrimiento" de la supuesta herejía de las moriscas.

---

17   Dadson, *Los moriscos de Villarrubia de los Ojos*, 1135-1177.

18   *Relaciones histórico-geográfico-estadísticas de los pueblos de España hechas por iniciativa de Felipe II: Ciudad Real*, eds. Carmelo Viñas y Ramón Paz (Madrid: Consejo Superior de Investigaciones Científicas, 1971), 610-611. Debemos clarificar que en los pleitos inquisitoriales las personas haciendo denuncias eran consideradas "testigos" y no acusadores (Richard Kagan y Abigail Dyer, "Introduction." *Inquisitorial Inquiries* [Baltimore: John Hopkins UP, 2011], 15).

Las acusaciones contra López concernían la manera en que ella y sus familiares amortajaron a Yébenes para su entierro. Todos los rituales descritos tienen que ver con objetos que las cristianas viejas estimaban tener bastante valor monetario. La única excepción concierne el uso de hierbas aromáticas para el lavado del cuerpo de la difunta. En cuanto a la forma de vestir el cuerpo de Yébenes y de peinarla, las cristianas viejas describieron lo siguiente: Le pusieron medias muy limpias de lino blanco que se extendía desde el muslo hasta los pies, una blusa blanca cosida con hilos blandos y con cordones bordados de valor de cinco reales, y una gorguera de telarejo nueva con valor de dos ducados. Llevaba también una flor encarnada de listón en el pecho, zarcillos de plata con unas arracadas de nácar, un collar de cuentas, pulseras de dos o tres rondas y un anillo de oro. Su cabello estaba recogido en trenzas con una garbineta nueva con puntos y dos tramados "que no se habían estrenado," todo sostenido con hebillas nuevas que se habían comprado para la ocasión. Una capucha cubría el elaborado peinado.[19] El toque final, aseguraban las cristianas viejas, era la mortaja de lino fino que envolvía el cuerpo de la difunta. Tal meticulosa descripción de la difunta no interesaba a los inquisidores. A ellos sólo les preocupaban las partes del ritual que a ellos les recordaba a la secta de Mahoma. En particular, tenían sospechas de que el lavado de la difunta con aguas herbales y la cobertura del cuerpo con lienzo blanco fueran elementos musulmanes funerarios.

El defensor de López, Miguel Sánchez, abordó las preocupaciones de los inquisidores y explicó que la manera de amortajar a Yébenes no tenía nada que ver con ritos musulmanes sino que eran costumbres típicas de la gente de Villarrubia. Así lo corroboraron sus testigos, que incluían un cura del pueblo y un agente local de la Inquisición. Todos ellos dijeron que en Villarrubia también los cristianos viejos enterraban a sus muertos con los pies y las cabezas cubiertas, y que muchas familias también preferían usar linos finos para cubrir sus cuerpos. Los testigos también aseveraron que muchas cristianas viejas peinaban a sus difuntas con trenzas, hebillas, y otros adornos de valor. La única parte del rito que no parecía ser parte de la costumbre regional de Vi-

---

19   Dadson, *Los moriscos de Villarrubia de los Ojos*, 1135.

llarrubia era el del lavado de la difunta con aguas herbales. Sin embargo, los testigos de la defensa explicaron que el cadáver olía abominablemente mal por los excesivos flujos que supuraban de él. Otro detalle importante que surgió durante el juicio fue que Lozana y Ortega habían quedado sumamente furiosas durante la enfermedad de Yébenes porque López les había insinuado que una de las dos era la responsable de haberse robado una basquiña que le pertenecía a su hermana.

Siete meses después de la denuncia que llevó al inicio del pleito de López y a su encarcelación, los jueces determinaron que la evidencia contra la acusada no tenía fuerza y dieron el juicio por levantado. Debe ser que los inquisidores concluyeron que no había nada en el comportamiento de las moriscas que fuera no cristiano o que pusiera a la comunidad de Villarrubia en peligro. Es posible que dedujeran que las cristianas viejas se habían acercado a las autoridades como venganza por el hecho de que López las implicara en la desaparición de la basquiña de Yébenes y no porque sintieran fervor especial por defender la religión católica (que era lo que habían aseverado en su acusación).

Si es que los ritos de amortajamiento de Yébenes no se salían de las costumbres típicas de Villarrubia, ¿por qué es que María Lozana e Isabel de Ortega pensaron que tenían base alguna para denunciar a López? Una posibilidad es que las cristianas viejas pensaran ingenuamente que los inquisidores no iban a poder distinguir entre costumbres funerarias regionalistas y rituales musulmanes de muerte. Pero una explicación más factible es que tanto Lozana como Ortega se habían convencido de que había aspectos del amortajamiento de Yébenes que reflejaban que las moriscas desafiaban el orden cristiano de las cosas. Esos aspectos eran justamente los que a los jueces no les parecían importantes: el hecho de que el lino de la mortaja fuera muy blanco y costoso, y que casi toda la ropa y los adornos fueran nuevos. Pero para María Lozana, Isabel de Ortega y sus amigas Catalina Martínez y Catalina de Ortega eran precisamente esos detalles los que contaban para demostrar que las moriscas no habían abandonado sus creencias musulmanas. Si fueran verdaderas cristianas, afirmaban ellas, no enterrarían a una muerta con buenas joyas. Incluso Lozana reiteró que ella había insistido durante el velorio que las moriscas le quitaran a Yébenes el anillo de oro y los otros adornos de valor para dárselos a los necesitados, "por qué no se las quitaban y daban a unos niños que andan por allí que no llevarlas a la tierra."[20] Según insistieron Martínez y Catalina de Ortega, los brazaletes de coral les iban mejor a una niña pobre bien conocida en la villa, o podían usarlos para pedir misas a la iglesia. El empeño de traer a colación el detalle sobre el valor de los adornos y la resistencia por parte de las moriscas a donarlos o ponerlos en uso productivo refuerza el estereotipo del morisco materialista que prefiere enterrar sus tesoros en la tierra que compartirlos con la comunidad cristiana. Es más, si tomamos en consideración que las cuatro testigos eran cristianas viejas y que eran pobres y sin verdaderas expectativas para mejorar su condición, podríamos atribuir su meticulosidad excesiva en las descripciones del atuendo funerario de Yébenes a una implacable envidia. Tal vez el enojo hacia López se había intensificado al ver que ésta había asegurado que Yébenes llevara en la muerte mejores telas y joyas que las cristianas viejas en vida. La soberbia de las moriscas y su falta de respeto hacia sus vecinas cristianas viejas se había hecho evidente en que López se atreviera a insinuar que Catalina de Ortega (hermana de Isabel de Ortega) le había robado la saya y la basquiña que le faltaba a Yébenes el día antes de su muerte. López se había acercado a Lozana y a su amiga La Cisnera para preguntarles si ellas opinaban que María de Ortega se había llevado las prendas. López menciona en su testimonio que frente a la acusación las cristianas viejas "lo llevaron tan desabridamente como lo han manifestado, pues de muy amigas son enemigas capitales."[21]

La indignación de las cristianas viejas es comprensible si tenemos en cuenta que para ellas la mera sugerencia de que codiciaban una prenda de una persona de raíz inferior, como se suponía que era la de Yébenes, era un gran deshonor. El deseo de arroparse con la vestimenta de una morisca era, hasta cierto punto, reconocer que esencialmente sus cuerpos eran análogos. Y parece ser que la supuesta amistad entre López y Lozana dependía del acuerdo implícito de que la morisca no se trataría de equiparar a la cristiana vieja. Una vez que López corrompió el trato y trató de desafiar la supuesta superioridad social de las cristianas viejas, según Lozana y compañía, dejó de ser buena cristiana para

---

20   Dadson, *Los moriscos de Villarrubia de los Ojos*, 1136.
21   Dadson, *Los moriscos de Villarrubia de los Ojos*, 1152.

convertirse en una hereje peligrosa. Para Lozana y sus aliadas, la única manera de reparar las transgresiones de la moriscas era el hacer que la Inquisición las marcara permanentemente con signos de diferencia.

EL CASO DE DIEGO DÍAZ

El caso de Diego Díaz demuestra más claramente qué tan fluidamente se podía re-designar a un morisco "buen cristiano" como a uno "problemático."[22] A Díaz, cortador de carne y vecino de Belmonte, lo denunciaron a las autoridades eclesiásticas de su villa en septiembre de 1632 por pasarse "a la secta perversa de Mahoma."[23] Sus denunciantes fueron los dueños del mesón, Antonio Malo y María de Laguna, así como dos de sus sirvientes, María Hernández y Ana López. La acusación de herejía se tomó seriamente y el caso se transfirió a la Inquisición de Cuenca donde se trató en los próximos dieciséis meses.[24] Gracias al abogado defensor, Díaz pudo evadir la prisión de la Inquisición hasta los últimos seis meses del pleito. Las acusaciones básicas que llevaron al fiscal, Alonso de Vallejo, a creer que Díaz era musulmán eran las siguientes: se cambiaba la camisa todos los viernes, había sido visto con la cabeza depilada, usaba aceite en vez de manteca en la comida, nunca echaba tocino a la olla, casi no se le veía en misa, no quería que sus sirvientes descansaran los días de fiesta, comía carne en cuaresma y los viernes, se retraía de ir a misa, de orar, y se juntaba con otros moriscos con quienes hablaba en "algarabía."

Los jueces no pudieron encontrar testigos que corroboraran las acusaciones de que Díaz no iba a la iglesia o de que prevenía a otros de que lo hicieran. Tampoco encontraron a nadie más que ofreciera detalles sobre la supuesta dieta mahometana de Díaz. Lo que sí se corroboró fue que Díaz se ponía una camisa nueva todos los viernes, pero les quedó claro a los jueces que era porque era el determinado día de descanso del morisco. También se confirmó que una vez se había rasurado todo el cabello, pero era porque un barbero lo había hecho para curarlo de una condición flemática que tenía. Se determinó que la sospecha de

---

22   *Archivo Diocesano de Cuenca*, legajo 437, número 6169.

23   *Archivo Diocesano de Cuenca*, legajo 437, número 6169, s.p.

24   El caso se cerró el 21 de enero de 1634.

que Díaz hablaba en algarabía era falsa, ya que lo que habían oído hablar los testigos no era lengua mora sino valenciano. Resulta que Díaz había vivido seis años en Valencia, había adquirido cierta aptitud en la lengua y la hablaba cuando se encontraba con valencianos.

Lo más irónico del caso, sin duda, es el hecho de que la única información que le fue perjudicial a Díaz fue la que él mismo proveyó a los jueces durante el proceso del pleito.[25] Tal vez pensando incorrectamente que el dato era ya conocido, Díaz confesó que había sido circuncidado en Argelia, después que lo expulsaran de España (una segunda vez), más o menos en 1612. Díaz explicó que, una vez llegados a la costa de Argelia, el capitán del barco a cargo de su deportación vendió a todos los expulsados a un "moro," que no tardó en cautivarlos. La deposición de Díaz dice: "el pecado es que quando la expulsion de los moros salio este con los demas y los desembarcaron cerca de argel y enviaron los turcos de aquella ciudad y los llevaron a la mesma ciudad y los metieron en las taraçanas que son unas Casas Reales grandes donde estan las armas y tiros de artilleria y alli los yban mirando a todos los barones y los yban cortando el pellejo de las Berguenças".[26] A pesar del cargo de conciencia, Diego les aseguró a los jueces de que había confesado su pecado de dejarse circuncidar a un cura en Aviñón que había conocido después de escaparse de su cautiverio, siete u ocho años más tarde. El fiscal Vallejo no quedó persuadido de que Díaz había sido forzado a circuncidarse y arguyó que Díaz mentía. Vallejo pensaba que lo que realmente había ocurrido es que Díaz había renegado de su bautismo cristiano y que estaba inventando el violento episodio de circunción. Vallejo estaba convencido de que los moros no obligaban a los cristianos a aceptar su religión, que en teoría era correcto pero era difícil de saber qué se hacía en la práctica. Díaz tuvo suerte con su defensor porque pudo encontrar a un testigo fiable que se opusiera a la hipótesis de Vallejo. Este testigo era un caballero respetado de Belmonte llamado don Bernardino de Medrano. Medrano aseveró que habiendo estado cautivo en Argelia había visto a los musulmanes circuncidar a españoles por la fuerza y con mucha violencia. El testimonio no hizo

---

25   Esta confesión se hizo el 9 de septiembre de 1633 (*Archivo Diocesano de Cuenca*, legajo 437, número 6169, s.p.).

26   *Archivo Diocesano de Cuenca*, legajo 437, número 6169, s.p.

nada para que Vallejo cambiara de parecer, como se ve en el siguiente comentario: "Después de vista esta deposicion de D. Francisco de Madrano [sic] me parece que hace algo en fabor deste reo en quanto dize de la circumcision violenta aunque este es solo un testigo que en ningun caso prueba enteramente especialmente en cosa poco probable por lo que tengo alegado."[27] Vallejo les sugirió a los jueces que mandaran a torturar al prisionero para extraerle una confesión más verídica, pero los inquisidores le denegaron el pedido. Decidieron así los jueces que Díaz se merecía una sentencia de *abjuración de levi* por el error en que había caído al dejarse circuncidar. No se sabe exactamente qué castigo recibió Díaz, pero probablemente involucraba azotes u otra especie de penitencia y humillación pública.

García-Arenal y Dadson consideran que Díaz es un ejemplo que refleja la realidad de que aún dos décadas después de la expulsión había moriscos que vivían sin mayores disturbios junto a cristianos viejos que estaban muy al tanto del linaje de los primeros.[28] Para Richard Kagan y Abigail Dyer, el interés del caso yace en las estrategias narrativas que toma Díaz para construirse una biografía que le serviría para ganarse el favor de los inquisidores.[29] Ellos mencionan, por ejemplo, que Díaz trata en su defensa de contraponerse a los "moros" de Argelia, a quienes describe como violentos y homosexuales. Kagan y Dyer aluden al hecho de que Díaz había racionalizado bastante bien su defensa, especialmente en la manera en que sostuvo que él había pecado al permitir que le cortaran el prepucio, pero que de ninguna manera había cometido un acto de herejía. Kagan y Dyer también interpretan que Díaz trata de apelar a la simpatía de las autoridades al mencionar el deshonor que sufre día a día por el error cometido por sus ancestros musulmanes. Del voluminoso legajo traen a colación que Díaz no se deja victimizar, sino que ataca a sus acusadores, dejando por entendido que eran ellos

---

27   *Archivo Diocesano de Cuenca*, legajo 437, número 6169, s.p.

28   García-Arenal, "Los moriscos del Campo de Calatrava después de 1610, según algunos procesos inquisitoriales." *Les Cahiers de Tunisie. Actes de la 3e Rencontre Tuniso-Espagnole* 103-104 (1978): 173-84; Dadson, *Los moriscos de Villarrubia de los Ojos*, 459-465.

29   Richard L. Kagan y Abigail Dyer, "A Captive's Tale: Diego Díaz." *Inquisitorial Inquiries*, 147-79.

todos unos borrachos y embusteros, y que no tenían otra razón para delatarlo a las autoridades que una gran enemistad.

Un punto que Kagan y Dyer aluden en su estudio pero que vale la pena examinar más profundamente es la opinión que los cristianos viejos tenían de Díaz mientras él vivía como residente ilegal. Díaz nunca escondió su linaje, aún después de regresar a Españas de sus dos desafortunados destierros. Se había casado con una morisca de un pueblo vecino y se juntaba con otros moriscos, especialmente con unos valencianos trasladados del Valle de Ricote. Hay también evidencia de que Díaz, después de haber conseguido regresar a España dos años después de su primera expulsión en 1609, pudo esquivarse de las autoridades de la expulsión entre 1611 y 1612 gracias a la ayuda proveída por su empleador de entonces. Este jefe que tenía, se apellidaba Orozco y también resultaba ser familiar del Santo Oficio. O sea que hasta algunos oficiales de la Inquisición habían socavado las órdenes de expulsión para salvar a sus empleados. Claro que la ayuda del familiar no le duró mucho, ya que fue eventualmente descubierto por un alguacil del rey que no dudó en sumarlo al número de re-expulsados. Después de seis años de cautiverio en Argelia, Díaz consiguió escaparse hacia Francia. De Francia se pasó a Valencia, donde en el pueblo de Albaterra pasó a trabajar para un carnicero llamado Pedro de Casas. Estuvo con Casas por seis años, de quien aprendió el oficio de cortar carne y negociarla. Si no hubiera sido por la protección explícita e implícita que gozó bajo Orozco, Casas y los otros cristianos viejos con quienes se relacionaba diariamente, Díaz no pudiera haber pasado de ser un pobre fugitivo a ser el exitoso dueño de una carnicería y de un mesón. Una vez establecido en Belmonte, Díaz utilizó su inteligencia social y recursos para amistarse con cristianos viejos y, en particular, con las personas más influyentes del pueblo. Se comportó de una forma que contradecía el estereotipo del morisco egoísta y acaparador de riquezas. Hacía contribuciones financieras a la iglesia local, a los pobres y al ejército del rey. Los sacerdotes del pueblo le tenían estima y lo consideraban un buen cristiano. Estos últimos, incluso, se presentaron ante el tribunal del pleito de Díaz para corroborar su buenísima reputación entre los vecinos de Belmonte.

Es posible que los esfuerzos de Díaz en hacerse ver como hombre de bien le hubieran ayudado en su juicio porque el fiscal nunca fue capaz de encontrar a testigos efectivos que se opusieran a Díaz, aparte de sus acusadores y los empleados de ellos. Por otra parte, la defensa de Díaz se valió de testigos bastante fiables a los ojos de los inquisidores; entre ellos, un médico, unos eclesiásticos y un hidalgo honorable, como ya hemos mencionado. No obstante, Díaz erró socialmente al pasar por alto a los cristianos viejos que trabajaban para él o que competían directamente con él en términos de negocios. Y éste fue un error que tuvo que pagar muy caro. María Hernández, por ejemplo, era una empleada de Díaz que quedó muy resentida después de que el morisco la humilló públicamente. Según Díaz, Hernández había desaparecido de su local y él la había encontrado borracha e inconsciente en el piso de una bodega de aguardiente. Al verla en tal estado la despertó tirándole una jarra de agua, lo cual la dejó furiosa y vengativa. Hernández se pasó así a trabajar para los competidores de Díaz, los mesoneros Malo y Laguna, con quienes tramó la denuncia contra Díaz a los oficiales de la Inquisición. No es necesario insistir en que el pobre Díaz, tal vez demasiado confiado en su reputación, no había considerado que hasta la persona más baja de la villa podía arruinarle la vida a un morisco, por buen cristiano que fuera.

En cuanto a Malo y Laguna no sorprende que ellos quisieran deshacerse de su rival comercial. El mismo abogado fiscal hace la observación de que "se haze credible la enemistad por ser los unos y los otros mesoneros y vecinos, que en gente vil engendraria embidias, y intereses de echar al otro del lugar."[30] Parece ser que Díaz atraía a muchos clientes a su mesón porque se lo conocía como a un mesonero honesto y hospitalario. Por otra parte, a Malo y Laguna, que tenían su taberna localizada muy cerca de la de Díaz, no les iba bien porque tenían la reputación de ser deshonestos. Sobre todo, Malo y Laguna tenían fama de emborrachar a los clientes, a compelerlos a jugar a las cartas embriagados para poder más fácilmente estafarlos. Así lo testificaba Díaz y lo corroboraba un médico que se presentó para apoyarlo en la defensa. Es evidente en el tono de las declaraciones de Díaz, que él se encon-

---

30   *Archivo Diocesano de Cuenca*, legajo 437, número 6169, s.p.

traba despechado por haber sido acusado de herejía por personas que él consideraba ser mucho más inferiores a él en términos de honra. Si es que Díaz tenía la costumbre de difamar a sus enemigos de la misma forma en Belmonte, es muy posible que los taberneros lo acusaran para desquitarse y sin pensarlo demasiado. De hecho, Malo y Laguna no querían tener nada que ver con el caso inquisitorial que ellos mismo iniciaron y desaparecieron sin poder volver a ser localizados por las autoridades. Es probable que Malo y Laguna no intentaran persistir en las acusaciones, sino que lo único que querían era deshonrar al morisco públicamente y marcarlo explícitamente como ser marginado. Si esa era la idea de los taberneros, parece haber funcionado porque vemos a Díaz mudado de pueblo a medio pleito. A Díaz le hicieron pagar por la única "herejía" que había cometido, la herejía social de creerse que él podía posicionarse a la par de cristianos viejos, por más pícaros que fueran estos últimos.

El caso de Fabiana e Isabel Florín

Así como los cristianos viejos de los casos anteriores, Fabiana e Isabel Florín, residentes de Villaseca de la Sagra, se sintieron despechadas al ver que un vecino que ellas creían ser morisco, Luis Gómez, había seducido a su hermana y la había raptado para casarse con ella. Tan enojadas quedaron con Gómez que decidieron vengarse de la familia entera llamándolos moriscos secretos. Parece ser que tan pronto como Juana Florín se escapó de casa con Luis Gómez, las hermanas mayores aprovechaban cualquier ocasión para lamentarse de que Gómez iba a "manchar su sangre, siendo como era gente limpia; que una gota de sangre suya se podía calificar sus partes."[31] Entre otras quejas, las hermanas Florín decían que ellas sabían por seguro de que los Gómez eran moriscos, porque Luis la había seducido a Juana trayéndole comida de moros que ellas reconocían como cuscús. Los Gómez no tardaron en presentar una demanda por difamación contra Isabel y Fabiana Florín. El pleito comenzó, más específicamente, en julio del 1628 con la declaración de parte de los Gómez. Pronunciaron los acusadores:

---

31   *Archivo de la Real Chancillería de Valladolid*, Registro de Ejecutorias, caja 2566, 14. 1632, imagen 7d.

siendo como por la misericordia de Dios Nuestro Señor eran hombres muy honrados, cristianos viejos, limpios de toda mala raza de moros ni moriscos, ni penitenciados por el Santo Oficio de la Inquisición, las dichas reas acusadas poco puesto el temor de Dios, y en menosprecio de la nuestra justicia que el dicho alcalde administraba, y por les injuriar y afrentar y quitarles su buena fama y opinión que tenían, habían dicho y publicado en muchas y diversas partes que eran unos judíos moriscos y que comían al cuz-cuz. Siendo como era todo ello al contrario de la verdad. En lo cual así haber hecho las susodichas habían cometido grave y atroz delito, digno de gran punición y castigo.[32]

Durante sus interrogaciones, las dos hermanas Florín testificaron que los Gómez tenían buen crédito en el pueblo y que tenían la "reputación" de ser "limpios y de buena calidad," pero convenientemente rehusaron declarar que eran cristianos viejos.[33] A la pregunta de que si ellas pensaban que los Gómez eran moriscos, ambas Fabiana e Isabel contestaron que no sabían nada de linajes y que estaban demasiado jóvenes para involucrarse en ese tipo de tema. La excusa no servía, sin duda, ya que las dos tenían más de treinta años.[34] La esquivez de las hermanas en sus testimonios hace que no se sepa exactamente por qué las Florín creían que los Gómez eran moriscos. Lo que sí queda claro es que no había manera de hacerles pensar lo contrario, aún cuando estaban las dos arrestadas y bajo la amenaza de que se les fuera a mandar a prisión.[35] Es posible que a pesar de que los Gómez tuvieran ejecutoria de limpieza y se comportaran como perfectos cristianos viejos, les hu-

---

32   *Archivo de la Real Chancillería de Valladolid*, Registro de Ejecutorias, caja 2566, 14. 1632, imagen 3i.

33   *Archivo de la Real Chancillería de Valladolid*, Registro de Ejecutorias, caja 2566, 14. 1632, imagen 4d. El testimonio de Isabel Florín fue casi el mismo que el de su hermana Fabiana.

34   *Archivo de la Real Chancillería de Valladolid*, Registro de Ejecutorias, caja 2566, 14. 1632, imagen 4i.

35   *Archivo de la Real Chancillería de Valladolid*, Registro de Ejecutorias, caja 2566, 14. 1632, imagen 4i.

biera quedado algún detalle del pasado de sus ancestros que todavía permanecía en la memoria de algunas familias, como en la de las Florín por ejemplo. Las Florín se habían quedado calladas sobre sus sospechas hasta que un Gómez decidió pasarse de sus límites y sacudir el orden social al juntar su sangre con la suya.

La resolución del caso no se dio hasta cuatro años más tarde, cuando el juez, Cristóbal Fernández, declaró que Francisco, Lucas y Luis Gómez eran sin duda limpios de toda mala raza de moros y judíos y penitenciados.[36] Pero los Gómez quedaron insatisfechos porque sólo se culpó a Fabiana por la difamación y no a Isabel. La sentencia obligaba a que la culpable desdijera las injuriosas palabras que habían deshonrado a los Gómez.[37] También se les multó con 1.200 maravedís por el costo del pleito. Fabiana Florín falleció pronto después de la decisión del juez (no se sabe las circunstancias) y nunca llegó a cumplir la sentencia que se le había dado. Los Gómez fueron a apelar el caso a la Real Chancillería de Valladolid. La demanda de los Gómez dice que "porque la dicha Fabiana Florín había muerto ha pocos días que se le había notificado la dicha sentencia, y estando igualmente culpada la dicha Isabel Florín y convencida del dicho delito, había sido agravio notorio el que no la hubiese condenado a desdecir y en otras graves penas, conforme a la calidad de su culpa."[38] Tal vez hubiera sido mejor para los Gómez el no hacer la apelación, porque los jueces de la Real Chancillería revocaron la sentencia de que Fabiana Florín desdijera lo que había dicho acerca del linaje manchado de los Gómez, dejando así a Isabel Florín exonerada. A los Gómez se les reconoció que eran, como ellos juraban, cristianos viejos, pero la deshonra que ya habían sufrido en su pueblo no quedó borrada. Se podría decir que el caso fue simbólicamente ganado por las Florín porque consiguieron perpetuar la sospecha de que los Gómez fueran moriscos. Dentro del contexto más amplio de las relaciones entre cristianos viejos y los moriscos que

36   *Archivo de la Real Chancillería de Valladolid,* Registro de Ejecutorias, caja 2566, 14. 1632, imagen 7d.

37   *Archivo de la Real Chancillería de Valladolid,* Registro de Ejecutorias, caja 2566, 14, 1632, imagen 7d.

38   *Archivo de la Real Chancillería de Valladolid,* Registro de Ejecutorias, caja 2566, 14, 1632, imagen 10d.

se quedaron después de la expulsión, este caso demuestra que los primeros estaban dispuestos a prevenir, literalmente hasta la muerte, que ciertos moriscos clandestinos se excedieran de sus límites sociales.

La actitud de los cristianos viejos hacia los moriscos que vemos arriba refleja el punto de vista que los moriscos no se hacían problemáticos hasta que trataban de equiparárseles o superárseles socialmente. Este sentimiento lo expresaban los miembros del *Consejo de Estado* de Castilla en 1608 cuando le sugerían al rey que él debía pasar una orden que no dejara que los moriscos ejercieran en profesiones respetables.[39] Lo ideal era que los moriscos sólo tuvieran oficios de labradores de campo y criadores de ganado de manera "que los Christianos viejos quedasen siempre muy superiores."[40]

En conclusión, es posible que una gran sección de cristianos viejos no hubiera creído que la supresión de la cultura morisca fuera necesaria. Muchos de éstos parecen no haber tenido ningún problema en su coexistencia con moriscos. En algunos casos, los cristianos viejos no consideraban que las prácticas culturales de los moriscos fueran problemáticas con tal de que ellos no trataran de pasarse de sus límites sociales y no pusieran en peligro el estatus socio-económico de los cristianos viejos. Efectivamente, en los casos examinados, cuando los cristianos viejos expresaban alguna ansiedad hacia los moriscos, lo dirigían a moriscos que estaban asimilados pero que daban la impresión de estar en condiciones socio-económicas superiores y, por consiguiente, se percibían como elementos sociales desestabilizadores. Para reiterar,

---

39   El *Consejo de Guadalajara* le mandó una carta al rey en 1598 en la que se decía que los moriscos "se hacen ricos y poderosos; y a esta causa demas de los ynconbinientes que pueden resultar que este genero de gente este con caudales grandes [...] y por ser como son de si codiçiosos y allegadores seria de mucho aprobechamyento acudir a las labores de los canpos y criar ganados [...] e ynclinados a esto se estorbaria de que obiesse tanto comercio y correspondencia entre si mismos como ahora de presente an proque la causa o achaque de traxinar con pasaportes se comunican y tratan acudiendo a los de su naçion y hordenandose e mandandose que los dichos naturales del Reyno de Granada y sus descendientes listen en sus repartimientos y beçindades y no traten ny contraten y que solo se puedan ocupar en labrar tierras" (Cit. en García-Arenal, *Los Moriscos*, 71).

40   Pascual Boronat y Barrachina, *Los moriscos españoles y su expulsión: Estudio histórico-crítico*. Vol. 2 (Valencia: Francisco Vives y Mora, 1901), 110, 459-60.

los moriscos que se consideraban "buenos cristianos" eran aquéllos que no desafiaban el orden social establecido. En otras palabras, estos moriscos habían aceptado las prácticas culturales de los cristianos viejos, pero sin nunca tratar de equipararse a ellos. Estos buenos cristianos eran los que, al final, se fueron absorbiendo muy despacio y desapercibidamente a la sociedad dominante y cuyos nombres hoy día desconocemos.

Obras citadas

Archivo de la Real Chancillería de Valladolid, Registro de Ejecutorias, caja 2566, 14. 1632.

Archivo Diocesano de Cuenca, legajo 437, número 6169.

Bleda, Jaime. *Defensio fidei in causa neophytorum sive Morischorum Regni Valentiae, totiusq. Hispaniae.* Valencia: Juan Crisóstomo Garriz, 1610.

———. *Coronica de los moros de España.* Valencia: Felipe Mey, 1618.

Boronat y Barrachina, Pascual. *Los moriscos españoles y su expulsión: Estudio histórico-crítico.* Vol. 2. Valencia: Francisco Vives y Mora, 1901.

Braudel, Fernand. "Conflits et refus de civilisation: espagnols et morisques au xvi siècle." *Annales ESC* (1947): 397-410.

Caro Baroja, Julio. *Ciclos y temas de la historia de España: los moriscos del reino de Granada.* Madrid: Istmo, 1976.

Dadson, Trevor J. *Los moriscos de Villarrubia de los Ojos (Siglos XV-XVIII).* Madrid: Iberoamericana, 2007.

———. "The Assimilation of Spanish Moriscos: Fiction or Reality." *Journal of Levantine Studies* 1.2 (2011): 11-30.

Domínguez Ortiz, Antonio, y Bernard Vincent. *Historia de los moriscos: Vida y tragedia de una minoría.* Madrid: Alianza Editorial, 1985.

García-Arenal, Mercedes. "Bando de Expulsion de los Moriscos de Valencia." *Los moriscos.* Madrid: Editora Nacional, 1975. 251-5.

———. *Los moriscos.* Madrid: Editora Nacional, 1975.

———. "Los moriscos del Campo de Calatrava después de 1610, según algunos procesos inquisitoriales." *Les Cahiers de Tunisie* 26 (1978):173-196.

Kagan, Richard, y Abigail Dyer. "Introduction." *Inquisitorial Inquiries.* Baltimore: John Hopkins UP, 2011. 1-20.

———. "A Captive's Tale: Diego Díaz." *Inquisitorial Inquiries.* Baltimore: John Hopkins UP, 2011. 147-179.

Lapeyre, Henri. *Geografía de la España morisca.* Trad. Luis Rodríguez García. Valencia: Diputación Provincial de Valencia, 1986.

Lea, Charles. *The Moriscos of Spain.* Vol. 3. London: Bernard Quaritch, 1901.

Phillips, Carla Rahn. "The Moriscos of La Mancha, 1570-1614." *The Journal of Modern History* 50.2 (1978): D1067-D1095.

Reglá Campistol, Joan. *Estudios sobre los Moriscos.* Barcelona: Ariel, 1964.

Relaciones histórico-geográfico-estadísticas de los pueblos de España hechas por iniciativa de Felipe II: Ciudad Real. Ed. Carmelo Viñas and Ramón Paz. Madrid: Consejo Superior de Investigacines Científicas, 1971. 593-612.

De la agricultura a la observación de las estrellas. Los retratos de los reyes Incas en los *Comentarios reales* del Inca Garcilaso de la Vega

JOSÉ LUIS GASTAÑAGA PONCE DE LEÓN
University of Tennessee, Chattanooga

> SÓCRATES: ¿Piensas, acaso, que un pintor que ha retratado como paradigma al hombre más hermoso, habiendo traducido en el cuadro todos sus rasgos adecuadamente, es menos bueno porque no puede demostrar que semejante hombre pueda existir?
>
> GLAUCÓN: ¡Por Zeus que no!
>
> SÓCRATES: ¿Y no diremos que también nosotros hemos producido en palabras un paradigma del buen Estado?
>
> GLAUCÓN: Ciertamente.
>
> SÓCRATES: Pues entonces, ¿piensas que nuestras palabras sobre esto no están tan bien dichas, si no podemos demostrar que es posible fundar un Estado tal como el que decimos?
>
> GLAUCÓN: Claro que no.
>
> SÓCRATES: Por consiguiente, eso es lo cierto.
>
> ~ Platón: *República* 472 d-e.

COMO ES SABIDO, EL providencialismo y el neoplatonismo informan la historiografía del Inca Garcilaso. El historiador cusqueño conjuga en el marco de una historiografía renacentista ambos elementos y nos propone, dentro de la tradición neoplatónica, una imagen idealizada y paradigmática del Tahuantinsuyo que se armoniza con una idea según la cual ese imperio civilizador debía, de acuerdo con una tesis providencialista, preparar a los hombres andinos

para recibir la fe católica.[1] Estos dos componentes operan conjuntamente y con gran efectividad dentro del discurso histórico garcilasis-
ta, en especial en algunos pasajes que al ser considerados con atención
son muy reveladores del sentido que tiene el conjunto de la obra. Los
pasajes a los que me refiero son las descripciones de los reyes incas,
de un lado, y la narración de fábulas, de otro. Los dos tipos de pasajes
-retratos de los reyes y fábulas- están a mi modo de ver grandemente
influenciados por los componentes neoplatónico y providencialista
antes mencionados y deben ser estudiados en conjunto en favor de una
mejor comprensión de la obra del historiador mestizo. En este ensayo
quiero revisar el impacto que ambos -neoplatonismo y providencialis-
mo- tienen en la caracterización de los reyes Incas en los *Comentarios
reales*. Mi énfasis está puesto en los retratos regios; aunque hago alusión a las fábulas, dejo para otra ocasión un estudio más detallado de
ellas.

Al acercarnos a la historiografía renacentista que practica el Inca
Garcilaso debemos de tener en cuenta que las secciones que se ocupan
de los distintos reyes incas o las fábulas mitológicas que explican su
origen en el mundo no se narran para llenar un espacio o para servir de
ornamento o descanso para el lector, como el autor quiere hacernos a
veces pensar.[2] Ellas son en verdad narraciones cargadas de sentido cuyo
contenido debe contrastarse con el resto de la historia que el autor nos
presenta. En los *Comentarios reales* encontramos distintos tipos de fábulas. De un lado, están los mitos fundacionales de los incas, que el autor ha oído en su niñez y juventud de boca de sus parientes maternos;
estos tienen un carácter exclusivamente oral. De otro lado, están las
narraciones que se presentan como hechos históricos -fábulas historia-
les- que proceden de fuentes escritas o que el autor ha presenciado o al

---

    1   Sobre el neoplatonismo de Garcilaso existe una abundante bibliografía.
De ella señalo algunos autores que considero importantes: José Durand (*El Inca Garcilaso*), Efraín Kristal y Carmen Bernand. Sus obras están descritas en la bibliografía.
    2   Así, cuando decide narrar la historia de Pedro Serrano afirma que lo hace
"para que este capítulo no sea tan corto" (I, viii, 24). Cito los *Comentarios reales* por
la edición de Carlos Araníbar descrita en la bibliografía e indico libro, capítulo y
página de dicha edición. El carácter renacentista de la historiografía de Garcilaso ha
sido estudiado por Durand (*El Inca Garcilaso*), Brading y Zamora, entre otros.

menos escuchado de fuentes fidedignas, como la historia del naufragio de Pedro Serrano.

Si las fábulas cumplen una función, ésta trasciende la que el autor les atribuye; así como supera lo que una lectura superficial ofrece. En un ensayo sobre la fábula renacentista en Garcilaso, Efraín Kristal nos recuerda que las fábulas de nuestro autor "se ciñen a los procedimientos exegéticos con los que se interpretaban en el Renacimiento lo que hoy llamamos mitos" (48). Esta característica de la historiografía garcilasiana de presentar fábulas está explícita al interior del texto de los *Comentarios reales* en un pasaje que ha sido citado muchas veces: aquel en que se discute la semejanza entre los mitos del origen de los Incas narrados por los parientes de Garcilaso cuando él era niño y la historia bíblica de Noé. Al final del referido pasaje, el autor concluye: "digo llanamente las fábulas historiales que en mis niñeces oí a los míos, tómelas cada uno como quisiere, y déles el alegoría que más les cuadrare" (I, xviii, 48). En ningún pasaje ha sido el autor tan claro al decirnos que las fábulas que abundan en su obra son verdades alegorizadas. Lo hace, claro, con el recato que lo caracteriza, atribuyendo las comparaciones a "algunos españoles curiosos" (Ibíd.).

Una fábula, entonces, está lejos de ser una ficción aunque su envoltura narrativa nos haga pensar que lo sea. Kristal se apoya en Antonio García Berrio y entiende la fábula como una "manipulación artística de la realidad," cuyo significado "reside [...] en su intención moral y teológica" (49). Entender las fábulas como "verdades alegorizadas" tiene una tradición larguísima, ilustrada con antecedentes como san Agustín y Macrobio, en quienes la fábula es un "vehículo para expresar la verdad" (Ibíd.). Para san Agustín si las creaciones poéticas de la antigüedad podían redimirse era porque "alegorizaban las verdades cristianas" (Ibíd.). Justamente es ésta la valoración de las fábulas que nos propone Garcilaso. Esta es la manera en que debemos entender el sentido último de esas anécdotas en las cuales los reyes Incas empiezan a cuestionar la divinidad del Sol, a veces con escándalo de sus propios sacerdotes, a partir de Inca Roca, sexto rey en los *Comentarios reales*.

Este modo de tratar las fábulas pasó de los padres de la Iglesia al neoplatonismo florentino. En la biblioteca de Garcilaso no figuraban títulos de los padres de la Iglesia, pero la escuela platónica florentina sí estaba representada por uno de sus miembros más conspicuos: Marsilio Ficino (1433-1499), quien tradujo y comentó a Platón en libros que tendrían una influencia más que centenaria en toda Europa y que sentarían las bases del Renacimiento florentino. Desde la Academia Platónica de Florencia, Ficino aseguraría la difusión de las obras de Platón y Plotino por primera vez en traducciones directas del griego. Ficino sostenía que había dentro de todo hombre un impulso que lo guiaba hacia la religión y, por tanto, que en todas las religiones se hallaba algo de verdad. Es una idea que está en la raíz del pensamiento deísta de los siglos XVI-XVII, que ha sido influido tanto por Ficino como por Garcilaso.[3] Otro miembro de la Academia Platónica era Giovanni Pico della Mirandola (1463-1494), que fue el primer filósofo cristiano en estudiar la cábala judía en conjunción con la teología cristiana.[4] Estos conocimientos de la cábala y la posibilidad de vincularlos con la teología cristiana y la filosofía de la Antigüedad animarían más tarde a León Hebreo a escribir sus *Diálogos de amor*. León Hebreo, fue en Florencia discípulo de Pico (Kristal 51). Pero el autor de los *Diálogos de amor* cuenta con una influencia aun anterior a la de los neoplatónicos florentinos: Giovanni Boccaccio (1313-1375), autor de la *Genealogía de los dioses paganos*, un compendio enciclopédico de mitografía clásica extraído de los poetas de la Antigüedad, reconocida fuente de la obra de León Hebreo.[5] En esta obra de Boccaccio se exponen ideas que encontrarán fácilmente un lugar en las obras de León Hebreo y Garcilaso.

---

    3   Edward Herbert (1583-1648), primer barón Herbert de Cherbury cita con entusiasmo a Garcilaso en los escritos fundacionales del deísmo (Avalle-Arce 26).

    4   Ver *Encyclopaedia Britannica*, s. v. "Marsilio Ficino," "Platonic Academy," "Giovanni Pico della Mirandola".

    5   Kristal (51), que remite a Andrés Soria Olmedo, *Los* Dialoghi d'amore *de León Hebreo: aspectos literarios y culturales* (Granada: Universidad de Granada, 1984). De manera diferente, Menéndez Pelayo juzgaba que León Hebreo era platónico como los judíos helenistas de Alejandría y que era además un producto natural de la tradición filosófica ibérica puesto que "la filosofía de los judíos españoles, desde los siglos XI y XII, era ya neo-platónica gracias a Ben-Gabirol, y aristotélica gracias a Maimónides" (I, 488).

El propósito de la *Genealogía* en palabras de su más reciente editor es el siguiente: "Boccaccio makes clear his goal—to remove the 'veil' (*velum*) from a story (*fabula*) to reveal its true meaning (*sensum*)—as he specifies in the final two books of the *Genealogy* that underneath the ancient veil one can discover sound philosophy and valuable ancient wisdom" (Solomon xvi). No debe sorprender que la *Genealogía* esté en la raíz de toda idea reivindicativa de la literatura clásica desarrollada durante el Renacimiento. El programa de Boccaccio es el que nos encontramos en los *Diálogos de amor* y también por supuesto aparece como el fundamento de la defensa y justificación por parte de Garcilaso en los *Comentarios reales* cuando narra fábulas o mitos incas. Boccaccio se les había adelantado en proponer que "the pagan poetry he has been discussing throughout the work has great value in revealing divinely inspired truths to the reader who has been properly guided through allegorical hermeneutics" (Solomon xvi). La única diferencia es que Garcilaso insinúa lo que Boccaccio y León Hebreo habían expuesto abiertamente.

Una mención especial merece la descripción del Demogorgon presente en la *Genealogía*, que tiene sus raíces en el demiurgo platónico del *Timeo*, puesto que se corresponde con el concepto de Pachacámac dado por Garcilaso en sus *Comentarios*. El pensamiento neoplatónico había transformado al demiurgo en una misteriosa fuerza espiritual; se trataba de "an *artificer*, who more so than any genuine Greek divinity performs the mythographical role of the creator god of *Genesis*" (Solomon xxiv). En la *Genealogía*, Demogorgon es el nombre que los poetas le dieron a Júpiter, figura civilizadora por antonomasia en Boccaccio. En una línea de pensamiento que más tarde recogerían Jean Bodin y Garcilaso, es el dios que prohibió la antropofagia, enseñó mejores costumbres y sembró la idea de la divinidad. Dentro de una concepción evemerista, predominante en Boccaccio, este mismo personaje había llegado a Atenas a ejercer su misión civilizadora. Fue adorado como Dios y se le dio el nombre Júpiter (*Genealogía* II, 2, 183). Mazzotti ha señalado la semejanza entre estas concepciones evemeristas de los dioses de la Antigüedad y los retratos de gobernantes que hace Garcilaso en los *Comentarios reales*: "En ellos, como en Demogorgon, también salta a la vista la poderosa excelencia del 'buen gobierno', y el conquis-

tar para imponer 'ley humana' y 'culto divino'" (207). La presencia de
Ficino y Boccaccio en la biblioteca de Garcilaso prueba la hondura de
las reflexiones y estudio con que emprendió su traducción de la obra
mayor de León Hebreo y debe ser una invitación constante a buscar las
huellas de ese pensamiento en el conjunto de su obra.

Además, debemos considerar las razones que tuvo Garcilaso para
traducir los *Diálogos de amor* de León Hebreo. Para Avalle Arce, Garcilaso traduce los *Diálogos* para "identificarse con el humanismo [...],
con los mejores, en un orden exento de nacionalismos, en el que prima,
al contrario, el internacionalismo fraternal del intelecto" (12); idea que
concuerda muy bien con el cosmopolitismo implícito en el título de
la traducción: *La traduzión del indio de los tres Diálogos de amor de
León Hebreo hecha de italiano en español por Garcilaso Inga de la Vega,
natural de la Gran Ciudad del Cuzco*. Jákfalvi-Leiva recuerda que la
traducción de lenguas y culturas está en el centro mismo de la actividad intelectual de Garcilaso (14). Brading, por su parte, afirma que
Garcilaso encontró en León Hebreo una posibilidad de presentar los
mitos incaicos como la condensación de una sabiduría que derivaba en
última instancia de la inteligencia divina (7); además, en los *Diálogos*
se presentaba al Sol como una imagen de la divinidad, que animaba el
mundo con sus rayos (6); y finalmente, este mismo autor sostiene que
Garcilaso habría encontrado en León Hebreo el modelo de una lengua
esópica indispensable para combatir la ideología imperial dominante
en las crónicas de Indias (7). Por su parte, MacCormack entiende a
Garcilaso como un comentarista, en la tradición clásica de la literatura
apologética, de la religión de los Incas (332). Doris Sommer apunta
que el historiador mestizo se habría identificado con el autoexiliado
español León Hebreo al reconocerse él también como un hombre de
herencia cultural conflictiva; además habría visto en la idea neoplatónica de la universalidad de los cultos presente en los *Diálogos* una herramienta formidable para la exposición del pasado y creencias incas
(392-3). Para Carmen Bernand a Garcilaso le interesa mostrar de qué
era capaz un indio como respuesta a las políticas del virrey Toledo y a
la imagen negativa del Tahuantinsuyo promovida por Sarmiento de
Gamboa en su *Historia Índica* (c. 1572), escrita por encargo de ese virrey. Añade que le interesaba afirmar que su experiencia andina, y en

particular su lengua materna, el quechua, era la criba que le permitía el acceso a lo mejor de los *Diálogos* (186). León Hebreo es, pues, el autor que ofrece a Garcilaso un acceso a las ideas de la escuela neoplatónica florentina sobre los sentidos encerrados en las fábulas o mitos. Para Kristal, León Hebreo es el "eslabón central entre los *Comentarios reales* y las concepciones neoplatónicas de la fábula" (51).

Pienso además que es en los *Diálogos* de León Hebreo donde Garcilaso encuentra una solución al problema de qué hacer con los mitos incas en un contexto de ortodoxia forzada. La solución es fructífera puesto que ahora puede ofrecer no unos pocos sino todos los que puede. Así, nos ofrece tres mitos sobre el origen de los incas. En los *Comentarios*, la fuente de esos mitos es oral: son las historias que cuentan sus parientes en la casa materna, pero no debemos olvidar que Pedro Cieza de León y Juan de Betanzos han escrito ya sobre ellos. Apoyado en sus lecturas, Garcilaso podía concluir que los mitos no eran incompatibles ni con la historia ni con la filosofía política. Lector de Tácito y de los neoplatónicos, lo sabía muy bien.[6] Si la circulación de las fábulas paganas en la Edad Media y el Renacimiento cumplía el propósito de demostrar que los filósofos de la Antigüedad habían anunciado las verdades de la religión cristiana, ¿por qué no podría hacer lo mismo Garcilaso con las fábulas incas? Ellas son perfectamente compatibles con las de la Antigüedad clásica y también con las de las Sagradas Escrituras: el sentido oculto, el meollo, es siempre el mismo. Este sincretismo no es original de Garcilaso puesto que fue elaborado sobre todo por Ficino (Kristal 50) pero al desarrollarlo sistemáticamente en su obra histórica renueva a fines del siglo XVI e inicios del XVII una tendencia renacentista que parecía estar agotada.

---

6   Como es sabido, los *Diálogos de amor* armonizan las filosofías de Platón y Aristóteles. Este último figuraba en la biblioteca de madurez de Garcilaso (Durand, "La biblioteca del Inca"), pero del primero no se ha registrado ningún título, a pesar de que ideas del *Timeo*, el *Banquete* y la *República* están claramente presentes en su historiografía. Pienso que el acceso de Garcilaso a un filósofo tan determinante para su visión del mundo, como es Platón, ha sido un acceso mediado por comentaristas; Marsilio Ficino y también por supuesto León Hebreo. Tampoco encontramos a los Padres de la Iglesia en su biblioteca. Esta mediación merece ser objeto de un estudio independiente.

El idealismo platónico presente en la descripción del orden político del Tahuantinsuyo que nos ofrece Garcilaso en los *Comentarios reales* y su idea de la armonía universal que anima cada fábula que narra se manifiestan preferentemente en los retratos de los reyes Incas y en la narración de los mitos fundacionales de ese imperio. Empecemos con los retratos de los reyes Incas. Como es sabido, en su exposición Garcilaso difiere de otros cronistas, pero sería una exageración decir que difiere radicalmente de ellos. De hecho, está bastante cerca de Pedro Cieza de León y de Juan de Betanzos, dos fuentes confiables que escriben hacia la mitad del siglo XVI.

Al exponer la secuencia de sus reyes Incas, el autor mestizo nos propone una lectura que es a la vez cíclica y lineal. Es cíclica porque cada Inca repite las ceremonias y ritos del anterior y, aunque en sus acciones los soberanos sean más o menos diferentes, los inicios y los finales de sus reinados son siempre semejantes. Al mismo tiempo, la historia es lineal porque cada Inca empieza su gobierno ahí donde su predecesor se detuvo. Además, en un plano mayor, cada Inca se acerca hacia el cumplimiento de una profecía, según la cual después del reinado de doce reyes la dinastía llegaría a su fin. Tanto es así que el último Inca que reinó en paz muere consciente de que su imperio llega a su fin, que ahora son otros quienes tomarán el poder y guiarán los destinos de su pueblo. La circularidad del tiempo histórico y la linealidad de la sucesión regia coexisten pues en Garcilaso. Así, al pasar revista a la *capaccuna,* es decir el conjunto de soberanos incas, vemos una conexión al mismo tiempo lineal y circular entre el primer y último incas. El primer Inca es como todos los demás -si son legítimos, se entiende. Se trata de presentar un tipo ideal al cual los demás tienen que adecuarse. Esto no se traduce en una falta de identidad o concreción; al contrario, asegura la naturaleza casi divina que se les atribuía. En eso, Garcilaso no hacía sino aprovechar las ideas que había encontrado en sus lecturas de Boccaccio y los renacentistas; es decir, actualizaba para el caso andino la concepción evemerista según la cual los dioses fueron en un pasado remoto hombres excepcionales adorados y reverenciados después de su muerte. De hecho, luego de presentar el retrato de Manco Inca según sus fuentes, con abundante uso de verbos como "dicen" o "dijeron," Garcilaso da su parecer, que no es otro que una interpretación de lo que ha recibido:

> Lo que yo, conforme a lo que vi de la condición y naturaleza de aquellas gentes, puedo conjeturar del origen de este príncipe Manco Inca—que sus vasallos por sus grandezas llamaron Manco Cápac—es que debió ser un indio de buen entendimiento, prudencia y consejo y que alcanzó bien la mucha simplicidad de aquellas naciones y vio la necesidad que tenían de doctrina y enseñanza para la vida natural. Y con astucia y sagacidad, para ser estimado, fingió aquella fábula diciendo que él y su mujer eran hijos del sol: que venían del cielo y que su padre los enviaba para que doctrinasen e hiciesen bien a aquellas gentes. (I, xxv, 61)

Los esposos Pailler han dado muy sólidos argumentos para equiparar los inicios míticos de la *capaccuna* con los cuatro primeros reyes de Roma. Ciertamente, el paralelo entre Rómulo, Numa, Tulio Hostilio y Anco Marcio, de un lado, y Manco Inca, Sinchi Roca, Lloque Yupanqui y Mayta Cápac, de otro, es sorprendente. Cuando Garcilaso dice que el Cusco "fue otra Roma en aquel imperio" en el "Proemio al lector" podría estar dándonos una pista sobre la importancia de la ciudad eterna como término de comparación.

En nuestro recuento consideramos los retratos de los soberanos incas siguiendo una secuencia lineal continua. En los *Comentarios reales* estos retratos aparecen espaciados, acompañados de un material de diverso tipo, a manera de historia natural o etnografía. Esta variedad temática, que era una virtud en la tradición historiográfica desde tiempos de Heródoto, no ha sido siempre bien recibida. Por ejemplo, en el siglo XVIII, Dalibar, un editor francés reordena la obra de Garcilaso; "dispuesta en mejor orden," nos dice (Arocena 66).[7] Aunque no es momento de desarrollarlo aquí, pensamos que esa variedad contribuye a una mejor representación de la realidad descrita puesto que a la grandeza del objeto de estudio corresponde una riqueza de recursos retó-

---

7   *Histoire des Incas, rois du Pérou, nouvellement traduit de l'espagnol de Garcilaso de la Vega, et mise dans un meilleur ordre, (par Dalibar)*. Paris, 1744. 2 vols.

ricos. Ciertamente, Garcilaso ofrece información de diverso tipo que contribuye al placer de la lectura pero no debemos dejar de subrayar el hecho de que nuestro autor es, de un lado, consciente de que cuenta con suficiente material que le permite competir, en tanto fuente de *docere* y *delectare*, con otras historias de la Antigüedad y el Renacimiento y, de otro lado, capaz de hilvanar todos esos elementos en un todo lleno de sentido.

En la imagen del Imperio ideada por Garcilaso, los reyes incas son doce,[8] se suceden el uno al otro, con una sola excepción, sin complicaciones y pierden el imperio al cumplirse el pronóstico que anunciaba que después del décimo segundo rey el imperio pasaría a una gente nueva. El primer Inca es Manco Cápac; de él se nos dice que "mandó fundar [...] pueblos," "mandó poblar" (I, xx, 51). Un gesto fundacional y decisivo de parte de Manco Cápac es proclamarse hijo del Sol. Es precisamente ahí donde se sostiene su divinidad y, consiguientemente, la divinidad de todos los reyes Incas, sus descendientes. Al igual que Tito Livio al tratar de la historia legendaria de Roma, Garcilaso ve en la divinización de Manco Cápac una argucia política con consecuencias benéficas para el desarrollo del imperio. Debemos agregar que al proclamarse hijos del Sol, los Incas estaban inventando una fábula. Es decir, estaban creando un mito fundacional que sentaba las bases de su poder y que hacía de ellos reyes poetas, porque son ellos quienes crean esas fábulas.

Además de ser un rey fundador es también el que enseña a los hombres las tareas básicas, entre ellas la agricultura. Mientras Mama Ocllo Huaco, su hermana y esposa, enseña a las mujeres a "hilar y tejer" (I, xxi, 53), Manco Cápac enseña a los hombres a "cultivar la tierra [...] y labrar las casas y sacar acequias" (I, xxi, 52). Los incas crearon una sociedad predominantemente agropecuaria, que basaba su éxito en el control y distribución del excedente agrícola. El mismo acto de fundación de la ciudad imperial del Cusco se narra legendariamente como el encuentro de una tierra fértil. Esta es una de las tres leyendas o mitos

---

8　En esto Garcilaso se aleja de otros cronistas que, como hemos dicho, consideran un número distinto de reyes Incas que se suceden, además, en un orden diferente. Puede encontrarse un cuadro comparativo de distintas listas de soberanos incas en Bernand (329).

que ofrece Garcilaso (I, xv, 41). Según esta leyenda, Manco Cápac, en su camino desde el lago Titicaca hacia el Cusco, va tratando de hundir una barra de oro en la tierra y cuando lo consigue finalmente en un valle decide de inmediato levantar ahí los cimientos de su imperio (I, xvi, 42). En el otro extremo de esta historia cíclica, que nos llevará desde Manco Cápac hasta la irrupción española en los Andes, vemos que los conquistadores han encontrado también una tierra fértil donde predicar el Evangelio.

La importancia de ese gesto fundador ligado a la agricultura es tal, que el reinado de Sinchi Roca, el segundo Inca, se representa con las imágenes propias de un rey agricultor: "Gastólos [sus 30 años de reinado] a semejanza de *un buen hortelano*, que habiendo puesto *una planta la cultiva* de todas maneras que le son necesarias para que lleve *el fruto deseado*. Así lo hizo este Inca con todo cuidado y diligencia y vio y gozó en mucha paz y quietud *la cosecha* de su trabajo" (II, xvi, 108, mi énfasis). No es extraño que la agricultura sea a la vez la principal actividad económica del imperio y, al mismo tiempo, conserve un carácter ritual. Están las tierras del Sol, que se trabajan colectivamente. Pero están también las celebraciones en el barrio de Colcampata, donde incas y pallas, "los de sangre real", se entregaban a la tarea del barbecho entre fiestas, cantos y galas (V, ii, 256-7).

En el recuento de los reyes incas las guerras de conquista y la expansión militar son por supuesto fundamentales. Tanto Lloque Yupanqui como Mayta Cápac, tercer y cuarto reyes respectivamente, llevan a cabo intensos programas de conquista territorial. Con todo, en el relato de las conquistas de Mayta Cápac, el historiador pone énfasis en el ritmo con el cual estas ocurren puesto que apresurarse podía poner en riesgo el cumplimiento de la tarea civilizadora iniciada por el primer inca. Si circulan versiones encontradas sobre cuánto tiempo tomó Mayta Cápac para una conquista en particular, Garcilaso nos recuerda que "los más quieren decir que los Incas *iban ganando poco a poco*, por ir doctrinando y *cultivando la tierra y los vasallos*" (III, ii, 146, mi énfasis). Aun en el periodo de mayor expansión, Garcilaso no deja que perdamos de vista en su relato el predominio de la tarea civilizadora por encima de la conquista militar.

Esta subordinación del poder militar a la autoimpuesta misión civilizadora alcanza su momento de apogeo durante el reinado del quinto Inca, Cápac Yupanqui. Sus conquistas son un portento de bondad. Al extenderse hacia el sur este Inca da muestras de seguir el mandato de Manco Cápac de privilegiar el bienestar de los conquistados. Así, Cápac Yupanqui se nos presenta como el modelo ideal de Inca que expande el imperio sin derramar sangre y que gana súbditos por la sola buena fama de su gobierno. Entre los incas de Garcilaso, la verdadera conquista es aquella que se consigue a través de la persuasión. Es la única que puede llamarse exitosa. Como contraejemplo, vemos que a la conquista de los chancas a cargo de Inca Roca, el sexto inca, le hace falta precisamente ese componente de persuasión. Inca Roca es por lo general exitoso en sus conquistas pero cuando somete a los chancas lo logra sólo con amenaza de violencia. En el relato de Garcilaso no es culpa del Inca; la circunstancia se atribuye más bien al carácter indómito de los chancas. Esta conquista no pacífica se traducirá años más tarde en rebeldía contra los incas. La rebeldía crecerá hasta convertirse en una amenaza de invasión de la ciudad del Cusco.

Con todo, Inca Roca es descrito como un rey sembrador, uno que dará leyes y fundará escuelas. De acuerdo con Blas Valera su nombre significa "príncipe prudente y maduro" (IV, xv, 228) y es quizá a partir de este dato que Garcilaso hace de la longevidad un tema central en el retrato de este rey inca. Sus años nos permiten apreciar en él una modificación gradual pero substancial de la naturaleza de la figura real. Inca Roca gobierna "casi 50 años" (IV, xix, 238), en los que creó escuelas, honró a los maestros amautas y se aseguró de que los jóvenes recibiesen una enseñanza digna de cualquier manual de pedagogía renacentista puesto que incluía la poesía, la música, la filosofía y la astrología. Al final de su vida deja una reflexión que tendrá un impacto enorme sobre la concepción de la divinidad que manejarán los reyes Incas más adelante. Dice Garcilaso que este Inca "decía muchas veces que se podía concluir que el *Pachacámac* (que es 'Dios'[9]) era poderosísimo rey en el cielo, pues tenía tal y tan hermosa morada" (IV, xix, 239) y a conti-

---

9   Garcilaso prefería por razones semánticas Pachacámac a Huiracocha. El significado de la palabra coincidía con la definición de divinidad de Luis de Granada. Huiracocha, el dios supremo según Acosta, no significaba nada para Garcilaso, que

nuación le atribuye estas palabras que toma de Blas Valera: "Si yo [es Inca Roca quien habla] hubiese de adorar alguna cosa de las de acá abajo, cierto yo adorara al hombre sabio y discreto, porque hace ventaja a todas las cosas de la tierra. Empero el que nace niño y crece y al fin muere, el que ayer tuvo principio y hoy tiene fin, el que no puede librarse de la muerte ni cobrar la vida que la muerte le quita, no debe ser adorado" (IV, xix, 239). Como vemos, se va preparando el terreno para reflexiones puestas en boca de otros Incas que empezarán a cuestionar la divinidad del Sol.

En el séptimo Inca, Yáhuar Huácac, Garcilaso se detiene largamente. Primero para explicar los malos agüeros asociados a su nombre y luego para contraponerlo a la imagen de su hijo, el príncipe desterrado que terminará salvando al imperio de la amenaza de invasión de los chancas. Yáhuar Huácac es un rey desdichado a raíz del augurio contenido en su nombre –Yáhuar Huácac significa "el que llora sangre." En el recuento de Garcilaso este Inca es el que sufre el embate de los chancas que, junto a otros grupos, pretenden tomar el Cusco. Aunque Yáhuar Huácac gobierna con justicia, falla irremediablemente en la tarea fundamental de ensanchar el imperio puesto que el temor al mal augurio paraliza sus acciones expansionistas. El mal augurio contenido en su nombre se cumple cuando los chancas se aproximan al Cusco con intención de tomar la ciudad. Para Garcilaso, el príncipe, ahora llamado Huiracocha en honor a un fantasma que se le apareció con el anuncio de la invasión, derrota a los invasores, depone a su padre y se apodera del trono.

El príncipe Inca Yupanqui anunció que el dios Huiracocha se le había aparecido y ofrecido su ayuda. Organizó la resistencia y salvó al Cusco. En unas fuentes, Inca Yupanqui es coronado Inca con el nombre de Pachacútec; en otras, Pachacútec es su sucesor. Con todo, la gran mayoría de los cronistas hace de Pachacútec el vencedor de los chancas. Contra todos ellos, Garcilaso hace de Pachacútec un Inca pacífico, como veremos más adelante, y atribuye esa victoria al príncipe Inca Yupanqui (Duviols 39) que será llamado luego Inca Huiracocha en honor al fantasma que se le apareció y ayudó en la victoria. Garci-

hizo que su aparición la protagonizara un hombre, un ancestro (Duviols 32-3, que escribe Viracocha).

laso altera la cronología retrocediéndola una generación en busca de coherencia semántica. Así, Yáhuar Huácac, cuyo nombre presagiaba desgracias, debía ser el Inca que huyó. Además, Garcilaso había desarrollado un muy elaborado sistema en que la divinidad del fantasma que se apareció al príncipe Inca Yupanqui debía transferirse a los conquistadores que eran llamados igualmente Huiracocha (Duviols 40). Esta alteración, entonces, cumple una función vital en el esquema garcilasiano.

La defensa del Cusco de la asolada de invasión chanca es una de las fábulas que encontramos en los *Comentarios reales*. Hemos dicho antes que Garcilaso difiere de otros cronistas en la relación de soberanos incas, ahora podemos decir con mayor precisión que esa desviación es el resultado de injertar en la *capaccuna* conservada por los cronistas más solventes, como Cieza y Betanzos, esta fábula que el mismo Garcilaso ha recreado a partir de la información presente en otras crónicas. Esto tiene que vincularse a la idea de que los reyes Incas son capaces de producir estas fábulas precisamente porque son reyes poetas, hacedores. Para otros, los chancas matan a Yáhuar Huácac durante el ataque y crean así una crisis de sucesión. Muchas fuentes coinciden en esta crisis. Garcilaso presenta los hechos de manera diferente, dándole una importancia grande a la fábula de la aparición de Huiracocha. Es decir, también hay una crisis, pero esta se resuelve echando mano a la historia de la aparición del fantasma del dios Huiracocha ante el príncipe. Garcilaso no es el único cronista que da cuenta de esta aparición; sin embargo, su versión presenta diferencias significativas. En otras fuentes quien se aparece al príncipe es una divinidad solar; Garcilaso hace de ella una persona concreta, un hermano de Manco Cápac, con lo que se ratifica el derecho del príncipe a llevar la *maskapaycha* o borla real que lo identifica como Inca. Huiracocha representa también el más original de los retratos regios creados por Garcilaso, que en él se aleja notoriamente de otras fuentes. La complejidad del contenido que encierra Garcilaso en este retrato es, como se ve, considerable.

Es significativo que Huiracocha, el octavo inca, durante su destierro juvenil se haya dedicado a "pastor" del "ganado del Sol" (IV, xx, 241). Es decir, aunque rechazado por su padre y apartado de la corte nunca dejó de cumplir simbólicamente la función real que asumirá al final. Atemorizado por la amenaza de una invasión chanca, su padre Yáhuar Huácac ha huido y el príncipe ha puesto fin a su destierro para dedicarse con éxito a la defensa de la ciudad. Ya convertido en rey, el Inca Huiracocha lleva más adelante las reflexiones filosóficas sobre la divinidad que habíamos visto en Inca Roca. Así, Huiracocha pronostica que iba a llegar "a aquella tierra gente nunca jamás vista y les había de quitar la idolatría y el imperio" (V, xxviii, 319). En la obra de Garcilaso, este es el último rey guerrero. Después de él, lo usual es delegar la tarea militar a otros miembros de la familia real.

Pachacútec, a quien la historiografía anterior a Garcilaso identificaba como un rey expansionista y constructor, responsable del establecimiento de importantes leyes y promotor de construcciones fundamentales, aparece de manera muy distinta en la obra del historiador cusqueño. Pachacútec es también en otras fuentes el nombre que asume Huiracocha después de vencer a los chancas. Con todo, el Inca Pachacútec es en Garcilaso una figura central en el proceso de transformación de la imagen del soberano, que ha pasado de ser fundador, agricultor y guerrero conquistador a ser finalmente rey filósofo. Entiendo que para Garcilaso el *pácham cutin* -es decir, "el mundo se trueca", "la tierra da vuelta"- no se circunscribe a la figura de un solo rey sino que supone un cambio substancial en la imagen de los reyes incas. Así, Pachacútec es el primer Inca en delegar por completo las tareas de la conquista militar y, sumido en una vida más bien reflexiva, es el primero en dejar sentencias, que se transcriben al final del relato de su vida, con lo que se define la figura del príncipe filósofo (VI, xxxvi, 410-11) que se apreciaba en ciernes en Inca Roca y Huiracocha. Las sentencias provienen de Valera y se dirigen a distintos aspectos de la vida civil, tanto del ámbito personal (la envidia) como del colectivo (el buen gobierno). En algunos se perciben ecos de la Biblia o se reconoce el contenido típico de literatura moralista o dedicada al buen gobierno de los reinos.[10]

Un aspecto fundamental del reinado de Pachacútec es que se generalizó el uso de la lengua del Cusco en todo el Tahuantinsuyo (VI, xxxv, 407) lo que llegó a concretar una "concordia de los ánimos" en

---

10   Por ejemplo la sentencia "La envidia es una carcoma que roe y consume las entrañas de los envidiosos" nos remite a *Proverbios* 14.30.

"aquellos gentiles por la conformidad de un lenguaje" que se ha perdido después de la conquista (VII, iii, 421).

Este modelo de príncipe filósofo inaugurado por Pachacútec se aprecia con mayor nitidez en Inca Yupanqui, el décimo rey inca cuyo retrato Garcilaso presenta con las siguientes palabras: "vida quieta y ejercicios del rey" (VII, xxvi, 478 y ss.). En un momento revela que le decían "pío" (VII, xxvi, 479), con lo que podríamos empezar a construir la imagen de un rey santo o, en todo caso, asistimos a la condensación de las figuras del rey y del Papa. Después de todo, en su inquietud por comprender mejor la divinidad y el fenómeno de la creación, se asemejan a teólogos. Al final de su vida confirmará esta caracterización con sus dichos sentenciosos. En sus conquistas prima la clemencia, que es un atributo con el que constantemente Garcilaso adorna a sus reyes Incas. Su campaña hacia el sur así lo prueba, puesto que se rehusó a hacer una conquista que no fuera un acto civilizador, evitando la violencia en todo momento. Las malas experiencias de los españoles en la misma región demostraron extemporáneamente la sabiduría de este Inca.[11] El siguiente inca, Túpac Yupanqui, quien delimitó el imperio hacia el norte, con Quito, se muestra también como un rey sabio. Al final de su vida, sus dichos sentenciosos apuntan igualmente a señalar la falsedad del carácter divino del sol (VIII, viii, 513).

El último inca, Huayna Cápac, es la figura culminante de esta galería. No sólo reúne en sí las cualidades que hemos visto anteriormente en sus predecesores sino que las lleva a su desenlace natural, que no es otro que preparar a su pueblo para la llegada de los conquistadores españoles. Como en el caso de Yáhuar Huácac tiene que enfrentarse a un mal augurio que pende sobre él, es el último Inca, pero a diferencia de aquel no hay temor que lo paralice sino una serenidad que lo ennoblece y acompaña sus actos hasta el final de sus días. Durante su reinado, la tarea de conquistar ha quedado marginada. Sus tareas son más bien

---

11   Como se aprecia en los *Comentarios reales* (VII, cap. xvii), donde Garcilaso muestra el fracaso de los españoles al porfiar en una conquista que los incas habían desestimado en el pasado. Aunque no se dice de manera directa, Inca Yupanqui es por contraste mejor estratega o gobernante que el virrey Toledo. El mismo pasaje le sirve además para dejar en ridículo a José de Acosta, como hemos visto en otra ocasión (Gastañaga).

reflexivas, y contienen un ingrediente especial: el Inca es consciente de que el imperio llega a su fin y sabe que debe preparar a su pueblo para el final puesto que así entiende las noticias que recibe sobre los seres extraños que han asomado en la costa.

Como su padre Túpac Yupanqui, cuestiona la divinidad del sol. Esta vez de una manera más directa, tanto que llega a escandalizar al sacerdote que está a su lado. De tanto mirar al sol, cosa que no debía hacer por reverencia, llega a esta conclusión:

> Pues yo te digo que este nuestro padre el sol debe tener otro mayor señor y más poderoso que no él, el cual le manda hacer este camino que cada día hace sin parar. Porque si él fuera el supremo señor una vez que otra dejara de caminar y descansara por su gusto, aunque no tuviera necesidad alguna. (IX, x, 583)

Incluso el nombre que da a su hijo, Inti Cusi Huallpa, que ha pasado a la historia como Huáscar, no es otra cosa que un desafío pues *Inti* significa *sol* y, según nos advierte Garcilaso, en ese momento "se veían los Incas tan poderosos" que "se levantaron hasta el cielo y tomaron el nombre del que honraban y adoraban por dios y se lo dieron a un hombre" (IX, i, 563 y 564).

Una vez que Inca Yupanqui (hacia el sur) y Túpac Yupanqui (hacia el norte) han dado forma definitiva al imperio con sus conquistas, y fijado la unidad territorial que los españoles debían encontrar, Huayna Cápac renuncia a hacer más campañas militares. Leemos en los *Comentarios reales* que "No quiso hacer nuevas conquistas por estar a la mira de lo que por la mar viniese" a raíz de "un antiguo oráculo que aquellos Incas tenían: que pasados tantos reyes habían de ir gentes extrañas y nunca vistas y quitarles el reino y destruir su república y su idolatría" (IX, xiv, 592). A su muerte, convertido en un rey vaticinador, deja un testamento que contiene entre otras cosas el reconocimiento de que la profecía se cumple en él y que

> vendrá aquella gente nueva y cumplirá lo que nuestro padre el sol nos ha dicho y ganará nuestro imperio y serán señores de él. Yo os mando que les obedezcáis y sirváis como a hombres que en todo

os harán ventaja, que su ley será mejor que la nuestra y sus armas poderosas e invencibles, más que las vuestras. (IX, xv, 596)

Y esto en boca de quien es, según el autor mestizo, "el más querido de todos ellos [sus reyes]" (Ibíd. 597).

El carácter monoteísta que adquiere la religión de los incas en Garcilaso va madurando hasta que ésta se convierte en un culto perfectamente compatible con el cristianismo. Huayna Cápac, en efecto, ha intuido que hay un poder mayor que mueve al sol. Esto se corresponde muy bien con las doctrinas sincréticas del neoplatonismo. Detrás de un objeto de adoración ciertamente hay una presencia divina. Además, la idolatría no tiene por qué ser un problema. Recordemos lo que Garcilaso había leído y traducido en los *Diálogos de amor* de León Hebreo: "Los poetas llaman dioses a los elementos, mares, ríos, y a las montañas grandes del mundo inferior" (70). Detrás del sol hay una fuerza superior a él, y esa fuerza no es del todo desconocida para los incas. Está contenida en el concepto de Pachacámac, que en Garcilaso se torna una descripción neoplatónica del alma. (Etimológicamente, mejor opción que Huiracocha, a quien se reemplaza en la historiografía garcilaciana como divinidad principal en el mundo andino, como hemos visto antes). Pachacámac es el alma que mueve el mundo o, como dice Blas Valera al hacer la semblanza de Inca Roca, Pachacámac es "Dios" (IV, xix, 239).

Garcilaso es cuidadoso cuando trata el tema de la astrología. Cuando presenta el tema señala limitaciones que ponen a los incas a salvo de cualquier idea heterodoxa. Dice, por ejemplo, "admirábanse de los efectos mas no procuraban buscar las causas [...] no trataron si había muchos cielos o no más de uno. Ni imaginaron que había más de uno" (II, xxi, 118). El tema de la influencia de los astros es por supuesto terreno vedado: "De los signos no hubo imaginación. Y menos, de sus influencias" (Ibíd.). Finalmente, la observación de los astros es un tema que no tiene mayor interés para el hombre andino: "no sabían a qué propósito mirar en ellas [las estrellas]" (Ibíd. 119). Esa tarea, como venimos viendo, estaba reservada para los reyes que debían responder al precepto platónico de ser reyes filósofos.

Aunque Garcilaso insiste en que los incas sabían poco de astrología, esto debe reservarse para el común de la gente puesto que los soberanos incas en el relato garcilasiano sí observaron el cielo y esa observación fue fundamental para que cuestionaran su propia religión y dieran pasos sustantivos hacia el monoteísmo. Así, Huayna Cápac se revela como un agudo observador del cielo y de los cuerpos celestes y, en virtud de esa reflexión, se transforma en un rey filósofo. Recordemos que él mismo ha abandonado las conquistas militares, que parecen ya no interesarle. Prefiere las tareas propias del ocio creativo, más dignas de un príncipe cristiano: como la filosofía.

Esta filosofía que irrumpe progresivamente en la historia de los incas persigue un objetivo doble:

1. Los incas aceptan la superioridad de la religión de los conquistadores no como una rendición, tampoco como resignación, sino como un acto de sabiduría.

2. Se verifica una superación del politeísmo: se descubre o se postula una presencia divina detrás del objeto de adoración. El fundamento filosófico está dado. Sólo falta la revelación.

Estos dos objetivos subrayan una preocupación siempre viva en Garcilaso, a la que él encontró solución en la filosofía neoplatónica y el providencialismo. Se trataba como se ha dicho repetidas veces de armonizar los dos mundos, el Viejo y el Nuevo. Si no en el terreno de lo real (recordemos que aunque privilegiado, su vida de mestizo no fue fácil) al menos en el terreno de las ideas. Así, el pasado legendario de los incas no es muy diferente del pasado legendario de griegos y romanos. E incluso puede compararse a él con ventaja. Comparación que Garcilaso hace apoyándose en Blas Valera (V, xi, 274). De otro lado, los mitos y las leyendas, las fábulas, son similares. Nos dice Garcilaso: "El que las leyere podrá cotejarlas a su gusto, que muchas hallará semejantes a las antiguas, así de la Santa Escritura como de las profanas y fábulas de la gentilidad antigua. Muchas leyes y costumbres verá que parecen a las de nuestro siglo [...]" (I, xix, 51). Con esto no se señala una curiosidad, más bien se pone énfasis en la hermandad natural que existe entre los hombres. Garcilaso lo hace en varios pasajes de su obra. La idea está presente en los fundamentos de su historiografía, como en ese pasaje en que nos advierte que "no hay más que un mundo" y con relación al cielo cita al profeta de los *Salmos*: "Extendens caellum sicut pellem" / "extendiste el cielo así como la piel;" "esto es" –interpreta Garcilaso– "cubriendo con los cielos este gran cuerpo de los cuatro elementos en redondo así como cubriste con la piel en redondo el cuerpo del animal, no solamente lo principal de él mas también todas sus partes, por pequeñas que sean" (I, i, 9 y 10).

Garcilaso hizo del último Inca un rey filósofo que se prepara para dejar su reino en manos de los evangelizadores pues comprende que no se trata de la conquista de un reino por otro sino de la continuidad de una historia universal desarrollada según un designio providencial. Al terminar el relato del reinado de Huayna Cápac, se cierran dos círculos. De un lado se cierra el círculo de los reyes incas. Se les ha dado un número lleno de connotaciones: doce. Y sobre todo se les ha dado una trayectoria que va desde la fundación de un imperio en los Andes hasta la entrega de éste a la tarea evangelizadora que debían iniciar los españoles en el siglo XVI. En ese recorrido, hemos visto a los reyes incas encarnarse en varios modelos de gobernantes. Rey fundador, rey agricultor, rey guerrero, rey conquistador, rey legislador y, finalmente, rey filósofo e incluso rey vaticinador. El Pachacútec de Garcilaso, contra lo que se sostiene en la mayor parte de fuentes históricas, es quien mejor representa ese quiebre. Con él, los reyes incas se convierten, sobre todo al final de sus vidas, en seres reflexivos que dejan como herencia para sus súbditos sus sentencias filosóficas y sus inquietudes sobre la naturaleza de la divinidad.

De otro lado, se cierra el círculo del relato contenido en los *Comentarios reales*. Los españoles que han asomado en la costa no son otros sino el grupo de Núñez de Balboa, el mismo que apareció en los capítulos iniciales del primer libro de los *Comentarios reales* cuando se discutía el origen del nombre Perú. Son dos tiempos, el tiempo de los incas y el tiempo del relato, que llegan conjuntamente a su resolución.

Obras citadas

Arocena, Luis. *El Inca Garcilaso y el humanismo renacentista*. Buenos Aires: Centro de Profesores Diplomados de Enseñanza Secundaria, 1949.

Avalle-Arce, Juan Bautista. *El Inca Garcilaso en sus* Comentarios *(Antología vivida)*. Madrid: Gredos, 1970.

Bernand, Carmen. *Un Inca platonicien. Garcilaso de la Vega 1539-1616*. París: Fayard, 2006.

Boccaccio, Giovanni. *Genealogy of the Pagan Gods, Volume I, Books 1-4*. Ed. Jon Solomon. The I Tatti Renaissance Library 46. Cambridge, MA: Harvard UP, 2011.

Brading, David A. "The Incas and the Renaissance: *The Royal Commentaries* of Inca Garcilaso de la Vega." *Journal of Latin American Studies* 18 (1986): 1-23.

Durand, José. "La biblioteca del Inca", *Nueva Revista de Filología Hispánica* 2 (1948): 239-64.

———. *El Inca Garcilaso, clásico de América*. México D. F.: SepSetentas, 1976.

Duviols, Pierre. "¿Por qué y cómo Garcilaso heredó de su padre el título de Inca? Una lectura selectiva y comparativa de los *Comentarios reales de los Incas* y de algunos documentos garcilasistas." *Histórica* 29.2 (2005): 7-44.

Garcilaso de la Vega, Inca. *Comentarios reales de los Incas*. Ed. Carlos Araníbar. 2 vols. México D. F.: Fondo de Cultura Económica, 1995.

Gastañaga Ponce de León, José Luis. "El Inca Garcilaso, José de Acosta, la injuria y el sarcasmo." *Hispanic Journal* 31.2 (2010): 53-65.

Hebreo, León. *Diálogos de amor*. En *Obras completas del Inca Garcilaso de la Vega*. Ed. Carmelo Sáenz de Santa María. Vol. 1. BAE 132. Madrid: Atlas, 1960. 15-227.

Kristal, Efraín. "Fábulas clásicas y neoplatónicas en los *Comentarios reales de los Incas*". En: *Homenaje a José Durand*. Edición de Luis Cortest. Madrid: Verbum, 1993. 47-59.

Jákfalvi-Leiva, Susana. *Traducción, escritura y violencia colonizadora: Un estudio de la obra del Inca Garcilaso*. Syracuse, NY: Maxwell School of Citizenship and Public Affairs, 1984.

MacCormack, Sabine. *Religion in the Andes: Vision and Imagination in Early Colonial Peru*. Princeton, NJ: Princeton UP, 1991.

"Marsilio Ficino," "Platonic Academy," "Giovanni Pico della Mirandola". *Encyclopaedia Britannica. Encyclopaedia Britannica Online Academic Edition*. Encyclopaedia Britannica, Inc. Web. 24 Mar. 2015.

Mazzotti, José Antonio. "Otros motivos para la Traduzión: el Inca Garcilaso, los *Diálogos de amor* y la tradición cabalística". En *Identidad(es) del Perú en la literatura y las artes*. Edición de Fernando de Diego, Gastón Lillo,

Antonio Sánchez Sánchez y Borka Sattler. Ottawa: U Ottawa, 2005. 197-216.

Menéndez y Pelayo, Marcelino. *Historia de las ideas estéticas en España.* Madrid: Consejo Superior de Investigaciones Científicas, 1994. 2 vols.

Pailler, Claire y Jean-Marie Pailler. "Une Amérique vraiment latine: pour une lecture *dumézilienne* de l'Inca Garcilaso de la Vega." *Annales ESC* 47.1 (1992): 207-35.

Platón. *República.* Trad. Conrado Eggers Lan. Madrid: Gredos, 1988.

Sommer, Doris. "At Home Abroad: El Inca Shuttles with Hebreo." *Poetics Today* 17.3, Creativity and Exile: European / American Perspectives I, (1996): 385-415.

Zamora, Margarita. *Language, Authority, and Indigenous History in the Comentarios reales de los Incas.* Cambridge: Cambridge UP, 1988.

"Se canta lo que se pierde."
Subjetividad, escritura y memoria en dos narrativas especulares: la *Carajicomedia* (s. XVI) y *Memoria de mis putas tristes* de Gabriel García Márquez (2004)

ENRIC MALLORQUÍ-RUSCALLEDA
California State University-Fullerton

> ...Tengo la camisa negra
> y debajo tengo el difunto
> Tengo la camisa negra
> porque negra tengo el alma
> yo por ti perdí la calma
> y casi pierdo hasta mi cama
> Cama cama come on baby
> te digo con disimulo...
>
> ~ Octavio Mesa y Juanes, *La camisa negra*

D E PARODIA EXISTEN DOS tipos:[1] la sacra y la profana. Si en la primera, el autor, en el proceso de codificar el sentido, convierte las convenciones de un género –o de un tema, un motivo, un texto– profano a un universo sacro, en la segunda se produce el fenómeno opuesto. Y ninguna parodia puede entenderse si no se estudia detenidamente el texto parodiado. Es lo que hace, verbigracia, Pierre Menard con el *Quijote*. Es lo que también lleva a cabo el malogrado maestro colombiano Gabriel García Márquez en su polémica *Memoria*

---

[1]   Entiendo por "parodia" la práctica transformativa que opera en un texto *X* para llegar a un texto *Y*. como bien recuerda el *Quijote*, para entender adecuadamente toda parodia, o contrafacción, hay que estudiar primeramente el objeto, o texto, reescrito y/o ridiculizado.

de mis putas tristes (2004) con respecto a la *Carajicomedia*.[2] Y es lo que hizo durante el siglo XVI el anónimo autor del anterior texto, cuyo intertexto más inmediato podría encontrarse en el francés del siglo XIII intitulado *Du chevalier qui fist parler les cons,* aunque, en última instancia se trata del motivo folclórico del *vagina loquens,*[3] y en el *Laberinto de Fortuna* de Juan de Mena. Todos estos textos responden, en último término, a una estructura especular. Si el autor anónimo invierte la historia ya contada por Juan de Mena en *El laberinto de Fortuna o Tres-*

---

2   Publicada por primera vez en el *Cancionero de obras de burlas provocantes a risa* (Valencia, 1519). De este cancionero nos ha llegado un solo ejemplar, conservado en el Museo Británico. Los estudios críticos dedicados al tema son más escasos, si aún cabe, por lo que sin contar el volumen que Michael Gerli y Julian Weiss dedicaron a la poesía en el periodo de la corte de los Trastámara, sólo disponemos de una decena de trabajos aproximadamente. Sin ánimo de exhaustividad, baste citar, para los propósitos que aquí persigo, los de Barbara F. Weissberger, "Male Sexual Anxieties," publicado en el citado volumen de Gerli y Weiss, y el influyente libro *Isabel Rules*; de especial interés aquí es su primer capítulo. Otro trabajo es el de Linda M. Brocato. De ellos destaca especialmente el artículo de la misma Weissberger, " *¡A tierra puto!,*" ya que con él reabre la discusión sobre la representación literaria de Isabel de Castilla, partiendo de las proposiciones teóricas de la crítica feminista, a través de la que argumenta cómo las relaciones de sexo y género son formas básicas de organización política y social, "cómo la separación crítica entre la cultura 'alta' y la cultura 'baja' y la desvalorización que acompaña esta última distorsiona la historia literaria" (224). Y para ello confronta la parodia, la *Carajicomedia*, con el texto parodiado, *Laberinto de Fortuna* de Juan de Mena. Mención especial merecen los trabajos de Arturo Pérez-Romero, y, desde un punto de vista de la comparación que ofrece entre la *Carajicomedia* del siglo XVI y la de Juan Goytisolo, el de Alison Ribeiro de Menezes. Menos espacio dedica Giovanni Allegra al estudio de la *Carajicomedia* en su edición de *La Lozana andaluza* (Madrid: Taurus, 1983). Desde hace unos años Frank Domínguez ha dedicado una afortunada serie de trabajos dedicados a la *Carajicomedia* –a la mayoría de los cuales hago referencia más adelante–, que han culminado en una publicación anunciada para aparecer en breve: *Carajicomedia: Parody and Satire in Early Modern Spain.* Por este motivo, desafortunadamente no he podido consultar esta prometedora monografía en el momento de cerrar mi trabajo.

3   Ver Dominique-Martin Méon. Del mismo modo, este motivo se encuentra también en *Les bijoux indiscrets,* de Denis Diderot. Un ilustrativo estudio sobre la versión francesa medieval es el de Laurence de Looze. De igual modo puede leerse R. Howard Bloch. Sobre la parodia en la época son recomendables: Kenneth R. Scholberg; Margaret A. *Rose*; y, más actual y constricto al ámbito puramente español es el de Ryan D. Giles.

cientas (1444) para parodiarla,[4] García Márquez revierte la historia y las imágenes ya advertidas por el autor anónimo constituyendo así un discurso de continuidad dentro de la literatura escrita en español a lo largo de todos los tiempos que pasa por la reflexión sobre los procesos de escritura, en tanto que metáfora de la vida y de la muerte, como forma liberadora de la agonía y como medio de representación de memoria y de la subjetividad, cuya ruta de revelación es, sin lugar a dudas, la sexualidad, aunque en el caso de García Márquez, al final del texto ésta se vea sustituida por el descubrimiento del amor. Con todo, no estoy afirmando ni negando que el Nobel colombiano conociera la *Carajicomedia*. Lo que persigo es trazar los puntos de contacto entre *Memoria de mis putas tristes* y la *Carajicomedia* con la finalidad de establecer su principio estructurador,[5] esto es, explicar a partir de qué mecanismos están organizados y a qué motivaciones responden, que, en definitiva, se podría resumir con ese célebre verso de Antonio Machado contenido en *Otras canciones a Guiomar* que abre el título de este trabajo: "se canta lo que se pierde" (poema CLXXIV-VI). Ello me conducirá a hablar de la muerte y de la vejez, del duelo/melancolía, y, en último término, aunque no por ello menos importante, de la memoria/olvido y la fama a partir de las formas "autobiográficas." Para ello haré uso de un variado archipiélago de actitudes ante el texto, de forma que mi aproximación será herméuticamente ecléctica, limítrofe y holista —aunque conceptual y teóricamente articulada—, compleja, y que se inscribe en el contexto de diversos debates y de los estudios culturales con la intención de llegar a un mejor, y necesario, entendimiento de la experiencia humana. Para ello diferentes conceptos procedentes del psicoanálisis serán fundamentales para llevar a cabo mi propósito.

Dicho lo anterior, llega la hora de formularse una de las primeras preguntas, que el mismo psicoanálisis ayudará a iluminar: ¿Qué pier-

---

4   La figura del historiador, a la que también se aludirá en este mi ensayo, aunque centrándome en la *Carajicomedia*, ha sido estudiada por Michael S. Agnew.

5   Queda para el futuro el estudio comparado de estos dos textos y de la versión de Goytisolo. Para una lectura comparada de éste último con la anónima del s. XVI véase el citado trabajo de Alison Ribeiro de Menezes.

den tanto Diego Fajardo,[6] y Mustio Callado?[7] Diego Fajardo es el protagonista de la *Carajicomedia* y quien relata (cs. V-XCI) en primera persona su propio viaje, de forma parecida lo hace el viejo periodista, ese anciano solitario de nombre Mustio Callado, ese "sabio triste" (9) –y cuyo silencio contenido en su mismo nombre va de la mano de su *tristia melancholica*–, sujeto narrativo principal de *Memoria de mis putas tristes*, quien, también narrador en primera persona, va a detallar sus peripecias prostibularias ofreciendo así una representación más o menos fiel, de acuerdo con lo que Juan Armando Epple ha denominado "poética del palimpsesto,"[8] de una parte de la Barranquilla de mediados del siglo pasado, para que eso desemboque en lo que se puede llamar una escritura histórica.

Teniendo en cuenta el enorme interés por la escritura que como intérprete de la historia hay en la época –recuérdense tan solo las relaciones, memoriales y crónicas de la Guerra de Granada,[9] o las *Memorias* de Leonor López de Córdoba, junto a las *Generaciones y semblanzas* de Pérez de Guzmán–, podría entenderse el recurso a la narración de estas guerras particulares no solo porque tienen lugar dentro de prostíbulos, que "reemplaza[n] a las instituciones del estado" (Ortega 72), sino también porque, como hay que recordar, las relaciones sexuales bien pueden verse con un parecido bélico tan popular durante aquel momento en la Península, tanto en la vida real como en la poesía. Por tanto, el acto de escribir no solo sería una forma de representar la subjetividad sino de tratar de comprenderla, por lo que por ello una lectura ejemplar desde los presupuestos del humanismo sería totalmente viable para el caso de la *Carajicomedia* del siglo XVI.

Ahora bien, y aclarado lo anterior, ¿qué es lo que cantan o "cuentan" o "recitan" estos sujetos líricos o bien otros que lo cantan por ellos –es el caso de la *Carajicomedia*– según el sentido del retruécano que el

---

6   No entraré aquí en debates teóricos sobre la posible autoría. Para un documentado artículo dedicado al tema véase Alfonso Canales. Además, sobre de la identidad del autor puede verse Domínguez.

7   Su étimo, *mustum*, remite a 'blanducho.'

8   Procedimiento literario que corresponde a una forma de escritura que sirve para asediar la historia sin perder pie en la tierra rumorosa y nutricia de la ficción (Navarrete González s. pág.).

9   Cf. Pontón Gijón.

autor anónimo proporciona en la copla L?[10] La polifonía de voces existentes en la *Carajicomedia* responde pura y estrictamente a las necesidades del relato, además de estar contenido ahí el tópico del manuscrito encontrado. Entiendo, con Álvaro Alonso, que todos los sujetos líricos del texto remiten a un mismo autor y las diferentes voces líricas −tanto la que corresponde al "autor" como a los "ficticios"− no son nada más que máscaras del mismo autor, aspecto que, por otra parte, se confirma a través del estilo unitario que presenta el texto. Por este motivo, en este ensayo sigo la clasificación y denominación que el editor del texto señalado arriba −Álvaro Alonso−, que es la siguiente: el autor verdadero, que escribe el poema y sus comentarios; el comentarista, "descubridor y traductor" del poema de Fray Bugeo y quien lo acompaña con su glosa; el poema de Fray Bugeo Montesino, autor ficticio de la vida rimada de Diego Fajardo; y finalmente, se encuentra el relato en primera persona de Diego Fajardo, engastado en el poema anterior (cs. V-XCI) y, a partir de la copla XCIII, fray Juan de Hempudia y "¿la lujuria?, ¿una vieja alcahueta?" (Alonso 11).[11]

Regresando a la pregunta de qué es lo que se "canta" o "recita" que formulaba arriba, ambos textos ofrecen una respuesta clara. Y así, nada más iniciarse la narración de *Memoria de mis putas tristes*, se sabe que:

> El año de mis noventa años quise regalarme una noche de amor loco con una adolescente virgen. Me acordé de Rosa Cabarcas,[12] la dueña de una casa clandestina. [...] [M]e ofreció una media docena de opciones deleitables, pero eso sí, todas usadas. Le insistí que no, que debía ser doncella y para esa misma noche. Ella preguntó

---

10   Para un estudio de la sinonimia y polisemia de estas voces léase el artículo de Margit Frenk, "Vista, oído y memoria." Es igualmente útil el libro editado por Mary Carruthers y Jan M. Ziolkovski, junto al clásico de Frances A. Yates.

11   Remito al lector a las páginas 9 a 12 de la edición de Álvaro Alonso para más detalles.

12   Y "Rosa" alude, claro está, a la Virgen María. Recuérdese que en la tradición literaria occidental se ha jugado con la oposición AVE/EVA para referirse a la oposición Virgen-Prostituta o, lo que es lo mismo, Virgen María y María Madalena.

alarmada: ¿Qué es lo que quieres probarte? Nada, le contesté, *las-timado donde más me dolía, sé muy bien lo que puedo...* (9)[13]

El fragmento se refiere al tópico del amor en la vejez y desde la pers-pectiva de este nonagenario narra cómo éste pretende celebrar su cum-pleaños con una nueva experiencia amorosa.[14] Por su parte, Fray Bugeo no es, ni de lejos, menos explícito, cuando ya en la misma copla I da a conocer que:

> Al muy impotente carajo profundo
> de Diego Fajardo, de todos ahuelo,
> que tanta de parte se ha dado en el mundo
> que ha cuarenta años que no mira al cielo;
> aquel que con coños tuvo al zelo
> cuanto ellos d'él tienen agora desgrado,
> aquel qu'está siempre cabeça abaxado,
> que nunca levanta su ojo del suelo.[15]

Parece, por tanto, meridianamente claro. Desde buen principio se hace manifiesto que tanto un sujeto narrativo como el otro, el primero en boca de sí mismo y el segundo a través del "autor ficticio de la vida ri-mada de Diego Fajardo," sufren una pérdida de lo que hasta entonces era lo más querido para ellos, por lo que de orgullo personal y fama con los conciudadanos comporta, ya que si uno era conocido por su "tranca de galeote" (26) o, lo que es lo mismo, "por tener una pinga de burro con que te premió el diablo" (96),[16] el otro, Diego Fajardo, no se quedaba cojo a su lado, valga aquí la metáfora, como el mismo relata en la copla XIV.

---

13   La cursiva es mía. Se cita siempre por *Memoria de mis putas tristes* (México, D. F.: Mondadori, 2004).

14   Cf. Morros Mestres, "El amor en la vejez."

15   En adelante se cita por la edición de Álvaro Alonso.

16   De acuerdo con Jacques Lacan, el "pingajo" es lo que todo sujeto pierde cuando sume el "falo." El empleo del sufijo derivativo aumentativo –*ote* ha sido inter-pretado psicoanalíticamente en el *Quijote*. A partir de esta lectura se han originado otras que ponen en relación su falo con su abstinencia, que, finalmente, le conduciría a la muerte. Al respecto léase Morros Mestres.

Sin duda alguna, un "carajo" digno de memoria, *stricto sensu*. Ante esta pérdida, a mi entender, la subjetividad de ambos sufre una fragmentación, que puede relacionarse con lo que Freud conceptualizó como experiencia del duelo/melancolía y que va de la mano con la trascendencia de la misma subjetividad, la memoria –o fama– y, finalmente, con la muerte.[17]

Es sabido que el duelo suele ser una reacción a la pérdida de un ser amado o de una abstracción equivalente,[18] que, como resultado, comporta la incapacidad para elegir un nuevo objeto amoroso. El sujeto melancólico —o "cuadro melancólico-depresivo," como lo denomina Julia Kristeva—,[19] aparte de sufrir una identificación con el objeto perdido, "el objeto cae como una sombra sobre el yo," dirá Freud,[20] reprocha, a la vez, esa parte del yo que aloja al objeto perdido. De esta forma la pérdida del objeto se transforma en una pérdida del yo, lo que lleva a un empobrecimiento del amor propio o de su yo. Por ello, deben buscarse vías para sobrellevar esta pérdida que se materializan con la confianza en el lenguaje a través de la escritura.

Frente al espejo, Mustio Callado no es capaz de reconocerse como sujeto:

> me asomé al espejo del lavamanos. El caballo que me miró desde el otro lado no estaba muerto sino lúgubre, y tenía una papada de Papa, los párpados abotagados y desmirriadas las crines que habían sido mi melena de músico. (30)

El caballo se ha asociado con las pasiones desenfrenadas, como recuerda el emblema 35 de Alciato. Esta misma fragmentación se hace igualmente explícita por boca de Diego Fajardo:

---

17   Sobre la fama léase el estudio clásico de Lida de Malkiel; respecto al tema de la muerte: Conrado Almiñaque.

18   Julia Kristeva escribe que "[t]he abject is the violence of mourning for an 'object' that has been already lost" (*Powers* 15).

19   Julia Kristeva se ocupa del tema en varios de sus trabajos, aunque lo aborda de una forma definitiva a lo largo y ancho de *Black Sun*. No entro aquí en las diferencias conceptuales que Kristeva establece con respecto a Freud.

20   "Duelo y melancolía," vol. 14, 246.

> Mas ya porque antes, en otros lugares,
> yo he visto tantos, doquiera que ande,
> qu'en ver los pendejos, sin que lo demande,
> conosco sus gestos tan especulares (c. XVI)

Este pasaje, de un grafismo extraordinario, trae a la memoria la imagen de su "carajo" como "ojos" que no sólo le permiten acceder al mundo, como se relata en la copla XIV: "do vi multitud, no número cierto," sino que, además, dada su familiaridad con los "coños," tiene la capacidad de verse representado en ellos. Se trata de una subjetividad que viene creada a través de la visión.[21]

Al referirse al "estadio del espejo," Jacques Lacan (1966) argumentaba que todo ser humano –aunque, para ser precisos, hay que decir que él se refería, más concretamente, a niños entre 6 y 18 meses– se percibe a sí mismo como una serie de sensaciones fragmentadas hasta que se reconoce en un espejo y que cuando el niño se reconoce al ver su imagen reflejada/representada, se constituye la subjetividad, ya que el ser humano se siente completo y con un nuevo dominio de su cuerpo. Fajardo, como se ha visto en el ejemplo, ha perdido esta capacidad de reconocerse; su "carajo," esto es, sus ojos, ya no pueden ver lo que antes, por lo que se abre a un proceso de duelo por la pérdida experimentada. No sólo no puede acceder al mundo sensible sino que, por si ya fuera poco lo anterior, pierde la posibilidad de ser un testigo directo de unos hechos dignos de memoria –esto es, pierde su autoridad para narrarla–, [22]con la debida tensión que esto comportará, como se verá más adelante, en un texto como la *Carajicomedia*.

Respecto a la experimentación del duelo, Freud argumentó a favor de la existencia de una equivalencia entre el duelo y la melancolía: hay, en ambos casos, dirá Freud, "una pérdida irremediable del objeto amado –es decir, una imposibilidad de sobrellevar esta pérdida–, aunque

---

21   Piénsese en las teorías de Andreas Capellanus al respecto. Se puede encontrar una interesante aproximación teórica al respecto en Luce Irigaray, *The Speculum of the Other Woman*.

22   Cf. Alastair J. Minnis. Entiendo los conceptos de *auctor* y *auctoritas* a partir de Hannah Arendt, "What is Authority?," *Between Past and Future* (New York: Penguin Classics, 2006).

también "secretamente" odiado" (Gibault s. pág.). Baste sólo citar un pasaje que automáticamente trae a la mente uno de los momentos más conocidos del *De senectute* ciceroniano y que García Márquez pone en boca de su sujeto narrativo protagonista para ilustrar lo dicho por Freud:

> [Y]a no sirvo. Colgué el teléfono, saturado por un sentimiento de liberación que no había conocido en vida mía, y por fin a salvo de una servidumbre que me mantenía subyugado desde mis trece años. (47)

Atiéndase a la semántica de "liberación" con relación a la traumática experiencia del duelo, cuando este no logra entenderse –sobra mencionar que existen dos tipos de duelo: el natural y el traumático, que es al que me refiero en el caso de los textos que me ocupan. Es sabido, además, que el duelo suele ser una reacción a la pérdida de un ser amado o de una abstracción equivalente, que, como resultado, comporta la incapacidad para elegir un nuevo objeto amoroso. El sujeto melancólico –o "cuadro melancólico-depresivo," como lo denomina Julia Kristeva–,[23] aparte de sufrir una identificación con el objeto perdido, reprocha, a la vez, esa parte del yo que aloja al objeto perdido –la potencia sexual del falo. Por ello, deben buscarse vías para sobrellevar esta pérdida que se materializan, y así lo hacen estos sujetos narrativos, con la confianza en el lenguaje a través de la escritura expresada a través de diversas metáforas como por ejemplo la de las "plumas." Ésta, la escritura, como salvaguardadora de la memoria, permitirá que la fama pase a la posteridad por lo que fue y que jamás volverá; y más, si para ello se parte de la concepción agustiniana de la memoria, que entiende la memoria como el presente de las cosas pasadas; de esta manera la memoria viene representada por el *auctor*, o, dicho de otra forma, por el transmisor.[24]

En *Memorias de mis putas tristes* no hay duda del proyecto de relatar una "memoria" (35), la suya, o "relación" (17), dirá Mustio Callado, de aquellas cuentas de camas que "por mis veinte años empecé a llevar

---

23   Véase *Black Sun*.
24   Véase James A. Olney.

[...] con el nombre, la edad, el lugar, y un breve recordatorio de las circunstancias y el estilo" (16). No deja de ser interesante aquí la antítesis entre el participio de pasado pasivo "Callado" y verbos de dicción como "contar," "relatar," "cantar" –de hecho son numerosas las ocasiones en las que el sujeto narrativo aparece cantando un Gardel o lo que se tercie para la ocasión, así como el hecho, se dirá, que no le gustan ni los animales ni los niños "antes de que empiecen a hablar [porque] [m] e parecen mudos de alma" (52).Y, de manera semejante, Diego Fajardo proyecta contar sus lujuriosas hazañas ya que, dada su decadencia corporal, sólo cuenta con la palabra para seguir manteniendo su fama. Contar estas hazañas le permitiría ser la figura del poeta y educador, en clara concomitancia con la idea de la historia como *magistra vitae*. Sin embargo, como da a conocer el comentarista, sus hazañas nunca son recibidas con la seriedad requerida, antes por el contrario son absolutamente despreciadas:

> Y continuando el luxurioso cavallero esta vida, cargándole más la vejez, no podiendo ya tomar refeción en su carne, fuele forçado caer en cama, y allí estando, a cuantos le venían a ver contava las lujuriosas hazañas que en su vida avía cometido.
>
> Y como ya él conociesse ser en los postreros días de su vida, un día hizo convocar muchos coños, y predicóles gran rato; incitando los cojones muy largos y el pendejo muy blanco, movidos a riso, dieron ant'él crudas risadas, despreciando sus amonestaciones. (45)

El pasaje, además de parodiar el tránsito de un santo y de mostrar la tensión presente en toda la *Carajicomedia* entre los discursos orales y los escritos, tema que se deja para otra ocasión, evidencia, igualmente, la tensión entre las distintas voces que conforman la polifonía de voces narrativas presentes en el relato, en el juego de perspectivas –lo que hace de él, entre otros aspectos, un texto plenamente renacentista–, en la autoridad autorial y en la validez del testimonio –son más que numerosas las construcciones con verbos de carácter cognitivo del tipo "ver," "leer," "escuchar," etc. Pero eso no es todo. En la *Carajicomedia* se plantea, de igual forma, un proceso dialógico y dialogante con el lector de una forma muy explícita. Además de las múltiples llamadas que desde el texto se efectúan, y de las variadas referencias intertextuales –de hecho, como el *Quijote*, es "un libro de libros"–, ya desde el mismo inicio con el *Laberinto de fortuna*, pero que se extienden a las voces presentes en el texto, se establece un constante juego entre la ficción y la realidad, que va ligado a la antes referida noción de quién posee la suficiente *auctoritas* para narrar un texto y qué tipo de texto o textos deben escribirse y cómo debe leerse, esto es, alegóricamente, tal y como se advierte desde el mismo prólogo. Sin lugar a dudas, consecuentemente, el hecho de ser testigo –sea de vista, a través de la lectura (y de ahí el tópico del "manuscrito" encontrado con el que se abre el relato), o, *in praesentia*, de oídas o del tipo que se quiera– era un hecho importante, por no decir imprescindible. Sin embargo, éste no debió de ser el único requisito, o, sencillamente, había la necesidad de contar con el soporte adecuado, a juzgar por la reacción de los coños y carajos ante el intento de Diego Fajardo a la hora de relatar sus memorias.

Me inclino por lo último. Estamos en una etapa de la historia, lo han estudiado maravillosamente Margit Frenk[25] y Aurora Egido,[26] en la que, de una forma ya definitiva, la cultura del libro se está asentando mientras que, por el contrario, la oralidad, está perdiendo el espacio privilegiado que hasta ese momento había ocupado como forma de lectura –tanto pública como privada– y de transmisión de saberes. Desde 1472 ya existe la cultura del impreso en España, por lo que la concepción, apropiación y transmisión de la lectura y, por consiguiente, del conocimiento, se vería altamente revolucionada y modificada por aquellos años. Es principalmente por esta razón que por motivos de espacio no abordo aquí lo que desde mi punto de vista es el intento de "amonestación" de Diego Fajardo ante su lecho de muerte; y más particularmente, su fallo estrepitoso, no ganándose así, por tanto, ni tan solo el respeto ni la admiración de los suyos, a su público "lector," y esto muy a pesar de la enorme "fama" ganada por sus correrías. Sin embargo, se sabe que su memoria se halla escrita en el paródico *Putas Patrum*. Es decir, no cualquier vía de transmisión es igualmente válida, a la vez que tampoco son indiferentes la autoridad y la verosimilitud,

---

25 *Entre la voz y el silencio.*
26 "Literatura efímera."

que no veracidad, de los hechos, así como tampoco lo es quién y cómo los transmite. Pero, ¿es que Fajardo tenía otra forma posible de relatar su genealogía prostibularia? Lo ha intentado, de esto hay que estar completamente seguros y el texto así lo muestra. No obstante, de lo que no se da cuenta Fajardo es que, como muestra el comentario a la copla LXIII –por otra parte formada a partir de la relación entre "la pluma," "la lana" y "el verso," dispersos a lo largo de las coplas, aspectos, todos ellos, relacionados con la escritura y el tema de la escritura: las prostitutas–, el lenguaje no es válido para publicar la nobleza de las rameras,[27] lo que debe relacionarse, evidentemente, con la sobradamente conocida teoría de los estilos:

> Esta Contreras es segunda de la fama, muger de gentil parecer. Ha sido ramera en la corte mucho tiempo; agora es casada con un capitán de Cornualla. Reside en Valladolid. La copla publica bien su nobleza, mas no todo lo que ella merece. Nuestro señor cumpla lo que yo falto. (78)

El fragmento, además de reproducir un tópico literario, contiene una ironía que no se debe pasar por alto, como tampoco se debe obviar que en éste, según viene implícito, ni la temática ni los temas de escritura –ambos vistos negativamente– serían los adecuados. Sin embargo, a juzgar por el auge de que gozaba en ese momento, lo debían ser los géneros de la memoria. Igualmente, no se tiene que bandear la posibilidad de considerar que la configuración de todas las prostitutas –imágenes de la decadencia–, como, por ejemplo, Violante –de nuevo un nombre parlante, de ahí su sentido, como explico a continuación–, quien presenta una cuchillada en el rostro entendida como marca de escritura. Otras, en cambio, son como ciudades secas, o, lo que es lo mismo, en espacios en decadencia, restos de lo que algún día fueron grandes urbes. Si se piensa en ellas como "rocas," "piedras,", etc. –tal y como se las caracteriza en varios momentos del texto–, en las cuales Diego Fajardo habría escrito, aunque, claro está, simbólicamente, bien se podría argumentar que estas pueden representar el "magreo" que la

---

27   Cf. Julian Weiss, "Castilian *Auctores*," 107 ss.

misma literatura sufre por los apócrifos a ella. De nuevo, consecuentemente, se advierten las tensiones adyacentes en el texto, ahora a partir de la imagen del poder de control de la creación literaria, del criterio de autoridad y de autor, de quién controla la creación literaria –¿Fajardo, Fray Bugeo, el comentarista o quién? En este sentido, la preceptiva que sobre los "carajos noveles" –plumas noveles, autores noveles– se ofrece en la copla LXV apoyaría esta hipótesis. Y, claro está, con el acto creativo no se pretende otra cosa que controlar la sexualidad de la mujer, balanceando así el poder.

Con todo, y a pesar del frustrado intento de Fajardo para "publicar" sus memorias,[28] en un texto en que, dado que la simiente y el cimiento son dos elementos necesarios tanto para el acto sexual como para el poético, bien se podría haber aventurado que Fajardo, desde buen principio, fracasaría en su empresa: "cualquiera obra para ser mas durable, requiere tener muy firme cimiento: asi ésta, para mejor ser entendida, conviene en esta primera copla, hazér perfeta declaración" (150). Es decir, que la caída e impotencia del "carajo" impide la formación de simiente capaz de reproducir. Es por ello que Fajardo, más adelante, requiere de otras voces para que den a conocer su fama:

> mas yo he passado por este temor,
> y tengo perdido el del pregonero,
> bolvería a mis obras como de primero,
> si sus reverencias me diessen favor. (c. LXXVI)

Y de ello, evidentemente, se encarga el poeta, el autor, ya que, éste, sin historias que contar, sin la palabra –se podría ir más lejos y decir, incluso, sin la oralidad– no puede crear. La voz lírica, como Fajardo, penetraba las grandes ciudades de la historia –Babilonia, verbigracia–,[29]

---

28   No en vano, es impotente, y, ya desde la dedicatoria inicial, el comentarista, a partir del establecimiento de los paralelismos entre la escritura, el texto literario y el "carajo," conduce a realizar una lectura alegórica y, a su vez, enseña a leer alegóricamente un texto en el que se hace referencia a la lujuria, a los libros fuera del mismo texto, a diferentes lugares de la historia, sucesos de la Antigüedad. Por consiguiente, se advierte en el texto una meridiana voluntad a formar a un público lector.

29   La referencia a ciudades como Babilonia funciona, además, como recurso mnemotécnico.

personificadas aquí en la figuras de las prostitutas, que, por otra parte, son auténticos archivos de memoria; no en vano, éstas guardan la simiente salida del "carajo," o, lo que es lo mismo, el rastro dejado por la tinta de la pluma;[30] de forma parecida funcionaban estas ciudades –piénsese en la Biblioteca de Alejandría–, el poeta debe ser capaz de penetrar las fuentes clásicas para extraer la verdad, que no tiene por qué coincidir con lo real porque, recuérdese, la verdad del poeta no se ve obligada a coincidir con la histórica. Por consiguiente, el poeta, a diferencia de Fajardo, podrá, de esta forma, como la "celestina" que guía a Fajardo en la copla LVI, hacer resonar su fama, no condenar su obra pasada y, a la vez, disculpar su obra futura.

Y es que la memoria, tanto la personal como la colectiva –que no se advierte en el texto del colombiano–, esto es, su gestión, como muy bien se dieron cuenta los humanistas, es lo que realmente importa para el avance de cualquier sociedad ya que es una forma de sobrevivir a lo que los fenomenólogos han venido denominando la primera muerte. Thomas Hardy no lo pudo expresar más bellamente y, así, en su conocido "The To-Be-Forgotten:"

I

I heard a small sad sound,
And stood awhile among the tombs around:
"Wherefore, old friends," said I, "are you distrest,
Now, screened from life's unrest?"

II

-"O not at being here;
But that our future second death is near;
When, with the living, memory of us numbs,
And blank oblivion comes!

III

30   Incluso si se acepta, con Julio Ortega, que los prostíbulos como lugar metafórico de la relación social [...] reemplaza[n] a las instituciones del estado" (72), se puede considerar que las prostitutas llegarían a guardar secretos de estado. Consecuentemente, ¿Por qué no historiar sobre ellas? Qué duda cabe que esta pregunta podía estar en el aire durante esa época.

"These, our sped ancestry,
Lie here embraced by deeper death than we;
Nor shape nor thought of theirs can you descry
With keenest backward eye.

IV
"They count as quite forgot;
They are as men who have existed not;
Theirs is a loss past loss of fitful breath;
It is the second death. (Hardy 131-32)

En el poema, de gran belleza estética, la voz lírica dice que todos pa-
decemos dos muertes;[31] la primera no es real: uno se muere, y durante
algún tiempo hay personas que aún se acuerdan del muerto, como si
éste estuviera aferrándose a ellos para no morir del todo; la segunda
muerte, en cambio, sí es real, porque en ella ya no queda ningún vivo a
cuya memoria pueda aferrarse el muerto, motivo por el que en el relato
la preocupación por el olvido se hace obsesiva al sujeto novelístico.

Sin embargo, gracias a la intervención del autor, Diego Fajardo, ha
sobrevivido a esta segunda muerte, al igual que también se salva Mustio Callado, quien, a pesar de su nombre parlante –su étimo, *mustum*,
remite a 'blanducho', lo que se completa con el participio pasado pasivo de "callar" al que aludí antes–, consiguió dar a luz sus memorias,
aunque no antes sufrir un giro inesperado que dio su vida al descubrir
el amor a los 90 años, edad en la que vuelve a nacer al empezar "sin
pudores con el amor de Delgadina" (93): "Aquél fue el principio de una
nueva vida a una edad en que la mayoría de los mortales están muertos"
(10). Así, consecuentemente, recupera su subjetividad anteriormente
fragmentada –el tiempo de la narración es de alrededor de un año–,
tal y como se confirma en la última página de la novela: "Salí a la calle
radiante y por primera vez me reconocí a mí mismo en el horizonte
remoto de mi primer siglo" (109).

---

31   Cf. Jorge Manrique, *Coplas a la muerte de su padre.*

Ya desde el mismo inicio de la novela se advierte que, ante la inminente "muerte civil" (51), esto es, la primera muerte, la oficial,[32] el protagonista de García Márquez opta por reemplazar ese objeto perdido por otro que se constituye como objeto de deseo ya que se ama a otro por el parecido con lo que él mismo es. Por consiguiente, no es extraño que, ya desde la primera página, el protagonista de García Márquez busque el encuentro con una virgen. Por la misma razón, cuando el "sabio triste" sospecha que Rosa Cabarcas, la celestina del texto, ha vendido "la virginidad de la niña a alguno de sus grandes cacaos" (90) se llega al momento más violento de la novela, único instante en el que el narrador despoetiza las, hasta ese momento, mitificadas prostitutas con eso de "¡Putas! [...] ¡Eso es lo que son ustedes!, grité: ¡Putas de mierda!" (92). Y es que la prostituta a la cual se refiere, cuyo nombre, se ha dicho, es Delgadina,[33] representa "lo no legible" (Ortega 73), al ser virgen,[34] como su propia vida, al no estar aún escrita. Su desvirgamiento sería el final del proyecto, la imposibilidad de amor que es lo que hace posible el relato de las memorias que se leen, al encontrar ese sustituto de la pérdida inicial, que, tanto él como su vida, hay que repetirlo, es "lo no escrito." Sólo el descubrimiento del amor hacia ella es lo que provoca y posibilita la escritura, por lo que puede dejar plasmada su memoria y así sobrevivir la segunda muerte.

Refiriéndose a la memoria, Aurora Egido ha afirmado que ésta "actúa desde un pasado libresco hacia un futuro que también se pretende acabe en los libros y en el arte, provocando una ruptura del tiempo y una aspiración a la eternidad heroica," como don Quijote, quien "trata por todos los medios de que su nombre se instale para siempre en el

---

32   Aunque metafóricamente hablando habría una muerte anterior, que sería la del "carajo." Ésta, en ambos textos, desencadena todos los procesos de memoria y olvido relacionados con la muerte civil.

33   El nombre, y la situación, se refiere al tema del incesto del padre (o figura paterna aquí)-hija que arranca en la tradición oral medieval española y que se recupera en la literatura latinoamericana; al respecto puede leerse Sarah Jo Portnoy; a pesar de que la autora no se refiere a ninguno de los dos textos estudiados aquí, su trabajo es de útil lectura.

34   Cf. Freud, "El tabú de la virginidad." El psicoanalista vienés se sirve de lo que denomina el tabú de la feminidad para expresar la dificultad de llegar a convertirse en mujer, como es el caso de Delgadina.

panteón épico" ("La memoria y *El Quijote*", 101). Precisamente con *El Quijote* abría este trabajo refiriéndome a él por ser el hipotexto de Borges, con el que concluiré, aunque no sin antes señalar otro parentesco que, a su vez, el texto de Cervantes mantiene con los dos que aquí se están estudiando: los tres son los que se podrían dominar, con la crítica, "libros de libros."[35] Efectivamente, como ha señalado Carlos Brito, "don Quijote es el hombre-libro que, estimulado por su sed de letra impresa, materializa su libro de la memoria, en una vida-cuaderno. Se advierte aquí, por tanto, la preocupación por la fama de Cervantes que ya Alberto Blecua señaló en su día.[36] García Márquez, por su parte, en uno de sus encuentros con la virginal Delgadina con la que ha contactado a través de Rosa Cabarcas ya confiesa que "la fama es una señora muy gorda que no duerme con uno, pero cuando uno despierta está siempre mirándonos frente a la cama" (68). Respecto a esto el autor anónimo decía que la fama debe ser coronada "de miel y de pluma y de mucho papel" (c. XLVII), de lo que no iba errado, ya que ha sobrevivido, no sin pocos accidentes, hasta hoy en día para verse revertida de la pluma de Gabriel García Márquez y de Juan Goytisolo en una sociedad,[37] que, como la de aquel siglo XVI, ha vuelto a preocuparse por la subjetividad y la memoria, tanto personal como colectiva, así como por los límites de ésta y de su representación, por la veracidad de ésta frente a la ficción –"Mi única explicación es que así como los hechos reales se olvidan, también algunos que nunca fueron pueden estar en los recuerdos como si hubieran sido" (61), afirma el sujeto narrativo de Gabo– y, evidentemente, y también ligado a ella, por la muerte.

Llego al final, aunque no quiero cerrar sin antes destacar que tanto la *Carajicomedia* del siglo XVI de autor anónimo como *Memoria de mis putas tristes* de Gabriel García Márquez forman un *continuum*

35   *Carajicomedia*, ed. Carlos Varo, 29-31.

36   Me refiero a "Cervantes, historiador de la literatura." Hace unos diez años Carlos M. Gutiérrez publicó un interesante trabajo que ayuda a entender algunos aspectos.

37   La parodia profana –carnavalesca– ha servido de continua creación en la literatura contemporánea; en concreto, para el caso de Goytisolo, consúltese José María Balcells. Como me comunica el Prof. Ángel Loureiro, la fuente de Goytisolo es, casi con toda seguridad, la obra de Menéndez Pelayo, de quien habría tomado en más de una ocasión algunas ideas que luego desarrolla magistralmente en sus novelas.

dentro de la tradición literaria escrita en español a ambos lados del Atlántico.

En estos dos textos, como he querido demostrar, se representan las ansiedades y tensiones de sus respectivas épocas y de los momentos vitales de las voces narrativas, tales como el proceso creativo –de hecho estamos ante dos textos que se van elaborando ante nuestros ojos– con todo lo que conlleva a su alrededor, por lo que si en una, *Memoria de mis putas tristes*, se entretejen ficcionalmente los discursos actuales sobre el valor de la historia que aboga en una recuperación de la memoria personal y colectiva frente a las memorias oficiales, se reflexiona sobre la vejez, la muerte y, evidentemente en la trascendencia de la subjetividad con el advenimiento de ésta, en la *Carajicomedia* anónima del siglo XVI, se advierte una temática totalmente similar, que, a pesar de su distancia temporal, discurre y reflexiona sobre los mismos avatares y preocupaciones vitales, aunque, evidentemente, con un sentido totalmente nuevo y esperanzador filtrado a través del discurso amoroso. Enfilo, para concluir, aquellas palabras de Javier Cercas, novelista igualmente preocupado por esta misma suerte de temáticas, cuando, desde la tradición, afirma que "[l]a novedad no existe en literatura: en literatura nada se crea ni se destruye, sólo se transforma" (Cercas, Airob y Trueba 133).

Obras citadas

Agnew, Michael S. "Crafting Past and Present: The Figure of the Historian in Fifteenth-Century Castile." Diss. U Pennsylvania, 2000.

Agustín, san. *Confesiones; primera versión castellana (1554) por fray Sebastián Toscano*. Ed. J. Ignacio Tellechea Idígoras. Madrid: Fundación Universitaria Española/ Universidad Pontificia de Salamanca, 1996.

Alciato, Andrea. *Los emblemas de Alciato traducidos en rimas españolas. Lion, 1549*. Ed. Facs. Rafael Zafra. Palma de Mallorca: Universitat de les Illes Balears, 2003.

Almiñaque, Conrado. *El concepto de la muerte en la literatura española del siglo XV*. Uruguay: Géminis, 1975.

Balcells, José María. "*Parodia sobre parodia: las dos Carajicomedias.*" *Expresiones de la cultura y el pensamiento medievales*. Eds. Concepción Company y Aurelio González. México, D.F.: Colegio de México - Universidad Nacional Autónoma de México/Universidad Autónoma Metropolitana, 2010. 399-414.

Blecua, Alberto. "Cervantes historiador de la literatura." Coords. Isabel Lozano Renieblas y Juan Carlos Mercado. Madrid: Castalia, 2001. 87-98.

Bloch, R. Howard. *The Scandal of the Fabliaux*. Chicago: U Chicago P, 1986.

Bouza, Fernando. *Comunicación, conocimiento y memoria en la España de los siglos XVI y XVII*. Salamanca: Seminario de Estudios Medievales y Renacentistas, 1999.

Brito Díaz, Carlos. "Cervantes al pie de la letra: Don Quijote a lomos del 'Libro del mundo'." *Cervantes: Bulletin of Cervantes Society of America* 19.2 (1999): 37-54.

Brocato, Linde M. "'Tened por espejo su fin:' Mapping Gender and Sex in Fifteenth-and Sixteenth-Century Spain." *Queer Iberia: Sexualities, Cultures, and Crossings from Middle Ages to Renaissance*. Eds. Josiah Blackmore y Gregory S. Hutchenson. Durham/London: Duke U P, 1999. 325-65.

Burke, Peter. *Historia social del conocimiento. De Gutenberg a Diderot*. Barcelona: Paidós, 2002.

Canales, Alfonso. "Sobre la identidad del actante (léase protagonista) de la *Carajicomedia*."
Papeles de Son Armadans 80 (1976): 73-81.

Cancionero de obras de burlas provocantes a risa. Ed. Frank Domínguez. Valencia: Hispanófila, 1978.

Carajicomedia. Ed. Álvaro Alonso. Madrid: Aljibe, 1995.

Carajicomedia. Ed. Carlos Varo. Madrid: Playor, 1981.

Carruthers, Mary, y Jan M. Ziolkovski, *The Medieval Craft of Memory: An Anthology of Texts and Pictures*. Philadelphia: U Pennsylvania P, 2002.

Cercas, Javier, David Airob y David Trueba. *Diálogos de Salamina: un paseo por el cine y la literatura*. Barcelona: Tusquets, 2003.

Cervantes Saavedra, Miguel de. *Don Quijote de la Mancha*. Eds. Francisco Rico *et al*. Barcelona: Crítica, 1998.

Cicerón, Marco T. *Cato Maior de senectute*. Florentinae: Sumptibus Arnoldi Mondadori, 1968.

Delicado, Francisco. *La lozana andaluza*. Ed. Giovanni Allegra. Madrid: Taurus, 1983.

Deyermond, Alan. "Bilingualism in the *Cancioneros* and Its Implications." Gerli y Weiss, 137-70.

Diderot, Denis. *The Indiscreet Jewels*. Intr. Aram Vartanian; trad Sophie Hawkes. New York: Marsilio Publishers, 1993.

Domínguez, Frank A. "*Carajicomedia* and Fernando el Católico's Body: The Identities of Diego Fajardo and María de Vellasco." *Bulletin of Hispanic Studies* 84 (2007): 725-44.

Egido, Aurora. "Literatura efímera: *oralidad* y *escritura* en los certámenes y academias del Siglo de Oro." *Edad de Oro* 7 (1988): 69-87.

———. "La memoria y *El Quijote.*" *Cervantes y las puertas del sueño. Estudios sobre "La Galatea," "El Quijote" y "El Persiles."* Barcelona: PPU, 1994. 93-115.

Frenk Alatorrre, Margit. *Entre la voz y el silencio*. Alcalá de Henares: Centro de Estudios Cervantinos, 1997.

———. "Vista, oído y memoria en el vocabulario de la *lectura*: Edad Media y Renacimiento." *Discursos y representaciones en la Edad Media (Actas de las VI Jornadas Medievales)*. Eds. Concepción Company, Aurelio González y Lilian von der Walde Moreno. México, D. F.: UNAM/El Colegio de México, 1999. 13-31.

Freud, Sigmund. "Duelo y melancolía," *Obras Completas*, vol. 14. Buenos Aires: Amorrortu Editores, 1979. 235-56.

———. "El tabú de la virginidad," *Obras completas*. Vol. 3. Madrid: Biblioteca Nueva, 1972. 2444-53.

García Márquez, Gabriel. *Memoria de mis putas tristes*. México, D.F.: Diana/Mondadori, 2004.

Gerli, Michael y Julian Weiss, eds. *Poetry at Court in Trastamaran Spain. From the* Cancionero de Baena *to the* Cancionero General. Tempe, AZ: Medieval and Renaissance Texts and Studies, 1988.

Gibault, Dominique. "Entrevista a Julia Kristeva." *Zona Erógena* 20 (1994). Publicada de nuevo en *Psikeba. Revista de Psicoanálisis y Estudios Culturales*, s. pág. En línea, 24 de abril de 2015: http://www.psikeba.com.ar/recursos/entrevistas/JuliaKristeva.htm

Giles, Ryan D. *The Laughter of the Saints: Parodies of Holiness in Late Medieval and Renaissance Spain*. Toronto: U Toronto P, 2009.

Goytisolo, Juan. *Carajicomedia de Fray Bugeo Montesino y otros pájaros de vario plumaje y pluma*. Barcelona: Seix-Barral, 2000.

Gutiérrez, Carlos M. "Narrador, autor y personaje: facetas de la autorrepresentación literaria en Góngora, Lope, Cervantes y Quevedo." *Espéculo. Revista de Estudios Literarios* 31 (2005): s. pág. En línea, el 14 de abril de 2015:

https://pendientedemigracion.ucm.es/info/especulo/numero31/autorref.
html

Irigaray, Luce. *The Speculum of the Other Woman*. Trad. Gillian C. Gill. Ithaca, NY: Cornell U P, 1985.

Hardy, Thomas. *Collected Poems of Thomas Hardy*. London: Macmillan and
Co., 1932. 131-2.

Kristeva, Julia. *Black Sun: Depression and Melancholia*. Trad. L. S. Roudiez.
New York: Columbia UP: 1989.

———. *Powers of Horror: An Essay on Abjection*. Trad. Leon S. Roudiez.
New York: Columbia U P, 1982.

Lacan, Jacques. *Écrits*. París: Seuil, 1966.

Lida de Malkiel, María Rosa. *La idea de la fama en la edad media*. México,
D. F.: FCE, 1952.

Looze, Laurence de. "*Sex, Lies, and Fabliaux: Le Chevalier qui fist les cons
parler.*" *Romanic Review* 85 (1994): 495–515.

Machado, Antonio. *Poesía y prosa*. Ed. Oreste Macrí. Madrid: Espasa-Calpe,
1989.

Manrique, Jorge. *Coplas a la muerte de su padre*. Ed. Vicente Beltrán. Barcelona: Crítica, 1993.

Mena, Juan de. *Laberinto de Fortuna*. Ed. Miguel Ángel Pérez Priego. Madrid: Espasa-Calpe, 1989.

Méon, Dominique-Martin. *Fabliaux et contes des poètes françois des XI, XII,
XIII, XIV et XVe siècles, tirés des meilleurs auteurs*, publiés par Barbazan.
Nouvelle édition, augmentée et revue sur la manuscrits de la Biblio-
thèque impériale. Vol. 3. París: Warée, 1808. 409-36.

Mesa, Octavio y Juanes. "La Camisa Negra." *Mi sangre*. Universal, 2005. CD.

Minnis, Alastair. J. *Medieval Theory of Authorship. Scholastic Literary Atti-
tudes in the Later Middle Ages*. London: Scholar Press, 1984.

Morros Mestres, Bienvenido. *Otra lectura del Quijote: Don Quijote o el elogio
de la castidad*. Barcelona: Cátedra, 2005.

———. "El amor en la vejez: de Garcilaso a Petrarca." *Calamus Renascens*
5-6 (2004-5): 109-39

Navarrete González, Carolina A. "La Historia desde una perspectiva posmo-
derna en *Tengo miedo torero* de Pedro Lemebel." *Aimar* 25 (2005): s. pág.
En línea, el 14 de abril de 2015: http://www.margencero.com/articulos/
miedo_torero.htm

Olney, James. "Memory and the Narrative Imperative." *Memory and Narrative: The Weave of Life-Writing*. Chicago: U Chicago P, 1998. 1-83.

Ortega, Julio. "*Memoria de mis putas tristes.*" *Cuadernos hispanoamericanos* 657 (2005): 71-5.

Pérez de Guzmán, Fernán. *Generaciones y semblanzas. Ed.* R. B. Tate. London: Tamesis, 1965.

Pérez-Romero, Antonio. "The *Carajicomedia*: The Erotic Urge and the Reconstruction of Idealist Language in the Spanish Renaissance." *Hispanic Review* 71.1 (2003): 67-88.

Pontón Gijón, Gonzalo. *Escrituras históricas: relaciones, memoriales y crónicas de la guerra de Granada.* Bellaterra: Seminario de Literatura Medieval y Humanística, 2002.

Portnoy, Sarah Jo. "The Incest Ballad of Delgadina: Oral Tradition from Medieval Spain to Latin America," Diss. U of California, Berkeley, 2005.

Ribeiro de Menezes, Alison. "The Mystical and the Burlesque: The Portrayal of Homosexuality in Juan Goytisolo's *Carajicomedia.*" *Romance Studies* 20.2 (2002): 105-14.

Rose, Margaret A. *Parody: Ancient, Modern, and Post-Modern.* Cambridge: Cambridge UP, 1993.

Scholberg, Kenneth R. *Sátira e invectiva en la España medieval.* Madrid: Gredos, 1971.

Weiss, Julian. "Castilian *Auctores* and Intellectual Nobility." *The Poet's Art. Literary Theory in Castile c. 1400-60.* Oxford: The Society for the Study of Mediaeval Languages and Literature, 1990.

Weissberger, Barbara F. "Male Sexual Anxieties in *Carajicomedia*: A Response to Female Sovereignty." Gerli y Weiss, 221-34.

———. *Isabel Rules: Construction Queenship, Wielding Power.* Minneapolis: U Minnesota P, 2003.

———. " '¡A tierra, puto!' Alfonso de Palencia's Discourse of Effeminacy." *Medieval Iberia.* Eds. Josiah Blackmore y Gregory Hutcheson. Durham, NC: Duke UP, 1999. 291-324.

Yates, Frances A. *The Art of Memory.* Aylesbury: Hazell Watson &Viney, 1969.

Torquemada's Errant Geographies

MARINA S. BROWNLEE
Princeton University

I N TERMS OF GEOGRAPHIES of books and geographies within
books, *La historia del invencible cavallero Don Olivante de Laura,
Príncipe de Macedonia que por sus admirables hazañas vino a ser
Emperador de Constantinopla* offers us a fascinating case study by an
intriguing and sophisticated author.

Antonio de Torquemada (ca. 1507 - ca. 1570) is the renowned—
though enigmatic—author of four very diverse books. The most well
known is the *Jardín de flores curiosas* (1570), a best-seller that was translated into every major European language. He also authored the *Coloquios satíricos* in 1553, a social commentary in colloquy form that ends,
surprisingly, in a pastoral environment. Keenly aware of the power of
the pen, he likewise published the *Manual de escribientes* in 1574. His
meta-literary *Don Olivante*, however, was stolen from him and published anonymously without his authorization in 1564.

This text, its theft, and its pirated circulation are less frequently
invoked than its disparaging mention in the bookish inquisition of
Don Quijote's library, where it is referred to as a *tonel*—a brick (either because of its size or disapproval of its contents) by the bumpkin
priest who passes judgment on it with his fellow inquisitor, the equally
questionable barber. The comic relief (and institutional critique) gen-
erated by this scene is enhanced by an additional commentary the
country cleric makes—one that publicly—albeit obliquely—identifies
the text's author for the first time in history (Crow 266). He remarks

that: "El autor de este libro—dijo el cura—fue el mesmo que compuso a *Jardín de flores*; y en verdad, que no sepa determiner cuál de los dos libros es más verdadero, o, por decir mejor, menos mentiroso; solo sé decir que éste irá al corral, por disparatado y arrogante" (Cervantes 69).

In terms of the categories of authorship, reading, and publishing—*Olivante* is truly compelling. If we first consider the issue of authorship, we learn in an important discovery made by Lina Rodríguez Cacho in 1989 (of two letters written in 1585 by Torquemada's sons) that the text was stolen by a neighbor who subsequently had it published anonymously. She explains: "Dos documentos recientemente descubiertos en el Archivo Histórico de Protocolos de Madrid nos revelan ... que en 1585 los hijos de Torquemada intentaban conseguir el reconocimiento legal de sus derechos sobre la edición y venta de la novela que había sido robada a su padre, ya muerto" (517). This fact clearly attests to the book's *errancy*—both to its wandering (from his residence at the Count of Benavente's palace in Zamora—where Torquemada served as his secretary, to Barcelona, where it was published), and to the book thief's wrongful behavior. And it is errant also in that Torquemada did not enjoy any of the authorial acclaim or financial fruits of his labor.

On the other hand, a rather playful effect of the theft that Torquemada would—no doubt—have applauded is that this authorial anonymity gives credence to the text's claim that it is, in fact, a faithful transcription executed by the inscribed narrator of the book authored not by any mortal, but rather by the enchantress Ipermea, as she explains:

> ...aquí te he hecho venir para rogarte que tengas por bien recibir un libro, en el qual, con entera verdad, yo sus supremos y valerosos hechos [de los caballeros inmortales], no añadiendo, mas antes quitando de lo que deviera, hize escrevir, para que con toda diligencia, poniéndo en el estilo más primo de la lengua que agora se usa, lo mejor que tú pudieres lo hagas divulger y publicar, como a noticia de todas las gentes venga. (16-7)

This dramatic revelation happens in the following manner: As the narrator stands transfixed by the pageant of chivalric greats from Antiquity and the Middle Ages whom he beholds, Ipermea hands him the *Olivante* that she wrote. As he takes the book into his hands, the scene suddenly vanishes in a thick fog with the help of an obliging serpent that swallows it in its entirety—temporarily ingesting the narrator as well. Then without supplying too many details of his Jonah-like adventure, we learn that all that survive are the book and the unnamed narrator—who is uncertain as to whether he has just beheld a "sueño o fantasía o visión."[1]

With respect to Cervantes' unequivocal roast of Torquemada's chivalric *Olivante*—as well as his encyclopedic *Jardín*—several points should be made. First, the act of entrusting the inquisition to a pair of bumpkins (the village priest and barber) is a deflationary gesture, to say the least. Moreover, when Cervantes' narrators or characters make categorical assessments regarding other texts or ideas—reader beware. As he dramatizes time and again in so many of his texts, Cervantes is very aware that no one can prescribe interpretation. So, the priest's outspoken pronouncements are at least as much a critique of his own powers as a reader, as they are of Torquemada's texts. Not to mention

---

1   "tomó el libro . . . y en las mías lo puso. El qual apenas uve recebido, quando, cubriéndose todo aquel circuito de unas escuras y espessas nuves, fueron tan grandes las tinieblas que del todo mis ojos de su ver fueron privados, no viendo a las sabia ni a ninguna de las otras cosas que antes avía visto, sino solamente una disforme y espantable serpiente, de cuyos encendidos ojos tanto fuego salía que a la lumbre dellos se hazía ser vista. Los roncos y silvos eran tan temerosos y su disformidad tan crecida que aún agora en pensarlo me fallesce el coraçón para escrevirlo. Y yo, cercado del miedo de la muerte, viéndola a mi juyzio tan cerca de mí, de tal manera desmayé que, aunque quise huyr, un passo memear no me pude. Y la diabólica sierpe, abriendo su espantable boca, que no menos temerosa que la del infiernome pareció, me mete por ella con tanto desacuerdo de mi quanto en el passo de la muerte tener puedo, perdiendo assí enteramente entendimiento y juyzio, que entre los muertos aquel tiempo puede ser contado. Mas a la hora tornando en mi acuerdo, como quien de grave pesado sueño despierta, con tanto temor y miedo quanto espantado de lo que se avía visto, en la hermita donde la noche passada me avía acogido me hallé, no pudiendo juzgar lo passado aver sido sueño o fantasía o visión. Pero, en fin, hallándome con el libro en las manos y tornamdo mi memoria en su entero ser y acuerdo, vi ser verdad y cosa a que devía dar entera fe y crédito" (Torquemada 28-9).

that Cervantes appreciated and made use of the *Jardín* in his monumental *Los trabajos de Persiles y Sigismunda* (1616), in his *Coloquio de los perros*, and in the *Quijote*—as Américo Castro has noted (73, 115-7, 198, 203, 371—2, 383).

Yet, even more can be said of Cervantes' ostensible disapproval of Torquemada's pen. That is, in *El vizcaíno fingido*, *Olivante* is cited, along with *El Caballero del Febo*, and the *Quijote* itself as required reading for "la mujer más avisada:"

> La mujer más avisada,
> *O sabe poco, o no nada.*
> La mujer que más presume
> De cortar como navaja
> Los vocablos repulgados,
> Entre las godeñas pláticas:
> La que sabe de memoria
> A Lofraso y a *Diana*,
> Y al *Caballero del Febo*
> Con *Olivante de Laura*;
> La que seis veces al mes
> Al gran *Don Quijote* pasa,
> Aunque más sepa de aquesto,
> O sabe poco o no nada.[2] (76-7)

This being said, the curate's damning assessment of *Olivante* was highly effective in consigning it to a small readership, and lamentable publication history. After its original publication in Barcelona by Bornat in 1564, it had to wait an incredible 433 years for its next publication—in 1997 (Muguruza, *Don Olivante* xxxi). Needless to say, the Cervantine

---

2   Isabel Muguruza is right in being curious about this combination, explaining that: "Curiosamente, además del *Quijote*, la *Diana* o el *Caballero del Febo*, libros cuya gran popularidad jusifica su presencia en estos versos, Cervantes incluye a Lofraso, autor de *Los diez libros de la Fortuna de Amor*, ambiguamente elogiado en el escrutinio del Quijote, pero que, como anota Asencio, 'fuera de Cervantes casi nadie leyó'" ("El *Olivante*" 270 fn. 68).

wisecrack had a tremendous effect on reducing the possible readership and publishing incentives for *Olivante*.

In this context we must also recall that Cervantes is notorious in railing against books and literary environments that he prizes more highly than ones about which he offers no commentary. Witness, for example, the romances of chivalry, which he categorically vilifies in the Prologue to Part I. In the beginning of his text he explains that the whole project of writing the *Quijote* is to definitively demolish any shred of legitimacy that these books may contain—his text is: "una invectiva contra los libros de caballerías, de quien nunca se acordó Aristóteles," as we are categorically informed in the Prologue (24).

Of course, this remark is calculated to make the reader laugh (since the genre did not exist at the time of Aristotle—hence it is also a jibe at the hidebound, conservative Neo-Aristotelian critics who short-sightedly rejected the chivalric romance as pernicious imaginative fiction). We recall that the Canon of Toledo surprises his readers by offering a profound defense of imaginative fiction—particularly of chivalric romance—in what amounts to Cervantes' most extended discussion of literary theory. Romance "purified" of the excesses of style and unbelievability could be the most satisfying and responsible of forms (both ethically and artistically). The Canon himself admits to having written more than two hundred pages of such a romance, though he ultimately gives up the project because of the small readership that was able to appreciate the purified romance form. Again, with a touch of eminently Cervantine irony we recall that while the Canon gave up writing his "purified romance," his creator not only thought and wrote about its allure, but also assumed that his lasting legacy would be not the *Quijote* but his purified romance, the posthumously published *Persiles*.

Olivante, I maintain, is as literarily self-conscious and "purified" in its style, in its awareness of the issue of verisimilitude, and in its defense of fiction as the Canon's unfinished text and as the *Persiles* (which is the text that follows the cues he offers in his discussion with Don Quijote). *Olivante*, I maintain, is a sophisticated Cervantine precursor—which may account for the village curate's deflationary treatment of it.

As to the "purification" of style, Torquemada is pointed with regard to two key aspects of language. Like the Cervantine Canon, he too targets the abuses of chivalric romance style. In the *Manual de escribientes* he laments the confused style of such texts as *Amadís de Grecia* and *Florisel de Niquea*.[3] These are *the same* objections that the Canon raises with regard to the chivalric romances written in sixteenth-century Spain. It is also the object of Cervantes' comic recreation of Feliciano de Silva when Don Quijote in the first chapter of Part I lauds the writer's style, thereafter declaiming the following fragment as proof of its brilliance: "'La razón de la sinrazón que a mi razón se hace, de tal manera mi razón enflaquece, que con razón me quejo de la vuestra fermosura.' Y también cuando leía: '... los altos cielos que de vuestra divinidad divinamente con las estrellas se fortifican, y os hacen merecedora del merecimiento que merece la vuestra grandeza" (37).

Moreover, before "distributing" and "publishing" *Olivante*, Ipermea asks the narrator to first "update the language" of her text, "poniéndolo [el *Olivante*] en el estilo más primo de la lengua que ahora se usa" (28). Rather than the archaizing prose style of the chivalric romances, *Olivante* must be revamped to conform to the language of Torquemada's readers and auditors. It is important to note that this concern for the updating of expression in the text is not only an interesting departure from the generic norm, it is also a constant goal to be pursued in an ever changing linguistic environment. Torquemada ends the *Jardín* with an even more detailed time-sensitive observation about language and reader comprehension. He ends his monumental labor by acknowledging the relentless effects of progress—which will before long make his work admittedly obsolete. Places will not be known by the same names, and even the Spanish language itself will change so markedly, Torquemada affirms, that the normative way of expressing things will be virtually unrecognizable: "los que vendrán después de nosotros algunos años... hablarán tan diferentemente que lo que se hallare escrito de nuestros tiempos les parecerá a ellos tan bárbaro como a nosotros nos parece el romance de algunas historias antiguas que se hallan en España" (498).

Reader response and linguistic decorum are at the top of the Canon's (and Cervantes') list of concerns. So is the defense of fiction

---

3   As Duce notes, "criticaba muy cervantinamente el estilo confuso del 'autor de aquellos libros que se llaman *Amadís de Grecia* y *Don Florisel de Niquea*'" (8).

as a legitimate medium. While the Canon and Don Quijote discuss the aesthetic as well as moral potential of well turned, responsible fiction, Torquemada implicitly—yet powerfully—defends fiction in an original and amusing way by means of the mini, free-standing chivalric romance he offers us as the Prologue to his *Olivante*. The narrator descends into a cave and is guided by a "mano misteriosa" to a place where Ipermea, a sixty-year old "sabia prodigiosa" has gathered together an encyclopedic collection of heroes and heroines not only from the Spanish chivalric tradition, but Hebrew, Greek, and Latin traditions, as well as Medieval greats such as King Arthur and Lancelot.

The only figures the narrator does not recognize by sight are Olivante and Lucenda, the male and female protagonists of the book. This is understandable given that Ipermea is the author, and the narrator is somehow (illogically) a character in a book that has already been written, but he is handed the book before he enters Olivante's adventure. This is a breach of verisimilitude, to be sure—as is the detail about Ipermea being sixty years old. While very soon after we learn this chronological detail, we are told that she is "immortal". Cervantes must have approved of such inconsistencies, among many others. Both authors are looking to entertain their readers, and to challenge their reading skills and also to play with the dictates of the Neo-Aristotelian precepts in terms of space, time, verisimilitude and decorum.

We see here, Torquemada's defense of fiction—where the existence of the book written in this fabulous environment is proof positive of its historical veracity. He is offering us a fictitious text that is exemplary in the models of warfare and love that it provides, as well as being aesthetically satisfying. The text includes realistic references to human needs—with unidealized scenes of eating, sleeping, and tending to wounds—as well as technological detail.[4] And as such, it conforms to the purified romance form that the Canon will identify thirty-five years later, and the *Persiles* will flesh out eleven years thereafter.

Yet, even more is at issue in *Olivante* than this playful approach to the chivalric romance genre and the defense of fiction. Torquemada is updating his text, not only in terms of linguistic usage—as per Iper-

---

4   E.g., a hydraulic mechanism for killing that we find in III. 17, or the presence of automata. See Carlos Alvar 29-54.

mea's request—but also in terms of current generic innovation. The 1550s in Spain were unprecedented in the history of prose fiction. It was during that decade that the first autochthonous Spanish pastoral (*La Diana*) was written, and the first Spanish Byzantine romance (*Clareo y Florisea*), the first European Moorish novel (*El Abencerraje*), and the first European picaresque novel (*Lazarillo de Tormes*) were produced.[5] *Olivante* is strikingly encyclopedic (and as such, notably unlike other examples of chivalric fiction) in that it exploits each of these generic environments. We are not only introduced to Olivante's world by means of a pastoral environment, one of its two male protagonists (Silvano, the *caballero pastor*) is a shepherd for virtually the entire book—until he is revealed to be the bastard son of the Emperor of Constantinople.[6] Indeed, Torquemada is the first Spanish author to develop the pastoral genre so fully that Isabel Muguruza identifies him as the inspiration for Jorge de Montemayor's *Diana*.[7]

Time does not permit me to elaborate on each of these generic filiations that Torquemada exploits, but the "palabras un tanto picaronas" as Duce calls them, and the number of nasty *jayanes* (brutes, foul-mouthed louts), evokes a very un-chivalric (picaresque) milieu (*Olivante de Laura* 26-7). The possibility of noble Moors coexisting in harmony with Christian knights is a romanticizing feature found in the Moorish novel, but it is the byzantine romance environment that I would like to comment on here.

While Duce and others ally *Olivante* with the tradition of the *imram* (the early Irish sea voyage adventure literature), it is more akin to the exclusively Mediterranean traveling done in Byzantine romances—modeled on the venerable ancient paradigm of Heliodorus' highly influential *Aetheopika*. In that text, people travel by boat rather than by horse—as in the knightly romances. Heliodorus' third-century text

---

5   *La Diana* (1559), *Clareo y Florisea* (1552), *El Abencerraje* (1550-60), and *Lazarillo de Tormes* (1554).

6   In addition, Olivante himself becomes temporarily a shepherd as well.

7   "Antes de escribir el *Olivante*, e incluso algunos años antes de que apareciera la primera novela pastoril, el propio Torquemada había contribuído a la configuración en sus *Coloquios satíricos* a la configuración del pastor literario que heredaría Montemayor" (Muguruza, "El pastor en los libros de caballerías," 199).

was not only engrossing adventure literature, it was at the center of the Neo-Aristotelian controversies over ethics and aesthetics that Ariosto and Cervantes dramatized. Duce has referred to this text as having a "perfil mestizo" ("Apuntes de realismo" 524), while we should call even more attention to its "amphibious" nature, as it were. While, as Juan Bautista Avalle-Arce speaks of the "amphibious destiny" of the third book of *Amadís of Gaul*, sea voyages and island-hopping are even more central to *Olivante*.

Torquemada is cashing-in on the literary taste that his contemporary readers had for the illustrious Byzantine form—but more than fiction is at issue in this text. Islands in Torquemada's time were of great interest politically and epistemologically. Islands reflected timely rival empires: Ottoman, Venetian, Spanish and English. And unlike the mostly fictional islands referred to in chivalric romances (Simone Pinet notes seventeen fictional islands in *Amadís*), Torquemada offers only a few fictional islands, foregrounding instead some strategically significant *real* ones such as Rhodes, Cyprus, and Crete—among the last strongholds of Christianity that always appear in the *Isolario* of Buondelmonti and Santa Cruz's *Islario*, among others. (It is interesting to note that Constantinople is also figured in the *isolarii* as an island) (Pinet 81, Buondelmonti; Santa Cruz f.18v). Fear of the Ottoman domination and its threat to Christendom leads to the situating of so many Spanish romances texts and heroes in Greece and Constantinople."[8]

The *isolarii* are a product of the Mediterranean and oceanic expansion, a kind of "cartographic encyclopedia" that reveals a "new perception of space, a new and stable organization of power and knowledge," as George Tolias observes (27). This "insular turn," moreover, speaks to the modern epistemological quest for knowledge—of the world and of the self—of subjectivity. As Tom Conley explains, the *isolario* resulted in the "reshuffling of the taxonomies that order knowledge in the age of humanism." Developments in cartography had a tremendous impact on writing, changing human understanding "from an inherited

---

8   Feliciano de Silva's *Amadís de Grecia* (1530), *Rogel de Grecia* (1531, 1551), *Lisuarte de Grecia* (ca. 1515), Juan Díaz's *Lisuarte de Grecia* (1526), Jerónimo Fernández's *Belianís de Grecia* (1545, 1579), and Pedro de Reinosa's *Roselao de Grecia* (1547).

concept of a world mirror" to one of "subjective singularities" reflecting the experience of the individual. Going even further, Conley tracks
the move from traditional cartography to the advent of the *isolario* as
being analogous to the move from romance to novel, explaining that:
"The way that cosmography *fails* to explain the world gives rise to a
productive fragmentation that momentarily allows various shapes of
difference to be registered without yet being appropriated or allegorized" (169).

So, in terms of the topic of errant geographies—geographies of
books and geographies within books—*Olivante* is hard to equal. Its
humanist learning, generic sophistication, its realism, refined style,
and meta-literary nature make it easy to understand why Cervantes
reacted so strongly to it.

Works Cited

Alvar, Carlos. "De autómatas y otras maravillas." In *Fantasía y literatura en
la edad media y los siglos de oro*. Ed. Nicasio Salvador Miguel, Santiago
López Ríos, and Esther Borrego-Gutiérrez. Pamplona: Universidad de
Navarra, 2004. 29-54.

Avalle Arce, Juan Bautista. *La novela pastoril española*. Madrid: Revista de
Occidente, 1959.

Buondelmonti, Christoforo. *Liber insularum archipelagi*. Ed. Imgard Siebert
and Max Plassmann. Wiesbaden: Reichert, 2005.

Castro, Américo. *El pensamiento de Cervantes*. Barcelona: Noguer, 1972.

Cervantes Saavedra, Miguel de. *Estudio crítico acerca del entremés 'El vizcaíno
fingido' de Miguel de Cervantes*. Madrid: Sucesores de Rivadeneyra, 1905.
45-78.

———. *El ingenioso Don Quijote de la Mancha*. Ed. Martín de Riquer. Barcelona: Juventud, 1968.

Conley, Tom. *The Self-Made Map: Writing in Early Modern France*. Minneapolis: U of Minnesota P, 1997.

Crow, George. "Antonio de Torquemada: Spanish Dialogue Writer of the
Sixteenth Century," *Hispania* 38 (1955): 265-71.

Duce García, Jesús. *Olivante de Laura. Guía de lectura*. Alcalá de Henares:
Centro de Estudios Cervantinos, 2002.

—————. "Apuntes de realismo y originalidad en *Don Olivante de Laura.*" *Volver a Cervantes. Actas del IV Congreso Internacional de la Asociación de Cervantistas.* Vol. I. Palma: Universitat de les Balears, 2001. 517-30.

Muguruza, Isabel. "El *Olivante de Laura* en la biblioteca de Cervantes." *Anales Cervantinos* 33 (1995-97): 247-71.

—————. "El pastor en los libros de caballerías: El caso del *Olivante de Laura* de Antonio Torquemada." *Cuadernos para la Investigación de la Literatura Hispánica* 20 (1995): 197-216.

Pinet, Simone. *Archipelagoes. Insular Fictions from Chivalric Romance to the Novel.* Minneapolis: U of Minnesota P, 2011.

Rodríguez Cacho, Lina. "*Don Olivante de Laura* como lectura Cervantina: Dos datos inéditos," in *Actas del Segundo Coloquio Internacional de la Asociación de Cervantistas.* Madrid: Anthropos, 1989. 515-25.

Santa Cruz, Alonso de. *Islario general de todas las islas del mundo.* Madrid: Biblioteca Nacional. Res. Ms. 38.

Tolias, George. "The Politics of the *Isolario*: Maritime Cosmography and Overseas Expansion During the Renaissance." *Historical Review* 9 (2010): 1-26.

Torquemada, Antonio de. *Coloquios satíricos.* Ed. Rafael Malpartida Tirado. Málaga: Universidad de Málaga, 2011.

—————. *Don Olivante de Laura.* Ed. Isabel Muguruza. Madrid: Biblioteca Castro, 1997.

—————. *Jardín de flores curiosas.* Ed. Giovanni Allegra. Madrid: Castalia, 1982.

—————. *Manual de escribientes.* Ed. María Josefa Canellada de Zamora y Alonzo Zamora Vicente. Madrid: Real Academia, 1989.

List of Contributors

Marina S. Brownlee (Ph.D., Princeton University) is Robert Schirmer Professor of Spanish and Portuguese Languages and Cultures and Comparative Literature at Princeton University. Her books include: *The Cultural Labyrinth of María de Zayas, The Severed Word: Ovid's 'Heroides' and the 'Novela Sentimental', The Status of the Reading Subject in the 'Libro de Buen Amor'*, and *The Poetics of Literary Theory in Lope and Cervantes*. She has co-edited a number of volumes on medieval and early modern topics, has edited a special issue of Duke's Journal of Medieval and Early Modern Studies entitled *Intricate Aliances: Early Modern Spain and England*, and most recently *Renaissance Encounters. Greek East and Latin West* (with Dimitri Gondicas).

Gwyn E. Campbell (Ph.D., Princeton University) is Professor of Spanish at Washington and Lee University. Her areas of expertise include the *Quijote*, the *novela corta*, early modern Spanish women writers, and the *comedia*, including articles or presentations on Calderón, Lope, Tirso, Azevedo, Zayas, Vélez de Guevara and Mira de Amescua. The co-founder of *GEMELA*, her co-edited volumes include: *Zayas and Her Sisters; An Anthology of novelas by 17th-century Spanish Women Writers, Zayas and Her Sisters, II: Essays on novelas by 17th-century Spanish Women Writers*, and a critical edition of Leonor de Meneses's *El desdeñado más firme*. Her recent articles appear in *Bulletin of the Comediantes*.

Ariadna García-Bryce (Ph.D., Princeton University) is Professor of Spanish and Humanities at Reed College. She is author of *Transcending Textuality: Quevedo and Political Authority in the Age of Print*

(Pennsylvania State University Press, 2011), and has published articles on a variety of topics in early modern Hispanism: the relationship between drama, religion, and visual culture; rhetoric, poetics and the construction of social authority; the appropriation of Baroque poetics in twentieth-century Latin America; conceptions of the body and gender construction.

José Luis Gastañaga Ponce de León (Ph. D., Princeton University) wrote a dissertation on first person narratives with Ronald Surtz. He was a Visiting Professor at Bryn Mawr College and currently is Assistant Professor of Spanish at the University of Tennessee at Chattanooga. He is the author of *Caballero noble desbaratado. Autobiografía e invención* en el siglo XVI (Purdue, 2012). He has published in *Lexis, Hispanic Journal, Bulletin of Hispanic Studies*, and *Celestinesca*, among other scholarly journals.

Christina H. Lee (Ph.D., Princeton University) is a tenured Research Scholar in the Department of Spanish and Portuguese Languages and Cultures at Princeton University. Her publications include: *The Anxiety of Sameness in Early Modern Spain* (Manchester University Press, 2015), the collection of essays *Western Visions of Far East in a Transpacific Age, 1522-1657* (Routledge [Ashgate], 2012), and the Spanish edition of Lope de Vega's *Los mártires de Japón* (Juan de la Cuesta, 2006). She has also published articles in peer-reviewed journals and in collections of essays.

Enric Mallorquí-Ruscalleda (Ph.D., Princeton University) is Assistant Professor of Spanish Peninsular Literary and Cultural Studies at California State University-Fullerton. He is the author of over a hundred scholarly works, many of which have appeared in peer-reviewed journals such as *Modern Language Notes, Crítica hispánica, Hispanic Research Journal, Romance Quarterly*, and *Neophilologus*. He has edited twenty monographs, and has authored six books with John Benjamins, Routledge, and the University of California. He is a member of ISIC/IVITRA (University of Alicante).

Maryrica Ortiz Lottman (Ph.D., Princeton University) is an Associate Professor of Spanish at the University of North Carolina Charlotte. Her articles and interviews focus on the Spanish *comedia* and have appeared in *Cervantes, Romance Quarterly, Comedia Performance, The Bulletin of the Comediantes*, and elsewhere. She specializes in the representation of gardens and landscapes in early modern Hispanic literature, and she has also published several interviews with prominent UK theater directors.

Victoria Rivera-Cordero (Ph.D., Princeton University) is Associate Professor at Seton Hall University in New Jersey. She has published on Spanish literature of the Renaissance and the Middle Ages, and on film. Her articles have appeared in journals such as *La Corónica, Hispania* and *Arizona Journal of Hispanic Cultural Studies*.

Nuria Sanjuán Pastor (Ph.D., Princeton University) is Assistant Professor of Spanish at Rider University. Her scholarship focuses on early modern Spanish literature and gender studies, with a particular interest in the representation of nature, violence, and religion. She has published articles in *Bulletin of Hispanic Studies* and *eHumanista: Journal of Iberian Studies*.

Sonia Velázquez (Ph.D., Princeton University) is Assistant professor of Religious Studies and Comparative Literature at Indiana University. Her research focuses on the intersection of religion and aesthetics in the medieval and early modern periods, especially inter-media relations, practices of adaptation and translation, history and theory of iconoclasm and iconophilia. She has published peer-reviewed articles in *Revista Hispánica Moderna, Exemplaria*, and *Romance Studies;* and is co-editor of *Pastoral and the Humanites: Re-inscribing Arcadia* with Mathilde Skoie (Bristol Phoenix Press, 2006).

Barbara F. Weissberger (Ph.D., Harvard University) is Emerita professor in the Department of Spanish and Portuguese, University of Minnesota. She has published widely on late medieval and early modern Spanish literature, focusing on issues of queenship, gender, and ethnicity. Her book *Isabel Rules: Constructing Queenship, Wielding Power* (U Minnesota P) won the 2006 La Corónica International Book Award. More recently, her essay "'Es de Lope': Child Martyrdom in Cervantes's *Baños de Argel*" published in the journal *Cervantes*, was awarded the Luis Andrés Murillo Award for Best Article of 2012. In 2014, she delivered the Merle E. Simmons Distinguished Alumni Lecture at Indiana University.

CPSIA information can be obtained
at www.ICGtesting.com
Printed in the USA
BVOW10*1450111016
464477BV00001B/1/P